신앙공동체를 지향하는 기독교 대안학교

examination

모든 인간은 하나님의 형상을 닮은 존엄한 존재입니다. 전 세계의 모든 사람들은 인종, 민족, 피부색, 문화, 언어에 관계없이 존귀합니다. 예영커뮤니케이션은 이러한 정신에 근거해 모든 인간이 존귀한 삶을 사는 데 필요한 지식과 문화를 예수 그리스도의 사랑으로 보급함으로써 우리가 속한 사회에 기여하고자 합니다.

신앙공동체를 지향하는 기독교대안학교

초판 1쇄 펴낸 날 · 2010년 1월 8일 | 초판 1쇄 찍은 날 · 2010년 1월 5일

지은이 · 곽광 | **펴낸이** · 김승태

등록번호 · 제2-1349호(1992. 3. 31.) | **펴낸 곳** · 예영커뮤니케이션
주소 · (136-825) 서울 성북구 성북1동 179-56 | **홈페이지** www.jeyoung.com
출판사업부 · T. (02)766-8931 F. (02)766-8934 e-mail: edit1@jeyoung.com
출판유통사업부 · T. (02)766-7912 F. (02)766-8934 e-mail: sales@jeyoung.com
제작 예영 B&P · T. (02)2249-2506~7

copyright© 2010, 곽광

ISBN 978-89-8350-563-7(03230)

값 14,000원

- 잘못 만들어진 책은 교환해 드립니다.
- 본 저작물은 저작권법에 의하여 한국 내에서 보호를 받는 저작물이므로 무단 전제와 무단 복제를 금합니다.

신앙공동체를 지향하는
기독교 대안학교

곽 광 지음

예영커뮤니케이션

감사의 글

하나님께서 제게 주신 달란트도 그렇거니와 지금까지 제가 걸어온 길도 바로 청소년과 함께하는 자리였습니다. 대학시절 '청소년은 영원한 나의 파트너' 라고 외치던 다짐들이 점차 희미해져갈 때 하나님은 이 연구를 통해 저를 일깨워 주셨습니다. 그래서 어떻게 하면 하나님의 방법으로 청소년들을 더 잘 가르칠 수 있을까, 스스로에게 던지는 이 같은 질문에 대한 대답을 이 책에 담으려고 했습니다. 그러므로 나의 삶의 과거와 현재 그리고 미래가 이 책 속에 담겨 있다고 말씀드릴 수 있습니다. 이 책이 지향하고 있는 방향 그 선두에 열정으로 가득 차 서 있는 한 사람의 모습을 나의 미래의 자화상으로 그려봅니다.

이 책이 나오기까지 도움을 주신 분들에게 사랑과 감사의 마음을 전합니다. 우선 연구의 설계와 방향설정에서부터 실타래처럼 얽혀있는 파편들을 정리하여 완성에 이르도록 지도해주신 성결대학교의 김국환 박사님, 연구의 기초부터 학문의 기틀까지 따끔한 충고를 잊지 않으셨던 김승곤 교수님, 글의 구조적 모순을 바로잡아 주시고 그 대안을 제시해주신 홍은숙 박사님, 글의 처음부터 끝 부분까지 아주 꼼꼼하게 살펴보시고 잘못된 부분을 체크해 주셨던 서울신학대학교의 박경순 박사님, 그리고 냉철한 비판으로 연구를 위한 불필요한 부분을 지적해 주시면서 그에 따른 삭제할 부분과 첨가할 자료들을 소개해 주신 총신대학교의 한춘기 박사님께 감사를 드립니다.

또한 오랜 연구과정에 있는 동안 불편함 없이 많은 배려를 해주신 본인이 재직하고 있는 진선학원의 정존모 이사장님과 애정을 가지시고 긴 글을 읽어가며 교정 해주신 동료 국어교사 최평혁 선생님과 최선동 선생님께 감사를 드립니다. 그리고 사례 연구를 위하여 학교를 방문했을 때 친절하게 맞아주시고 많은 자료들을 제공해주신 사사학교와 멋쟁이학교 그리고 뉴질랜드의 임마누엘학교와 웨스트민스터학교의 교장선생님과 관계자 여러분께도 심심한 감사를 드립니다. 또한 국내의 자료들을 수집하는

데 도움을 주시고 연구자의 마음의 자세에 대해 조언해 주신 한영신학대학교의 남궁 선 박사님과 뉴질랜드에서 학교 방문과 자료 수집이 순탄치 않았음에도 끝까지 인내하고 안내를 맡아 수고한 모세(Moses Kwak), 그리고 호주에서 국제기독교교육연구소(National Institute for Christian Education)를 방문하여 기독교학교교육 분야의 석학인 에들린(Richard Edlin) 박사를 만나 연구에 대한 아이디어를 얻을 수 있도록 시간을 내어 안내해 주신 호주 시드니의 children village 김숙경 원장님께도 감사의 마음을 전합니다. 그리고 출판계의 어려운 상황을 감수까지 하시면서 이 글을 기꺼이 책으로 출판할 수 있도록 배려해주신 예영커뮤니케이션의 김승태사장님 및 관계자 여러분께 진심으로 감사를 드립니다.

마지막으로 가족들께 감사의 마음을 전합니다. 무더운 여름을 지나며 지쳐갈 때마다 육체적인 체력보강과 기도로 하나님의 지혜를 간구해 주신 양가의 부모님과 함께 걱정해주며 관심을 가져주셨던 많은 가족들에게도 깊은 감사를 드립니다. 무엇보다 사랑하는 아내에게 감사한 마음을 전합니다. 당신의 기도와 힘찬 격려 그리고 인내와 기다림이 있었기에 이 글을 완성할 수 있었습니다.

사랑하는 아내 김은미와 연구의 진행 과정에서 끊임없이 다음과 같은 가장 의미심장한 질문을 던졌던, 곁에 있어도 늘 보고 싶었던 나의 자녀들인 9살 현아와 6살 현진에게 이 책을 바칩니다.

"아빠, 연구 그만 하고 우리랑 놀아주면 안 돼?"

2010년 1월 성문동산에서
곽 광

차례

감사의글 · 4

들어가며 · 13
    1. 연구의 필요성과 목적 · 13
    2. 연구의 방법과 내용 · 16
    3. 연구의 범위와 한계 · 19

1장. 기독교대안학교에 대한 신앙공동체적 접근 · 23
    1. 기독교대안학교의 이론적 배경 · 23
    2. 신앙공동체 중심의 기독교교육 이론 · 87
    3. 기독교대안학교의 신앙공동체성 · 132

2장. 기독교대안학교 사례 분석 · 147
    1. 국내 기독교대안학교 사례 · 147
    2. 국외 기독교학교 사례 · 217
    3. 기독교대안학교 사례 연구에 대한 분석 · 254

3장. 기독교대안학교 발전방안 모색 · 269

    1. 신앙공동체로서의 기독교대안학교 성격 · 269
    2. 신앙공동체로서의 기독교대안학교 원리 · 279
    3. 신앙공동체로서의 기독교대안학교 특성 · 297

나가며 · 327

    1. 지금까지의 글에 대한 정리 · 327
    2. 맺는 말 · 329
    3. 우리의 과제 · 332

부록 · 337

    참고문헌 · 338
    교육환경조사서 · 352
    표목차 · 367

examination

들어가며

들어가며

1. 연구의 필요성과 목적

　지난 2004년 우리 사회는 '학내 종교자유'라는 화두를 던지고 서울대 법대에 입학한 서울의 D고등학교 K군[1]으로 인해 큰 혼란을 겪은 바 있다. 헌법에 명시된 종교의 자유를 보장하라는 그의 요구는 매스컴에 보도되면서 크게 주목을 받았지만 기독교학교들은 그 사건이 기독사학의 건학 이래 최대의 위기를 초래한 사건이라고 말하고 있다. 이 사건은 반기독교적인 사회의 분위기에 편승하여 적잖은 시민단체와 비기독교인들의 지지를 받았다. 이 사건은 그 동안 기독교학교들이 느껴오던 학교에서의 기독교교육에 대한 위기의식을 더욱 공고히 하는 계기가 되었다. 우리나라 근대교육의 시작을 열었던 기독사학은 우리 사회 전반에 걸쳐 큰 영향력을 끼쳐왔으나 근자에 와서는 내외적으로 커다란 위기에 직면해 있다. 이처

---

1) 당시 서울의 D고등학교 3학년이던 K군은 미션스쿨인 학교의 종교 활동에 반대하여 1인 시위를 하였고, 이것이 사회의 주목을 받았다. 그는 예배 의무 참석을 예배 선택 참여로 해줄 것과 헌법에 명시된 종교의 자유에 따라 종교교육에 대한 선택권을 요구하였다. 이 일로 K군은 퇴학처리 되었으나 불복하여 헌법소원을 냈고 법원으로부터 퇴학처리가 부당하다는 판결을 얻었다. 법원은 아무리 기독교학교라 해도 학생이 거부할 경우 종교교육이나 예배를 강제할 수 없다고 판결했다. 이 사건은 모든 미션스쿨의 존립까지도 위협하는 심각한 영향을 끼쳤다. 그 후 K군은 학교와 서울시교육청을 상대로 손해배상청구 소송을 진행하여 2007년 1심에서는 일부 승소하였으나, 2심에서는 원고패소 판결을 받았다. 〈국민일보〉,2008.5.8.참조

럼 현재 우리나라의 기독사학인 미션스쿨(Mission school)의 위기들은 본인이 이 연구에 관심을 갖게 된 계기가 되었으며, 그러한 관심으로부터 진정한 기독교대안학교에 대한 연구의 필요성을 갖게 되었다.

좀 더 구체적으로 설명하면 다음과 같은 문제의식과 필요성으로부터 본 연구는 시작되었다.

첫째, 오늘날의 교육은 매우 심각한 위기 상태에 놓여 있다는 점이다. 먼저 현재 공교육 체제는 기독교교육이 불가능한 가치중립을 표방하고 있으며 더군다나 하나님의 절대성을 부인하는 과학주의와 포스트모더니즘의 영향을 받고 있다. 또한 소위 교육붕괴, 학교붕괴, 교실붕괴로 표현되는 교육의 위기를 겪고 있어서 학교는 더 이상 믿음의 자녀들이 교육받을만한 장소로 신뢰를 얻지 못하고 있다. 더군다나 현재의 미션스쿨에서도 기독교교육을 기대하기가 점점 더 어려운 환경으로 변해가고 있으며, 특히 교회학교의 현실도 교육시간의 부족과 방법의 낙후로 학생들을 신앙으로 온전히 양육하기 어려운 상황인데다 교회학교 학생 수 감소라는 위기를 겪고 있다.

둘째, 현재 '기독교대안학교'에 대한 용어가 명확하게 정의되지 못한 상태에 있고 또한 그 용어 사용에 혼란을 겪고 있다는 점이다. 이 용어는 기독교대안학교의 정체성을 확립해주는 중요한 요소인데 현재 운영되고 있는 기독교대안학교들은 대부분 이 용어의 혼란으로 인하여 진정한 기독교대안학교로서의 역할을 감당하고 있지 못하는 실정이다. 예컨대, 기독교대안학교를 표방하면서도 교육활동에 있어서는 기독교세계관에 입각한 통합적인 학교운영을 하고 있지 못하다든가, 심지어는 대학입시를 위주로 하거나 혹은 특권층을 대상으로 지적 실력 향상에 중점을 두면서 예배와 성경시간만을 첨가하는 학교도 있는 실정이다.

셋째, 많은 기독교대안학교들이 기독교교육적인 배경이 없이 설립되고 운영되고 있다는 점이다. 기독교대안학교가 기독교교육철학의 배경이 약하면 필연적으로 방향성을 상실하고 표류할 가능성이 많은데 현재 우리나라 기독교대안학교들에 있어서 이러한 현상들이 나타나고 있는 실정이다.

위와 같은 공교육의 위기, 미션스쿨의 한계, 교회학교 교육의 한계 그리고 현대문명사조의 영향으로 인한 세속화를 극복하기 위하여 기독교세계관에 입각한 모든 교육활동이 통합적으로 운영되는 전일제 기독교대안학교가 요청된다. 그러나 이러한 기독교대안학교가 진정한 기독교대안학교가 되기 위해서는 우선 '기독교대안학교'라는 용어에 대해 명료한 정립이 필요하며, 근본적으로는 기독교대안학교에 대한 기독교교육적 접근이 필요하다. 이러한 필요들과 그에 대한 응답으로 신앙공동체를 지향하는 기독교대안학교를 제시하기 위하여 이 연구를 진행하였다. 따라서 본 글의 목적은 기독교대안학교의 이론화 작업을 통하여 기독교학교교육에 있어서 바람직한 기독교교육의 회복과 교육의 제자리 찾기를 시도하는데 있다.

본 연구를 통해 이루고자 하는 목적은 다음과 같다.

첫째, 기독교대안학교에 대하여 신앙공동체적 접근을 하는 데 있다. 우선 오늘날 혼선을 빚고 있는 '기독교대안학교'라는 용어에 대해 바르게 정의를 내린 후 그러한 기독교대안학교가 이 시대에 꼭 필요한 학교임을 제안하였다. 나아가 기독교대안학교의 바람직한 위상을 위하여 기독교교육의 담론에서 중요한 한 분야인 신앙공동체 이론에 근거하여 접근하였다.

둘째, 국내외 기독교대안학교의 사례를 연구하고 그 현황을 신앙공동체 이론에 근거하여 분석하는 데 있다. 이것을 위하여 국내외 기독교대안학교에 대한 교육사례들을 자세하게 조사하였고, 이러한 조사를 통한 연구들을 신앙공동체 이론에 근거하여 분석하고 평가하였다.

셋째, 신앙공동체를 지향하는 기독교대안학교에 대한 발전 방안을 모색하는 데 있다. 신앙공동체로서의 기독교대안학교의 발전 방안은 국내외 기독교대안학교의 사례연구에 대한 분석 자료를 토대로 모색하였다.

이와 같은 신앙공동체로서의 기독교대안학교에 대한 모색은 현재 운영되고 있는 기독교대안학교들과 기독교대안학교를 준비하고 있는 사람들에게 좋은 길잡이가 되었으면 하는 기대를 해본다.

2. 연구의 방법과 내용

본 연구는 크게 세 가지 방법에 의존하여 진행하였다.

첫째는 문헌연구를 중심으로 진행하였다. 우선 현재 한국에 소개되었거나 발행된 기독교대안학교에 관한 책들을 광범위하게 조사하였다. 신앙공동체 이론에 근거한 기독교교육이론들도 같은 방법으로 문헌을 통해 연구하였다. 또한 기독교대안학교들의 사례를 연구함에 있어서는 학교의 책자나 간행물 그리고 월간지나 학교소식지 등을 참고하였으며, 학교를 소개한 각종 매스컴의 자료들과 해당 학교의 인터넷 홈페이지도 참고하였다.

둘째는 문헌연구로 얻을 수 없는 자료들은 직접 학교를 탐방하여 면담을 시행하였다. 면접은 교장과 교무담당 교사를 면담하였으며, 경우에 따라서는 일반 교사들도 면담을 하였다. 이러한 면담을 통하여 생생한 학교

설립의 이야기나 현재 학교의 운영 상황을 들을 수 있었다. 이 때 건네받은 학교운영 자료들은 아주 유용한 자료가 되었다. 면담에서 정확한 내용의 자료를 얻기 위해 녹취를 하였으며, 면담과 학교 방문 그리고 방문을 통한 자료 수집은 2006년 2월부터 2008년 8월까지 이루어졌다.

셋째는 이 책 뒤에 부록으로 첨부한 교육환경조사서를 통하여 자료를 수집하였다. 교육환경조사서는 사례 학교를 방문하기 전에 우편으로 보내거나 혹은 1차 방문 시에 교장 선생님과 교무담당 교사에게 전달하였고, 회답은 우편으로 받거나 혹은 차시 방문 시에 수령하였다. 이 교육환경조사서는 사례 학교의 보다 정확한 사실적 자료들을 얻기 위해 사용하였다.

위와 같은 방법에 의하여 이 글에서 다룬 구체적인 연구내용을 개괄하면 다음과 같다.

첫째, 1장에서는 우선 기독교대안학교의 이론적 배경을 살펴보았고 신앙공동체 중심의 기독교교육 이론과 그와 관련한 학자들을 소개하였다. 또한 기독교대안학교가 신앙공동체와 어떻게 관련될 수 있는지에 대해 살펴보았다. 모든 교육이 하나님의 교육이라고 한다면 기독교대안학교는 기독교교육의 본질 찾기로 규정할 수 있다. 우선 기독교대안학교에 대한 정의를 기독교대안학교의 용어에 나타나 있는 '기독교성' '대안성' '학교성'의 세 가지 성격으로 규명함으로 기독교대안학교가 무엇인지를 보다 선명하게 제시하였다. 아울러 기독교대안학교의 등장배경으로는 발생론적 배경과 당위론적 배경으로 나누어 설명하였다. 그리고 현재 설립 운영되고 있는 전국의 기독교대안학교의 현황에 대해 연도별, 지역별, 급별, 법적인가여부별, 교단별, 교육목적별로 정리하였다. 그 다음으로는 신앙공동체 중심의 기독교교육 이론과 그와 관련한 세 학자 엘리스 넬슨, 토마스 그룹, 도날드 밀러를 소개하였다. 특히 교육신학적 이해를 바탕으로 정리하였다. 이들의 이론은 이론에서 실천에 이르기까지 그 교육의 장(場)을 확대하고 있는데, 하나님나라를 지향하는 신앙공동체가 개인과 가정에서 교회와 국가 그리고 세계에 이르기까지 확대되고 있다. 이들의 이론을 통해 기독교대안학교가 학교를 넘어 교회와 국가와 세계 그리고 궁극적으로 하나님나라를 지향하는 신앙공동체가 되어야함을 인식하게 되었다.

둘째, 2장에서는 국내외 기독교대안학교의 사례를 연구하고 그 현황을 신앙공동체 이론에 근거하여 분석하였다. 신앙공동체로서의 기독교대안학교 발전 방안을 모색하기 위하여 우리나라의 기독교대안학교 두 곳과 뉴질랜드의 기독교학교 두 곳의 교육사례들을 조사하였다. 조사한 자료들은 학교 운영적 측면(학교의 설립배경과 이념, 교육목적과 교육목표, 교육원리, 학교 재정), 교육 활동적 측면(학사일정, 교육과정), 학교 생활적 측면(생활지도, 진학 및 진로, 학부모 참여) 등과 같은 세 영역으로 나누어 그 특성들을 연구하였고, 나아가 이 연구를 통해 조사된 각 학교의 교육적 현황들을 1장에서 제시한 신앙공동체 이론에 근거하여 분석하고 그 특성들을 정리하였다.

셋째, 3장에서는 바람직한 기독교대안학교의 형태로 신앙공동체를 지향하는 기독교대안학교를 제시하였다. 기독교대안학교의 사례들을 신앙공동체 이론에 근거하여 분석한 자료들을 토대로 신앙공동체로서의 기독교대안학교의 발전 방안을 모색하였다. 이것은 신앙공동체로서의 기독교대안학교가 교육목표와 교육활동 그리고 교육방법에 있어서 어떤 내용들을 함의(含意)하고 있어야 하는지와 학교의 목적과 필요성은 어떠해야 하는지에 대한 모색이다. 또한 신앙공동체로서의 기독교대안학교의 교육특성에 대하여 모색하였다.

3. 연구의 범위와 한계

본 연구에서 사용하고 있는 '기독교대안학교'의 용어에 대한 정의는 다음과 같다. 우선 본 연구에서 사용되는 기독교대안학교는 광의적으로는 기독교학교 안에 포함되는 개념이다. 광의적으로는 기독교학교 안에 기독교대안학교, 기독교학교, 미션스쿨(Mission School) 그리고 기존의 주일학교의 대안으로 추구되고 있는 전일제 교회학교나 교회에서 운영하는 기독교적인 방과 후 학교 등이 모두 포함된다. 그러나 본 연구에서 사용하고 있는 기독교대안학교는 '기독교성'과 '대안성' 그리고 '학교성'이 통합된 전일제 기독교학교를 일컫는다. 따라서 우리나라 선교초기 미국 선교사들에 의해 세워져 지금까지 존재하고 있는 미션스쿨과는 다른 개념이다. 기독교대안학교의 뿌리를 미션스쿨에서 찾을 수도 있겠으나 본 글에서 연구되고 있는 기독교대안학교의 범위는 1990년대 중반 이후에 대안적 성격을 띠고 우리 사회에 출현한 기독교학교에 한정하고 있다. 이러한 기독교대안학교는 교육에 대한 본질 추구의 요청에 의해 시작되었고, 공교육과 교회교육의 한계에 대한 대안으로 출현하였으며, 법적 인허가와 상관없이 모든 교육과정과 교육활동이 기독교적 세계관에 의해 통합적으로 운영되고 있는 기독교학교를 말한다.

본 글에서는 기독교대안학교의 사례들을 조사하였는데, 그 학교들을 선정할 때 다음과 같은 사항들을 고려하였다.

첫째, 학교가 신앙공동체를 강조하고 있는가하는 점이다. 즉, 본 논문의 방향과 부합되는 신앙공동체를 중심으로 하거나 교육목표와 내용이 신앙공동체를 지향하고 있는 학교를 우선 고려하였다.

둘째, 학교의 설립년도가 최소한 5년 이상 된 학교를 선정하였다. 그 이유는 아직 우리나라의 기독교대안학교들이 역사가 짧기는 하지만 최소한 5년 이상은 되어야 그동안의 시행착오와 함께 어느 정도 정착을 하고 있을 것이라는 생각 때문이었다.

셋째, 학교가 가지고 있는 어느 정도의 인지도를 고려하였다. 국내의 학교인 경우는 그동안 여러 매스컴을 통해 그 교육적 가치를 인정받고 있는 학교인가 하는 점을 고려하였다.

본 연구의 한계로는 신앙공동체 이론을 기독교대안학교에 접목하는 과정에서 충분한 논의가 부족했다는 한계를 지니고 있다. 이것은 이론의 타당성을 위해 대표적으로 제시한 세 명의 학자들의 신앙공동체이론을 학교라는 영역으로 풀어갈 때 그들의 공통점을 종합적이고 통합적으로 잘 적용했는가에 대한 한계이다. 그 같은 이유로는 아직 국내에 신앙공동체 이론에 근거한 기독교대안학교의 논의들이 부족하다는 자료의 빈곤을 이유로 들거나, 또는 세 명의 학자들의 이념들을 학교 현장에 실천적으로 적용하는 것이 참으로 어려운 작업이라는 이유를 들 수 있을 것이다. 하지만 이러한 한계들을 조금이라도 극복하기 위해 여러 기독교대안학교들을 방문하여 교육 현장에서는 신앙공동체의 이념들이 어떻게 실천되고 있는지를 살펴보는데 심혈을 기울였다.

그럼 이제부터 신앙공동체를 지향하는 기독교대안학교는 어떤 학교인지에 대해 살펴보도록 하자.

examination

1장.
기독교대안학교에 대한 신앙공동체적 접근

1장.
기독교대안학교에 대한 신앙공동체적 접근

1. 기독교대안학교의 이론적 배경

우선 기독교대안학교에 대한 정의를 말하기 전에 '기독교대안학교'의 용어에 대하여 살펴볼 필요가 있다. 기독교대안학교의 용어에 대하여 명확히 하는 작업은 기독교대안학교의 정체성을 바로 세우는 일이 되기 때문에 매우 중요하다. 우선 기독교대안학교라는 용어를 조금만 사려 깊게 생각한다면 그 의미가 매우 혼란스럽다는 것을 알게 된다. 지난 2005년에 기독교대안학교연맹이 주최한 심포지움의 토론자로 참여했던 대안교육의 실천가인 이수광은 이러한 명칭과 기독교대안교육의 여러 논제에 대해 매우 혼란스럽다고 우려한 바 있다.[2] 기독교대안학교의 명칭에 대한 이러한 혼란스러움의 문제에 대해 임태규는 다음과 같이 3가지로 지적하

---

2) 이수광, "공교육에 대한 기독교적 대안, 어떻게 볼 것인가"에 대한 논평,「공교육에 대한 기독교대안학교의 정체성」(기독교대안학교연맹 도심포지엄1 자료집, 2005), 15.
3) 임태규, "기독교대안학교 측에서 바라본 교회기독교학교의 전망",「한국교회 기독교학교 운동의 새로운 패러다임; 교회기독교학교」(한국기독교교육진흥원 교회기독교학교 확산운동을 위한 포럼 자료집, 2006), 45-46.

고 있다.³⁾ 첫째, '기독교대안학교'가 대안교육을 하는 기독교학교라는 의미로 이해될 가능성이다. 만약 그렇게 된다면 이것은 기독교학교가 대안교육을 한다는 이야기가 되는데 그러한 이해는 기독교대안학교의 정체성에 큰 혼란을 일으킬 수 있다. 왜냐하면 기독교대안학교는 기독교교육을 하는 곳이지 대안교육을 하는 곳이 아니기 때문이다. 둘째, 수많은 교육의 대안 중에서 기독교교육을 하나의 대안으로 가르치는 학교라는 의미로 이해될 가능성이다. 하지만 기독교대안학교에 대한 이 같은 이해는 기독교교육이 여타 교육적 대안 중에 하나라는 오해를 가져올 뿐 아니라 기독교대안학교의 정체성에도 큰 혼란을 야기한다. 왜냐하면 기독교교육은 수많은 교육적 대안 중의 하나가 아니라 참교육은 본질적으로 기독교교육이기 때문이다. 셋째, 기독교대안학교가 '기독교대안교육'이라는 아주 독특한 교육을 하는 기관이라는 의미로 이해될 가능성이다. 그러나 본래적으로 기독교대안교육이란 없으며 기독교교육이 있을 뿐이므로 이 같은 이해는 잘못된 것이며 오해에 불과하다.

  기독교대안학교의 용어에 대한 이러한 혼란과 오해 때문에 혹자는 기독교대안교육이라는 명칭보다는 오히려 '기독교원안교육'이라는 용어를 써야 한다고 주장하기도 한다.⁴⁾ 그러나 이러한 기독교원안교육이라는 용어를 사용해야한다는 주장과는 달리 김선요는 기독교대안교육이 결국은 하나님 말씀으로 되돌아가자는 교육이기 때문에 필연적으로 교육은 '기독교적'일 수밖에 없다고 지적하면서 역설적이겠지만 '대안교육'이라는

---

4) 차성도 교수는 2002년 기독교대안교육협의회 제2회 세미나에서 '기독교대안교육'이라는 용어에 문제를 제기하면서 '기독교원안교육'이라는 용어를 사용할 것을 주장했고, 같은 맥락에서 서울여대 김선요 교수는 백석대학교 백석 저널 2호에 기고한 글(김선요,"기독교대안교육 운동에 대한 소고"「한국기독교대안교육」(서울:백석출판사,백석저널2호,2002), 61.)에서, 아세아연합신학대학교 오춘희 교수는 기독교대안학교연맹 2005년도심포지엄1의 논찬자로 참여하여 논평한 글(오춘희,"대안학교 제도화에 대한 기독교대안학교의 입장에 대한 논평"「공교육에 대한 기독교대안학교의 정체성」(서울: 한국기독교대안학교연맹 심포지엄 자료집, 2005), 45.)에서 그와 같이 말하였다.

말 앞에 꼭 '기독교'라는 말이 필요한지, 나아가 '교육'이라는 단어 앞에 '대안'이니 '원안'이니 하는 말이 꼭 필요한지 의문을 갖게 된다고 말하였다.[5] 이 같은 의문을 갖는 것은 수식어가 많이 붙을수록 의미가 더욱 분명해 질 수는 있지만 때로는 특수한 것이라는 필요 없는 오해를 불러일으키기 때문이다.

이러한 관점에서 기독교대안학교는 기독교학교의 다른 명칭에 지나지 않는다는 주장은 옳다. 이 둘은 추구하는 방향이나 설립 목적에 있어서 일치하기 때문이다. 그러나 광의적으로는 기독교학교 안에 기독교대안학교가 포함되기 때문에 이 두 학교를 개념상 동일시 할 수는 없다. 왜냐하면 모든 기독교대안학교는 기독교학교일 수 있지만, 모든 기독교학교가 기독교대안학교는 될 수 없기 때문이다. 예컨대, 초창기 선교사들에 의해 선교적 목적으로 세워져 오늘에 이른 많은 미션스쿨들은 현재 공교육 체계에 성경과목과 예배를 첨가하여 운영되고 있는 기독교학교임으로 교육활동의 전영역에서 성경의 원리에 기초하여 그리스도 중심으로 운영되는 기독교대안학교와는 구분된다.

1) 기독교대안학교의 정의

그렇다면 기독교대안학교란 무엇이며 어떻게 정의할 수 있는가? 기독교학교에서 '기독교성'이 강조되고 있다면, 대안학교는 '대안성'이 강조되고 있다고 할 수 있다. 그렇게 볼 때 기독교대안학교는 용어 자체에서도 드러나 있듯이 '기독교성'과 '대안성' 그리고 '학교성'이 조화를 이루면

---

5) 김선요, "기독교대안교육 운동에 대한 소고" 「한국기독교대안교육」, 백석저널2호(서울: 백석출판사, 2002), 61.

서 모두 강조되고 있는 학교를 말한다. 여기서 말하는 기독교성, 대안성, 학교성은 기독교대안학교의 성격을 규명하는 3요소로서 기독교대안학교의 정체성을 명료하게 해줄 뿐 아니라 그 방향성을 제시해 주는 요소가 된다. 3요소를 설명하면 다음과 같다.

(1) 기독교성

기독교성은 기독교대안학교의 원천이 되는 것으로 학교교육의 정체성에 해당된다. 즉, '기독교성'은 학교교육에 있어서 기독교정신을 추구하는 것으로 기독교는 학교교육의 기초를 제공한다는 것을 의미한다. 기독교는 학교교육의 기초를 인간중심에서 찾는 것이 아니라 영원불변하신 하나님의 기초 위에 두려는 것이다. 뿐만 아니라 기독교는 학교교육의 목적과 방향을 제공해 준다. 기독교대안학교가 다른 세속대안학교와 다른 점이 바로 이 기독교성에 있는 것이다.

기독교대안학교가 이 '기독교'를 어떻게 이해하느냐에 따라 다양한 종류로 분류될 수 있다. '기독교' 안에 이미 다양한 신학적 차이들이 존재하고 있다. 신학은 성경에서 나오며 그 신학이 교육과 관련하여 교육철학으로, 또한 기독교교육과 관련하여 기독교교육철학으로 정리가 되는데 이것이 곧 기독교대안학교의 설립이념과 운영원리에 영향을 끼치게 됨으로 학교 설립주체가 신학적 입장을 어떻게 취하느냐에 따라 그 학교의 기독교성은 결정된다. 그러나 여기에서 기독교대안학교의 '기독교성'에 대한 논의는 신학적 입장에서 정리하려는 것이 아니고, 학교라는 범주를 염두하고 기독교교육철학의 입장에서 정리하고자 한다. 즉, 기독교대안학교의 '기독교성'에 대한 이해를 위하여 기독교대안학교의 목적, 기독교대안학교의 필요성, 기독교대안학교가 기독교학교답게 되기 위한 본질적인 요소들에 관해 고찰해 보겠다.

① 기독교대안학교의 목적

기독교대안학교의 목적은 '기독교성'을 밝히는데 중요한 지표가 된다. 고용수는 기독교학교란 기독교 정신을 구현하는 학교라고 정의하고 있다.[6] 그렇다면 기독교정신을 구현한다는 것은 무엇을 의미할까. 한국의 기독교 선교 초기 외국 선교사들에 의해 설립된 미션스쿨의 건학이념 즉, 학교설립의 목적은 일차적으로 복음전도(선교)였다. 그러나 복음전도에만 국한된 것은 아니었고, 조성국의 지적처럼 복음화된 학생들로 하여금 복음전도자가 되게 하였고, 나아가 기독교적 가치와 덕목들인 사랑, 정의, 성실, 자립 등의 인성교육을 통하여 한국적인 지도자를 양성할 목적을 가지고 있었다.[7] 선교초기의 미션스쿨들은 볼트(John Bolt)의 지적[8]처럼 애국심과 시민의식이라는 미덕을 다른 어떤 학교들보다 효과적으로 교육했던 것이다. 이와 같은 사실은 당시 일제의 군국주의 이데올로기에 저항하는 민족지도자 다수가 이러한 미션스쿨 출신이었다는 사실에서 잘 입증되고 있다. 위의 사실을 통해 기독교정신 구현이라는 기독교학교의 목적을 정리한다면 복음전파와 아울러 기독교세계관을 가지고 국가와 사회를 이끌어갈 기독인재를 양성하는 것이라고 정리할 수 있겠다. 그렇다면 이것을 다시 기독교교육철학의 기초 위에 어떻게 정의할 수 있을까.

기독교학교연구회에서 발행한 '우리가 꿈꾸는 기독교학교'에서는 기독교학교의 목적이 칭의와 성화의 구원에 있다고 말하고 있다.[9] 즉, 그리

---

6) 고용수, "이것이 기독교학교이다",「기독교학교교육 제1집」(서울: 목양사, 1988), 51.
7) 조성국, "한국교회 초기 기독교학교의 건학 이념", 기독교학교교육연구소 편,「기독교학교교육신서2」(서울: 예영커뮤니케이션, 2007), 178-184.
8) John Bolt, The Christian Story and the Christian School(Michigan: Christian School International,1993), 132.
9) 기독교학교연구회,「우리가 꿈꾸는 기독교학교」(서울: 예영커뮤니케이션, 1999), 123-124.

스도를 믿음으로 얻게 되는 의롭게 됨의 역사와, 칭의 받은 자가 그리스도의 장성한 분량인 성화의 단계까지 성숙하게 되는 역사 즉, 모든 족속으로 제자를 삼아 예수님의 말씀으로 가르쳐서 그리스도의 장성한 분량에 이르도록 하는 역사가 기독교학교 안에서 이루어져야 한다는 것이다. 벤톤 이비(C. Benton Eavey)는 기독교교육은 세 가지 불가결한 요소가 상호 연관적으로 조화를 이루고 있는 것이라고 말하고 있는데, 세 가지 요소란 첫째, 성령의 역사를 통해 회심하도록 이끄는 것 둘째, 온전한 사람을 이루어 그리스도의 장성한 분량이 충만한 데까지 이를 수 있는 여건을 조성하는 것 셋째, 하나님께 봉사하는 삶을 살도록 인도하는 것이라고 했다.[10] 그렇다면 이러한 역사는 어디에서 일어나는가? 그것은 학교라는 테두리를 넘어 기독교교육의 궁극적 장(場)인 하나님나라가 될 것이다. 박상진은 학교를 기독교교육의 중요한 장으로 새로이 인식할 필요를 주장하며 기독교교육의 궁극적 목적(metapurpose)인 하나님나라 확장이 기독교학교의 목적이라고 말하고 있다.[11]

이상을 통해 기독교대안학교의 목적을 정리해 본다면, 복음전도를 통하여 그리스도의 제자를 삼는 것이 일차적 목적이 되며, 광의적으로는 제자로 하여금 그리스도의 장성한 분량에 이르기까지 신앙의 성숙을 이루도록 양육하는 것이라고 할 수 있다. 이처럼 성숙한 그리스도인이 된다면 그는 필연적으로 하나님과 사람을 섬기는 삶을 사는 그리스도의 제자가 되어 하나님나라 확장의 일익을 담당하게 될 것이다.

---

10) 벤톤 이비,「기독교교육원리」박영호 역(서울: 기독교문서선교회, 1984), 17-18.
11) 박상진,「기독교학교교육론」(서울: 예영커뮤니케이션, 2006), 87.

② 기독교대안학교의 필요성

왜 오늘날의 시대에 반드시 기독교대안학교여야 하는가, 이것에 대한 응답이 기독교대안학교의 필요성을 밝히는 것이다. 우리나라 국민들의 교육열은 대단히 높다. 전 국민적 관심사가 바로 '교육의 문제' 일 것이다. 정치 사회 문화 모든 영역의 중심에 교육의 문제가 자리 잡고 있다. 기독교인이라고 예외는 아니다. 특히 부모가 된 자로서 언약의 자녀들에게 온전한 믿음의 유산을 계승해야 한다는 부모로서의 책무성을 인식하고 있는 학부모라면 교육의 문제는 더욱 심각하게 다가온다. 주일날 교회에서 실시하는 교회학교의 교육으로 과연 자녀의 신앙교육이 충분한가, 오늘날 국가가 시행하고 있는 공교육 체제 안에서 신앙교육을 기대할 수 있는가, 또한 소위 기독교학교라고 하는 미션스쿨을 다니면 신앙교육은 걱정하지 않아도 되는가라는 등의 질문에 대하여 만족할 만한 답을 얻지 못한 의식 있는 부모들은 필연적으로 모든 교과목과 교육활동이 기독교적 세계관에 근거하여 운영되고 있는 기독교적인 학교를 찾을 수밖에 없다. 여기서 '기독교적' 인 학교란 바로 '기독교성' 을 가진 학교를 말한다. 이러한 문제의식을 지닌 교사와 학부모와 교회가 만든 학교가 바로 기독교대안학교인 것이다. 기독교적인 학교 즉, 기독교대안학교가 이 시대에 왜 필요한가를 살펴보는 것은 '기독교성' 을 이해하는 데 많은 도움을 줄 것이다.

기독교인들이 기독교대안교육을 추구해야 하는 이유에 대하여 김성수는 다음과 같이 본질적인 관점에서 그 이유를 찾고 있다. 첫째, 언약의 자녀들에 대한 교육의 일차적인 권리와 책임이 부모에게 있기 때문이며 둘째, 그리스도인들의 모임인 유기체로서의 교회가 본질상 대안적 공동체이기 때문이며 셋째, 교육은 본질상 가치중립적인 행위가 될 수 없기 때문이다. 이와 같은 김성수의 주장은 단순히 기독교대안교육이 공교육이 안고 있는 입시위주의 교육, 인격교육의 부재, 학교 폭력, 종교교육의 부재, 교실 붕괴와 같은 현실 때문에 찾는 교육이 아니라 성경이 말하고 있는 부모의 책임과 권리를 회복하기 위한 본질적 추구로서의 교육이어야 함을 강조하는 것이다. 박상진은 좀 더 구체적으로 여섯 가지 요청을 들어 기독교학교의 필요성에 대해 말하였다.[12] 여섯 가지 요청이란 첫째, 기독교교육의 요청으로 기독교교육은 본질상 학교교육이 기독교적이기를 요청하고 있다. 둘째, 전인적 신앙교육의 요청으로 기독교신앙을 삶의 모든 영역에서 주님 되심(Lordship)을 인정하는 것이라고 한다면 학교의 모든 교과목과 교육활동 역시 기독교신앙과 관련이 있다. 이러한 전인적 신앙교육이 기독교학교교육을 요청하고 있다. 셋째, 기독교 인재 양성의 요청으로 하나님나라의 일꾼을 양성하고 사회 각 분야의 기독교적 리더십을 지닌 인재를 양성하기 위해서 기독교학교가 요청된다. 넷째, 기독교적 긍휼의 요청으로 기독교학교는 하나님의 긍휼에 기초해야 한다. 즉, 소외된 자, 미련한 자, 천하고 약한 자, 무언가 부족한 자들에 관심을 갖고 이들도 하나님의 일꾼으로 변형시키는 긍휼의 학교가 되어야 한다. 다섯째, 미션스쿨에 대한 반성으로부터의 요청으로 오늘날 미션스쿨의 한계를 극복하려는 대안적 형태이다. 여섯째, 기독교세계관의 요청으로 인본주의에 기초한 세속교육을 신본주의에 기초한 하나님중심의 교육으로 변화를 요청하는 것이다.

   이상을 통해 기독교학교의 필요성을 정리하면, 기독교학교는 시대적 요청이며 동시에 신앙적 요청이라고 정의할 수 있겠다. 시대적 요청이라 함은 오늘날 공교육의 위기와 미션스쿨의 정체성 위기 그리고 기독교인이 점차 줄어드는 상황 특히 교회의 주일학교 학생 감소에 대한 기독교적 위

---

12) 박상진,「기독교학교교육론」, 27-32

기 등을 극복하기 위한 요청이라 할 수 있고, 신앙적 요청이라 함은 학교를 기독교교육의 중요한 장(場)으로 보고 언약의 자녀들을 하나님중심의 교육을 통하여 성숙한 주님의 제자가 되게 하여 국가와 사회와 이웃을 섬기는 봉사와 섬김의 삶을 살도록 가르치는 본질적 교육의 회복에 대한 요청이라 할 수 있다.

③ 기독교대안학교의 본질적 요소

기독교대안학교가 기독교학교다운 학교가 되기 위한 본질적인 요소는 무엇일까. 이것을 탐구하는 것 역시 '기독교성'을 이해하는데 도움을 준다. 기독교적 정체성을 유지할 수 있는 최소한의 기준을 박상진은 다음과 같이 7가지로 제시하고 있다.[13] 즉, 기독교학교는 복음적, 성경적, 개혁적, 연합적, 세계관적, 통전적, 공동체적이어야 한다는 것이다. 이것은 기독교대안학교에 있어서 '기독교성'이 지녀야 하는 공통적이며 필수적인 요소로서 중요한 지적이라 할 수 있다.

한편, 에들린(Richard J. Edlin)은 기독교학교의 핵심가치와 신앙에 대해 다음과 같이 6가지로 제시하고 있다.[14]

〈표1〉 에들린(Richard J. Edlin)의 기독교학교의 핵심가치와 신앙

핵심 가치	성경적 근거	중요한 문제(Key issue)
성경중심	잠언 3장 시편 24장, 119장 요한복음 17장 고린도전서 1:16-19	성경은 하나님께서 저자들을 통해 초자연적 계시를 통해 친히 기록하신 말씀이다. 거룩한 영감과 계시는 기독교학교의 모든 운영에 적용되어야 하며, 기독교학교 운영을 위한 권위가 되어야 한다.

---

13) 박상진,「기독교학교교육론」, 47-49.
14) Richard J. Edlin, "Why Christian Schools", Edited by Jill Lreland, Richard J. Edlin & Ken Dickens, Pointing the Way: Directions for Christian Education in a New Millennium (NSW: Openbook Publishers, 2004), 2-3.

핵심 가치	성경적 근거	중요한 문제(Key issue)
성경적 세계관	로마서 17:16-34 고린도후서 2:5 골로새서 2:8 여호수아 1:8-9 히브리서 1장	교육은 결코 중립적이 아니다. 기독교학교에서의 교육은 학생들이 그들이 살아가고 있는 세계와 삶의 현장과 그들의 과업에 대해 성경적 세계관에 기초하여 가르쳐야 할 책임이 있다.
학부모의 중요성	신명기 6장 시편 78장 에베소서 6장	하나님께서는 부모들에게 자신의 자녀들의 양육에 대한 일차적 책임을 주셨다. 기독교학교의 학부모들은 이러한 책임을 수행하기 위하여 다른 학부모들과 함께 해야 한다.
교사의 중요성	누가복음 6:39-40 골로새서 2:8 데살로니가전서 2:1-12	기독교학교는 성경적세계관의 시각을 갖고 철저한 삶을 살 뿐 아니라 성경적세계관을 명료하게 이해하고 그 안에서 가르치는 교사가 없이는 실패한다. 이것은 지속적으로 학교의 모든 영역에서 요구되며, 성경에 근거한 진정한 발달을 위해 필요하다.
기독교학교 에서의 양육	시편 8장 에베소서 2:10 에베소서 4:20-24 빌립보서 1:1-11	학생은 하나님의 형상을 입은 개별적인 존재들이다. 그들은 그리스도 안에서 구원받지 못했다는 사실에 충격 받는다. 학교는 학생들이 하나님의 평화를 발견하도록 도와야하며, 그들 자신과 세상을 향한 목적을 그들의 삶 속에서 창조자 하나님께 응답함으로써 발견하도록 도와야 한다.
제자로서의 응답과 기독교학교	시편 8장 예레미야 29:7 고린도후서 5:10-21 에베소서 3:11-16	기독교교육은 개인의 개별적 활동에 의한 교육을 반대한다. 기독교교육은 학생들이 버려지고 소외된 사람들과 매일 함께 사역하시고 활동하셨던 그리스도 안에서 소망과 평화를 이루기 원하시는 하나님의 역동적 메시지를 다른 사람들과 나누도록 가르치기 위해 존재한다.

여기서 에들린이 말하는 기독교학교의 핵심 가치란 성경에 기초를 둔 성경적 세계관을 가진 학교구성원들에 의해 학생들을 그들의 삶의 현장에서 하나님께 응답하는 그리스도의 제자로서 양육하고 또한 다른 사람들과 함께 삶을 나눌 수 있는 존재로 기르는 것이라는 것을 성경적 근거를 토대로 제시한 것이다.

이러한 핵심적인 가치뿐 아니라 그 범위를 학교의 행정과 운영 및 교회와의 협력관계를 구축하는 것까지 확대한 김희자는 기독교학교의 교육적 과제 즉, 기독교학교가 기독교학교답게 되기 위한 본질적 요소를 다음과 같이 6가지로 제시하고 있다.[15]

첫째, 기독교학교는 성경과 기독교세계관 위에 정체성을 확립하고, 교육 이념과 목적에 대한 분명한 확신과 헌신이 있어야 하며 교육의 현실에서 실천되어야 한다.

둘째, 기독교학교는 기독교세계관이 분명한 교사에 의해 교육이 이루어져야 한다.

셋째, 기독교학교는 기독교적 세계관에 근거한 하나님중심적(theocentric)이고, 신앙과 학문이 통합(integrated)된 교육과정을 개발해야 한다.

넷째, 기독교학교는 행정과 운영이 '봉사', '섬김', '돌봄'과 같은 기독교적 가치에 의해 이루어져야 한다.

다섯째, 기독교학교는 교회나 교단과 긴밀한 협력 관계를 유지하되 상호 지배나 경쟁적인 관계가 아니라 상호 협조적이며 후원적인 관계를 유지해 나가야 한다.

여섯째, 기독교학교는 신앙공동체와 학문공동체로서의 탁월성을 향하여 부단히 노력하여야 한다.

여기에서 김희자는 기독교학교의 기독교성을 기독교적 세계관 확립과 통합적 교과과정 운영 그리고 기독교적 세계관으로 무장한 교사들의 범위를 넘어 행정과 운영의 모든 부분이 기독교적이어야 함을 지적했고, 나아가 교회나 교단과의 긴밀한 관계를 유지하는 것과 학문공동체로서의

---

15) 김희자, "기독교학교의 본질과 목적", 「기독교학교, 왜 필요한가」 (서울: 새한기획출판부, 1998), 28-29.

탁월성을 갖는 것도 기독교학교로서의 갖추어야 할 요소라고 말하고 있다.

기독교학교 움직임이 활발하게 전개되고 있는 미국의 경우에도 기독교학교의 기독교성에 관한 논의가 일고 있는데 미국의 많은 기독교학교 연합회 중에서 가장 회원학교가 많은 국제기독교학교연맹(Association of Christian Schools International)에서는 어떤 학교가 진정한 의미에서 기독교학교인가에 대한 본질적 요소(essential elements)를 다음과 같이 5가지로 들고 있다.[16] 이것은 어떤 학교가 기독교학교인가를 가려내기 위한 요소라기보다는 어떤 학교가 얼마나 기독교적인 학교인가를 구분할 수 있는 최소한의 공통적 요소를 진술한 것이라고 볼 수 있다. 따라서 이 5가지 요소들은 기독교학교 설립에 있어 본질적인 기초로서 그 출발점이 된다. 그 5가지 본질적 요소는 다음과 같다.

첫째, 진리(truth)이다. 성경은 계시된 하나님의 말씀으로 진리가 된다. 또한 모든 진리는 하나님의 진리(All truth is God's truth)이다.

둘째, 기독교 교육자(Christian educators)이다. 기독교학교는 성경적으로 통합된 시각을 가지고 지도하고 가르칠 수 있는 이사회, 학교운영위원, 교사들 그리고 행정요원들을 가지고 있어야 한다. 학교운영과 지도력 그리고 가르침들은 다음과 연계되어야 한다.

셋째, 지능의 발달(intellectual development)이다. 기독교적 지성은 예수님의 지성에 의해 밝혀지고 하나님의 원리에 의해 학문적 추구가 통합되어진 최고의 지성이 되어야 한다.

넷째, 그리스도 안에서의 잠재력(potential in Christ)이다. 모든 학습

---

16) 국제기독교학교연맹 홈페이지(http://www.acsi.org) - 본질적 요소

경험의 목표는 학생들로 하여금 그리스도 안에서 그들의 무한한 잠재력을 끌어내는 데 있다.

다섯째, 통합적 운영(operational integrity)이다. 학교의 매일 매일의 운영은 통합적이면서 효율적으로 그리고 책임감 있게 실행되어야 한다.

미국의 국제기독교학교연맹에서 규정한 기독교학교가 되기 위한 최소한의 요소들 가운데는 좀 더 폭넓은 영역에 이르기까지 기독교성을 요구하고 있다. 예컨대, 그리스도 안에 숨겨져 있는 무한한 잠재력을 이끌어내는 영역이라든가, 또는 세상학문에 대한 탁월한 실력을 갖춘 기독지성이 될 것을 주문하는 것 등이다.

이상과 같이 기독교대안학교에 있어서 '기독교성'의 이해를 위하여 기독교대안학교의 목적, 기독교대안학교의 필요성, 기독교대안학교의 본질적 요소에 대하여 살펴보았다. 학교교육에 있어서 기독교성은 교육의 본질로서 목표와 방향을 제공해 준다. 그러므로 기독교성은 철저한 기독교 교육철학에 근거하여 성경중심, 하나님중심, 기독교세계관중심에서 출발한다. 또한 그 실천에 있어서는 통전적이며 공동체성을 추구한다. 더 나아가 학교를 넘어 세상과 소통한다. 따라서 설립이념에 있어서 뿐 아니라 모든 교과목과 교육활동의 영역에서 기독교성은 전제되어야만 한다.

(2) 대안성

기독교대안학교는 '기독교성'과 함께 '대안성'을 강조하는 학교라고 할 수 있다. 1998년부터 빠른 속도로 퍼져가고 있는 기독교대안학교에 대한 관심과 설립은 분명 대안적 성격을 띠고 있다. 여기서 '대안성'이란

'무엇에 대한 대안'(alternative to)[17]으로서 기존의 한국의 교육에 대한 대안을 모색하는 것을 의미한다. 교육의 문제가 점점 더 고통의 문제가 되어가고 사회가 점점 더 세속화되어 가는 현실 속에서 자녀를 더 이상 공교육에 맡길 수 없음을 자각한 사람들이 그 대안을 기독교학교교육에서 찾아 설립한 학교이기 때문에 '기독교학교'라는 명칭보다는 '기독교대안학교'라는 명칭이 더 타당하다. 즉, 교육에 대한 시대적 흐름과 역사적 현실 앞에 그 흐름을 거슬러 기독교적 대안으로서 제시된 학교임으로 대안성을 내재하고 있다는 사실이다. 그렇다면 기독교대안학교의 '대안성'은 무엇일까. 그 대안성에 대하여 현대문명사조에 대한 대안, 공교육 체제에 대한 대안, 미션 스쿨에 대한 대안, 교회학교에 대한 대안 등과 같이 4가지로 나누어 설명하고자 한다.

① 현대문명사조에 대한 대안

현대문명사조의 근간을 이루고 있는 인문과학과 자연과학의 태동은 기독교에 대항하여 시작되었다. 스페인의 세르반테스(Cervantes), 영국의 토마스 모어(Thomas More), 블란서의 라블레(Rabelais), 네델란드의 에라스무스(Erasmus) 등의 영향으로 시작된 인문과학은 전광식의 지적처럼 출발부터가 교권적 신학에 대항한 인간중심의 학문이었던 것이다.[18] 자연과학 역시 이성을 바탕으로 경험되어지는 물리적 세계만을 존재하는 유일한

---

17) 우리나라에서 '대안'이라는 용어가 아직 낯설 때 처음 이 용어를 사용하여 글을 발표한 사람은 곽병선으로 그는 대안교육의 의미를 다음과 같은 질문을 통해 제기하고 있다. 학생들은 꼭 학교 교실에서만 배워야 하는가? 학교 안에서의 교육은 언제나 효율적인가? 학생들은 반드시 교사 앞에서만 배워야 하는가? 아침에 등교하고 저녁에 하교해야만 하는가? 학생들은 반드시 일제히 같은 때에 입학식을 가져야 하는가? 어른들이 정해주는 교과목은 다 필요한가? 곽병선, "대안적 학교교육이란", 「교육개발」3월호 (한국교육개발원, 1995), 30-33. 참조.
18) 전광식, 「기독교대안교육과 대안학교, 그 원리와 실제」(성남: 독수리교육공동체, 2006), 42.

실재계로 인정하기 때문에 초이성적이고 초경험적인 신앙세계를 부인한다. 이러한 인문과학과 자연과학의 발달로 인하여 오늘날의 세계에서는 하나님과 성경 대신 인간의 이성이 모든 진위를 판단하는 근거가 되었다. 이러한 과정에서 나타난 유물론과 진화론은 오늘날 모든 분야의 정신세계의 근간을 이루고 있고, 교육도 예외는 아니다. 오늘날 정신세계의 근간을 이루고 있는 세계관에 대하여 살펴보면 다음과 같다.[19]

〈표2〉 4가지 서양의 세계관 모델들

	세속적 인본주의	마르크스레닌주의	우주적인본주의	성경적기독교
근원들	인본주이자 서언문 I 과 II	마르크스와 레닌의 저서들	스팽글러, 퍼거스 등의 저서들	성경
신학	무신론	무신론	다신교	유신론
철학	자연주의	변증법적 유물론	비자연주의	초자연주의
윤리학	상대주의	무산계급 윤리성	상대주의	절대주의
생물학	다윈의진화론	다윈의 강조된 진화론	다윈의 강조된 진화론	창조론
심리학	자아실현	행동주의	집단적 의식	마음 / 육체
사회학	비전통적 가족	가정, 교회, 국가의 폐지	비전통적 가정 교회 그리고 국가	전통적인 가정, 교회 그리고 국가
법학	실정법	실정법	자가법 (self law)	성경적 그리고 자연적 법
정치학	세계정부 (세계화 정책)	새로운 세계질서 (새로운 문명세계)	뉴에이지 질서	정의, 자유와 질서
경제학	사회주의	사회주의	우주적인 문명화된 생산	재산의 청지기주의
역사	역사적 발전	역사적 유물론	진화론적인 신성	역사적 부활

위의 내용을 통해 알 수 있듯이 오늘날의 정신세계는 크게 세속적 인본주의, 공산사회주의, 우주적 인본주의 영향을 받고 있는 것을 알 수 있다.

---

19) David A. Noebel, The Battle for Truth (Oregon: Harvest House, 2001), 22.

1장. 기독교대안학교에 대한 신앙공동체적 접근 37

전광식은 이러한 문명의 결과로 인하여 비인간화, 비인격화, 물화(物化)와 기계화, 욕망화와 야만화 현상이 일어나고 있다고 지적하고, 하나님이 없는 이 시대 사람들은 필연적으로 허무주의, 쾌락주의, 이데올로기 숭배 등에 빠질 수밖에 없고 신비주의나 악마주의와 같은 이교에로의 회귀로 흐를 수밖에 없다고 지적하고 있다.[20] 오늘날 인류가 겪고 있는 모든 절망과 비극의 문제, 인류 위기의 문제는 이런 시대사조의 당연한 결과라고 할 수 있다.

위와 같은 근대주의적 사조 위에 오늘날에는 포스트모더니즘(Post-modernism)의 영향을 받고 있다. 포스트모더니즘이란 지난 300-400년간 세계를 지배해 온 근대주의 사상체계를 무너뜨리고 나온 근대 이후의 시대사상을 일컫는 말이다.[21] 다양성과 공동체성을 중시하는 포스트모더니즘의 영향으로 이성 중심의 합리적 사고와 과학적 근거를 통한 지식만이 절대적 진리라고 믿어오던 근대주의의 편협성을 극복한 점은 인정되나 포스트모더니즘 역시 하나님의 절대성을 부인하고 기독교의 모든 진리를 상대화시킴으로써 기독교에 커다란 위협을 주고 있다. 포스트모더니즘은 오늘날 모든 사회 분야에 막대한 영향을 끼치고 있다.

이상에서 나타난 근대주의와 포스트모더니즘의 문제들을 해결하고 기독교의 절대성을 수호하기 위한 대안으로 기독교대안교육이 필요한 것이다.

---

20) 전광식, 44.
21) 박상진,「기독교학교교육론」, 289-290. 여기에서 박상진은 포스트모더니즘의 특징들을 다음과 같이 요약하고 있다. 첫째, 절대적이기보다는 상대적이고, 객관적이기보다는 주관적인 진리관을 가지고 있다. 둘째, 하나의 웅장한 이야기(metanarrative)가 존재하는 것이 아니라 다양한 이야기들(multiple narratives)이 존재함을 믿는다. 셋째, 한 가지 사실을 규명함에 있어 하나의 관점만이 있는 것이 아니라 다양한 관점이 있다. 넷째, 자아는 불변하거나 지속적이기보다는 상황과의 상호작용에 의해서 형성되어진다. 다섯째, 우주란 계속적으로 생성되고 변화하는 과정에 있는 유기체적인 것으로 이해한다. 여섯째, 모든 자연이 인간의 유익을 위해 존재하는 것이 아니라 인간도 자연 현상 중의 한부분이라는 인간관을 가지고 있다. 일곱째, 합리적 사고의 위험성을 주시하면서 사고는 항상 주관적이며 관계적이라고 생각한다. 여덟째, 과학적 지식만이 최고는 아니며 직관적, 사상적, 예술적 앎도 중요함을 강조한다.

② 공교육 체제에 대한 대안

오늘날 공교육[22]에 대한 희망의 끈을 놓을 수는 없지만 이미 공교육은 학교붕괴, 교실붕괴, 교육붕괴라는 표현이 어울릴 만큼 아주 심각한 문제를 안고 있다. 학생들은 학교가 더 이상 유일한 교육의 장소라고 믿고 있지 않으며 학교를 꼭 가야하는지에 대해 의심을 품고 있다. 현재 학교를 이탈하는 학생의 숫자가 매년마다 늘어가고 있다. 교육인적자원부가 2003년에 발행한 "대안교육 확대, 내실화 추진계획(안)"에 따르면 1990-2002년까지 조사한 우리나라 중·고등학생 중 중도탈락자가 1990년 75,043명(전체1.6%), 1995년 64,962명(전체1.4%), 1997년 90,433명(전체2.0%), 1999년 69,116명(전체1.7%), 2000년 66,046명(전체1.7%), 2001년 71,233명(전체1.9%), 2002년 67,974명(전체1.9%)이나 되었다.[23] 한편 교육인적자원부가 2007년에 발행한 대안교육백서에는 2002년 이후부터는 학교를 이탈하는 학생이 고등학교를 그만둔 학생들은 줄어든 반면, 초·중등과정에서의 탈학교생은 증가추세에 있다고 보고하고 있다.[24]

또한 입시위주의 교육풍토는 이미 인간성을 우선순위에 두고 있지 않으며, 학생들은 자아정체성을 찾기에 분주하기보다는 성적 올리기에 내몰리고 있다. 1990년대 들어서면서부터 해마다 100여 명 이상의 학생들이 입시와 성적 등의 문제로 자살을 택하고 있는 것이 그 증거이다.[25] 이러한 오늘날의 공교육에 대해 김성수는 실패로 규정하고 그 원인과 문제를 10

---

22) 여기서 '공교육'이라함은 국가의 공적 자금(public tax money)을 지원받아 운영되고 있는 모든 공립학교(Public school)와 사립학교(Private school) 교육을 포함하는 용어이다. 단, 현재 국가의 지원을 받고 있으나 대안교육운동에 의해 세워진 학교들은 이 범주에서 제외된다.
23) 교육인적자원부, "대안교육 확대, 내실화 추진계획(안)",「전국 중고등학생 대상: '90-'02년 교육통계연보」(서울: 교육인적자원부, 2003), 6.
24) 교육인적자원부,「대안교육백서 1997-2007」(서울: 교육인적자원부, 2007), 72.
25) 교육인적자원부,「대안교육백서 1997-2007」, 71.

가지로 정리하고 있다.[26] 첫째, 공교육은 하나님 아는 지식을 제공해 주지 못하고 있다. 둘째, 공교육은 학생들에게 올바른 세계관을 확립시켜주지 못하고 있다. 셋째, 공교육은 부모의 교육적 책임과 권리를 인정하지 않고 있다. 넷째, 공교육은 학생들에게 전인교육을 제공해 주지 못하고 있다. 다섯째, 공교육은 분명한 교육목적을 제시하지 못하고 있다. 여섯째, 공교육은 학생들에게 소명 의식을 심어주지 못하고 있다. 일곱째, 공교육은 학생들에게 공동체 의식을 함양시켜주지 못하고 있다. 여덟째, 공교육은 학생들에게 삶의 진정한 즐거움을 경험할 수 있도록 인도해 주지 못하고 있다. 아홉째, 공교육은 치유와 화목을 위한 교육을 제공해 주지 못하고 있다. 열째, 공교육은 후원집단의 지원을 얻지 못하고 있다.

또한 교사들은 교권이 침해되거나 도전받고 있다고 고충을 호소한다. 학부모와 학생들의 폭력에도 노출되어 있으며 갈수록 더욱 심각한 수준이다. 이처럼 공교육 체제 안에 있는 교사, 학생, 학부모 모두가 이러한 고통의 문제에 직면해 있는 것이다. 공교육의 이러한 고통의 문제, 붕괴현상에 대해 기독교교육은 응답해야 할 책임이 있다. 기독교대안교육은 공교육의 고통의 문제의 원인을 하나님이 없는 교육, 복음의 절대성을 인정하지 않는 교육을 실시해 온 근대주의의 이성중심, 지식중심, 유물론적인 교육과 포스트모던 경향의 교육 때문이라는 것을 인식하고 그 대안으로 하나님중심의 교육을 회복함으로 고통의 문제를 해결하려는 교육이다.

그러나 무엇보다도 공교육의 대안은 교육의 가치중립성을 요구하는 공교육의 한계에서 찾을 수 있다. 공교육은 종교적 요소들을 제거하고 가치중립적인 지식만을 가르칠 것을 원칙으로 하고 있다. 하지만 순수하게 객관적인 가치중립적 지식은 없다. 교수 내용에는 이미 가르치는 자의 주장

---

26) 김성수, "공교육의 10가지 실패상" (e-크리스챤 신문, 26호), 2004년 5월 10일자.

이나 신념이 묻어있기 때문이다. 여기서 가르치는 자의 주장이나 신념이란 '무신론'이나 '과학주의'가 될 수도 있고, 또는 자신이 믿고 있는 '신앙과도 같은 신념'을 말한다. 따라서 교육당국이 계속적으로 가치중립을 요구한다면 그 자체가 가치편향적인 시각임을 알아야 하겠다. 이 문제에 대해 에들린은 성경적 관점에서 모든 인간은 종교적으로 창조되었기에 모든 인간의 삶은 종교적일 수밖에 없다고 말하면서 인간의 교육활동 역시 종교적인 활동이어서 교육을 행한다는 것은 창조주 혹은 피조물, 둘 중 하나를 경배하는 표현이 된다고 하였다.[27] 하나님은 이 세상 모든 지혜와 지식의 근본(잠언1:7, 잠언9:10)이시기에 모든 진리는 하나님께 속한 것이며, 모든 교육은 하나님을 아는 지식이 우선되어야함에도 불구하고 오늘날 공교육은 가치중립을 요구하며 모든 영역에서 하나님을 철저히 배제시켜왔다. 이러한 가치중립 교육의 결과 초월적 존재에 대한 교육을 잃어버렸고, 경건을 상실한 교육으로 전락하여 초월성, 윤리성, 실천성을 상실했다고 진단하고 있는 박상진은 경건을 상실한 교육의 증상들에 대해 아래와 같이 설명하고 있다.[28]

	초월성	윤리성	실천성
교사	소명의 상실 / 노동의로서의 교직	촌지, 비정직	앎과 삶의 분리
학생	자아상의 상실 / 이기적 경쟁주의	부정행위, 폭력 왕따시키기	지식주의
교재	진리의 상실 / 가치중립성	입시위주	주지주의
환경(미디어)	영원의 상실 / 현세주의	쾌락주의 : 선정성, 폭력성	간판주의

---

27) Richard J. Edlin, The Cause of Christian Education (Alabama: Vision Press, 1994), 26-27.

이상과 같이 공교육 체제의 교사, 학생, 교재, 환경 등은 초월성과 윤리성 그리고 실천성에 있어서 총체적 문제에 직면하고 있음을 알 수 있다. 이러한 공교육의 현실에 대한 대안으로서 기독교대안교육이 요청되는 것이다.

③ 미션스쿨에 대한 대안

1885년 아펜젤러(Henry G. Appenzeller)에 의해 처음 이 땅에 세워진 미션스쿨은 1907년 평양대부흥운동을 통해 숫자적으로 폭발적인 증가를 이루어 장로교회가 1908년에 보고한「장로공의회 통계보고 표」에 따르면 1908년 현재 전국에 미션스쿨이 561개교에 학생수가 14,071명에 이르는 것으로 나타났다.[29] 이 보고표에 따르면 1905년부터 1908년까지 장로교회의 교회 수 대비 학교 수는 1905년 33%, 1906년 40%, 1907년 51.6%, 1908년 60%였다. 이 수치의 의미는 1905년에는 평균 세 교회당 하나의 미션스쿨을 설립했고, 1907년에는 두 교회당 학교를 하나 이상 세웠다는 것을 말해준다. 이처럼 학교 설립이 폭발적으로 급증한 것에 대해 박용규는 대부흥운동을 통해 영적 각성을 경험한 이들이 새로운 세계에 눈을 뜨기 시작하면서, 배움에 대한 열망이 전에 없이 커졌기 때문이라고 말하고 있다.[30] 이러한 미션스쿨들을 통해 배출된 수많은 기독인재들은 암울했던 일제치하와 6.25의 폐허 속에서도 민족재건과 국가발전에 앞장서며 큰 역량을 발휘하였다. 뿐만 아니라 5.16 혁명 이후에는 적극적인 사회참여와 민주화

---

28) 박상진, "한국교육의 현실과 기독교학교교육 운동",「제1회 기독교사 컨퍼런스」(기독교학교교육연구소 컨퍼런스 자료집, 2006), 29.
29) 임희국, "한국교회 초기 기독교학교 설립"「평양대부흥운동과 기독교학교」기독교학교교육연구신서2 (서울: 예영커뮤니케이션, 2007), 118.
30) 박용규, "대부흥운동이 기독교학교 설립에 끼친 영향",「평양대부흥운동과 기독교학교」기독교학교교육연구신서2 (서울: 예영커뮤니케이션, 2007), 82.

운동을 이끌었다. 그러나 불행하게도 1974년부터 시행된 교육평준화 정책으로 인해 미션스쿨은 학생선발권을 국가에 빼앗기고 기독교의 설립정신은 점점 쇠퇴해져 갔다. 급기야 앞서 지적했듯이 서울 D고 K군 사건을 만나게 되었고, 그 여파 가운데 사립학교법이 개정[31]되어 작금의 미션스쿨은 존폐위기를 겪고 있다. K군 사건과 사립학교법 개정이라는 일련의 사건들은 120여 년 전통의 미션스쿨에 대한 커다란 도전이었다. 이와 관련하여 대부분의 기독사학들과 기독교계는 장차 기독사학의 설립정신이 무너지고 존립 자체가 무의미해질 것이라는 충격에 휩싸였다. 오인탁은 이러한 개정 사학법에 대해 비판하기를 사학의 정신을 한마디로 표현하자면 '자율'인데 우리나라의 개정 사학법은 법으로 교육을 규제하려고 한다면서 사학은 설립이념에 따라 교육할 수 있는 권리가 있다고 주장하였다.[32]

현재 미션스쿨이 처한 대내외적 위기는, 내적으로는 시대변화를 적절히 읽어내지 못하고 안주하면서 자구책을 마련하지 못하여 결국 시대에 맞는 기독교학교로서의 정체성을 세워가지 못했다는 점과 학교 구성원인 교육행정가와 교사들의 기독교교육에 대한 교육이념이 쇠퇴해가고 있다는 점, 그리고 학생과 학부모들로부터는 더욱 강하게 지식중심의 교육을 요구받고 있다는 점이다. 또한 외적으로는 사회로부터 종교자유의 권리를 보장하라는 요구를 받고 있고, 국가로부터는 종교 활동에 대한 다양하고 구체적인 제제를 받고 있다는 점이다. 현재 일반 학교는 7차 교육과정에 의해 교육이 이루어지고 있는데, 7차 교육과정에는 '창의적 재량활동'

---

31) 비리 척결을 통해 투명한 사학을 만들겠다는 명분으로 개방형 이사제를 도입한다는 골자의 사립학교법은 2005년 12월 27일 국무회의의 심의로 의결되었다. 현재 사립학교법은 2007년 7월 3일 재개정되었으나 사립의 자율권을 침해하는 조항은 여전히 남아있다는 평가이다. 국민일보, 2008년 4월 11일자 참조.
32) 오인탁, 「기독교교육적 관점에서 본 사립학교법」(기독교 학문연구회 춘계학술대회 강연집, 2006), 10-15.

과 '특별활동'을 편성 운영하도록 되어 있다. 그래서 많은 미션스쿨들이 성경과목을 창의적 재량 시간에 그리고 예배는 특별활동 시간에 편성되어 진행하고 있다.

교육인적자원부 고시 제2006-75호 및 제2007-79호에 의한 중학교 교육과정에 따르면 재량활동은 지역 사회 및 단위 학교, 학생의 다양한 특성과 요구를 수용하고 반영하기 위하여 편성된 것으로 모든 학년이 주당 3시간을 편성하여 운영하도록 되어있다. 재량활동에는 교과 재량활동과 창의적 재량활동이 있는데, 창의적 재량 시간에는 교육부가 제시한 35가지 주제의 범 교과 학습 내용 이외에 각 학교 재량으로 개설할 수 있는 여지를 남겨 놓았다. 미션스쿨들의 성경과목은 창의적 재량활동 시간을 할애하여 수업을 실시하고 있다.[33] 또한 교육인적자원부 고시 제2007-79호 별책4에 의한 교육과정에 따르면 각급학교는 특별활동 시간을 편성하도록 되어 있다. 특별활동은 다양한 집단 활동에 참여함으로써 학교생활에 잘 적응할 수 있게 하고, 민주 시민의 자질을 함양하게 하며, 다양한 자기표현의 기회를 제공하여 학생의 개성과 소질을 계발 신장하고, 건전한 취미 함양 및 여가 선용을 통하여 자아실현을 돕는데 목적이 있다. 특별활동 교육과정은 자치활동, 적응활동, 계발활동, 봉사활동, 행사활동 등의 5개영역으로 구분되어 있고, 각 영역별 구체적인 활동 내용은 지역의 특성과 학교의 실정, 학습자의 특성 등을 고려하여 선정하고, 융통성 있게 운영할 수 있도록 하고 있다. 미션스쿨의 예배는 이 특별활동 시간을 활용하여 진행되고 있다.[34]

이것은 성경과 예배가 정규 교육과정 안에 편성되어 법적 보호를 받게

---

33) 교육과학기술부,「중학교교육과정해설(V)」(광주광역시: 한솔사, 2008), 97-139.
34) 교육인적자원부,「고등학교교육과정(II)」(서울시: 대한교과서주식회사, 2007), 1036-1037.

되었다는 장점이 있지만, 다른 한편 더 많은 까다로운 간섭과 규제를 받게 되었다는 단점이 있다. 교육부가 고시한 7차 교육과정(1997년 12월 30일 교육부 고시 제1997-15호)의 교육과정 편성·운영지침에는 중·고등학교에서 재량활동 시간에 선택과목을 개설하거나 종교과목을 개설할 경우 종교 이외의 과목을 포함하여 2개 이상의 과목을 동시에 개설하여 학생에게 선택의 기회를 주어야 한다고 명시하고 있다.[35] 그러나 종교과목의 복수선택권을 주어야 한다는 선언적인 교육부 고시가 2006년 5월 17일 서울시교육청이 각급학교에 내려 보낸 '종교관련 교육과정 지침 준수 철저' 라는 공문(교육과정정책과-7144)에서는 교육과정 뿐 아니라 그 밖의 예배와 같은 종교활동 등도 일절 불허한다는 내용을 담고 있어 보다 구체적으로 제한을 두고 있음을 확인할 수 있는데, 그 공문의 요지는 다음과 같다.

1) 종교 과목 개설 시 종교 이외의 과목을 포함하여 복수로 편성
2) 학교나 학년 단위로 한 곳에 모여 특정 종교의식 실시 금지
3) 특정 종교의 의식 활동을 교과 내용에 포함한 지도 금지
4) 정규 교과 시간 외 종교활동 실시 시 학생의 자율적 참여하에 실시
5) 창의적 재량활동 시간에 특정 종교 교육 금지
6) 특별활동 시 특정 종교 활동 제시 금지
7) 수행평가 과제로 특정 종교 활동 제시 금지
8) 학급 내 순번제로 돌아가며 종교관련 의식 행사 금지
9) 종교로 인한 차별 금지 사항, 학생회 임원 출마 자격 제한, 의식 행사 불참자에 대한 개별 상담지도 및 특별 면학 지도 등

---

35) 교육과학기술부,「중학교교육과정해설(V)」, 104.

나아가 서울시교육청은 2006년 5월 24일에는 종교관련 장학지도 계획을 알리는 공문(교육과정정책과-5894)에서 종교관련 장학지도를 실시할 계획을 알리며, 만약 원칙을 위반한 사례가 적발된다면 교장, 교감, 교목(관련교사)에게 신분상조치를 행하고 그래도 시정이 안 될 때는 특별감사를 실시하여 행·재정적인 조치를 다음과 같이 단계별로 취하겠다고 밝히고 있다.[36]

단계	지도 내용	시기	시정 조치
1단계	교육과정 편성·운영지침	전년도 학년말 또는 신학년도 초	교육과정 재편성
2단계 (담임장학)	복수과목 편성 여부확인 종교 교과교수·학습활동 정규 교육과정 외 종교활동	매 담임장학 시	시정 촉구
3단계 (특별장학)	종교관련 교육과정 시정여부확인	문제 발생 시	시정계획서 징구
4단계 (특별장학)	1차 특별장학 실시	시정계획서가 지침에 위반시	주의 촉구 (교장,교감,관련교사)
	2차 특별장학 실시	1차시정조치 미이행시	기관 경고
	3차 특별장학 실시	2차시정조치 미이행시	관계자 신분상조치
5단계 (특별감사)	특별감사 실시	3차시정조치 미이행시	행·재정적 조치

이에 기독교계는 이것은 헌법에 보장된 종교와 종교교육의 자유에 대한 명백한 도전이며, 종교사학을 말살하려는 의도라고 강력 반발하였다. 기독교계의 커다란 반발로 서울시교육청은 2006년 6월 5일자로 된 '2006 종교 교육활동관련 유의사항 및 장학지도 계획알림'(교육과정정책과-8436)이라는 제목의 공문에서 '2006학년도 종교관련 장학지도 계획'을 수정·보

---

36) 김용관, "한국에서의 종교교육 자유의 현실 분석 - 서울시교육청의 '종교관련장학지도계획'을 중심으로" - 기독교학교교육연구소 주최 심포지움「한국에서의 종교교육 자유의 현실과 과제」(2006. 6. 16), 4-5.

완하여 세부지침들을 철회하였으나 기본원칙에 있어서는 '종교' 과목 개설 시 복수 과목을 편성하여 학생의 과목 선택권을 보장하라는 점을 확인하였다.[37] 이 사건은 표면적으로는 일단락된 것처럼 보이지만 언제든지 다시 촉발될 수 있는 여지가 남아 있다.

이와 같은 일련의 위기 속에서 과연 미션스쿨이 더 이상 선교학교로서의 본래적 설립정신을 오늘날 실천할 수 있을 것인가에 대한 고민과 더불어 그 위기에 대한 대안성을 추구할 수밖에 없게 된 것이다.

④ 교회학교에 대한 대안

교회의 기능 중에 교육의 기능이 있다. 근대국가에서 교육을 장악하여 공교육 체제로 제도화하기 이전에는 교육은 주로 교회의 몫이었다. 귀족계급이나 부유한 집에서는 가정교사를 두고 자녀교육을 시켰지만, 자녀들의 신앙교육의 중심은 교회였다. 1780년 영국에서 로버트 레익스(Robert Raikes)가 시작한 주일학교에서는 빈민의 자녀들을 모아 주일에 성경과 일반과목을 가르치므로 명실상부하게 교회는 신앙교육과 사회교육을 감당하게 되었다. 영국의 주일학교가 사회적 성격의 학교라는 것은 당시의 교육내용에서 발견되는데, 당시 주일학교 교육시간은 주일 오전 10~12시까지, 그리고 오후 1~5시까지였으며, 교육내용은 읽기·쓰기·찬송·예배·교리교육·성서연구·영어공부 등이었다. 또한 주일학교 학생들에게는 손 씻기·얼굴 닦기·머리 빗기 등과 같은 철저한 위생훈련이 요구되었다.[38] 영국에서 미국으로 건너간 이러한 주일학교운동은 단기간에 빠른 속도로 확장되어 주일학교교육은 공교육을 대신해 왔다. 그러나 국가

---

37) 김용관, 4-5.
38) 손원영,「기독교문화교육과 주일교회학교」,(서울: 대한기독교서회,2005), 297.

주도의 공립학교가 제도적으로 정착되면서 주일학교는 일반 과목을 모두 국가에 내주고 성경중심의 신앙교육만을 감당하는 교회학교[39]로 즉, '교회 안의 교육'으로 국한되기 시작했고 오늘날까지도 교회 울타리를 크게 벗어나지 못하고 있다. 이것은 미국에 국한된 사항이 아니라 주일학교운동이 퍼진 세계적 현상이며 우리나라도 예외는 아니다. 우리나라의 이러한 교회 안의 교회학교 교육은 오늘날 두 가지 위기에 직면하고 있다. 첫째는 현재 교회학교의 출석 인원이 큰 폭으로 줄고 있다는 사실이고 둘째는 교회학교 교육만으로는 모든 삶을 변화시키는데 한계가 있다는 사실이다.

한국영성훈련원의 조사에 의하면, 2004년 한국교회 주일학교 학생 수는 모두 5,093,005명으로 전체 개신교인 18,727,185명의 27%로 나타났다. 이것은 1987년 조사에 비하여 큰 폭의 감소를 보이고 있다. 1987년 주일학교 학생 수는 전체 기독교 교인의 거의 절반에 육박했으나 1994년에는 전체 교인의 32%, 2004년에는 27%로 감소한 것이다. 이것은 단순한 인구의 감소에 따른 것이 아니다. 1997년과 2002년 사이에 5~9세 인구는 7.0% 증가했으나 교회학교 어린이는 2.7% 감소했고, 중·고교생 인구는 11.0% 줄어들었으나 교회학교 중·고등부 학생은 무려 31.9%나 감소했다.[40]

이런 한계가 어제 오늘의 문제는 아니지만, 현재 교회학교 인원의 감소 문제와 점점 더 세속화되어 가는 현실 속에서 자녀들을 신앙적으로 더 잘

---

39) 주일학교(sunday school)라는 용어와 교회학교(church school)라는 용어는 서로 다른 개념으로 이해할 필요가 있다. 일반적으로 로버트 레익스(Robert Raikes)에 의해 시작된 주일학교는 본래 신앙교육과 함께 사회교육의 일환으로 시작한 기독교적 사회교육을 뜻하고, 교회학교는 국가가 교육을 국가주도로 공교육화하면서 주일학교가 더 이상 사회교육적 기능을 감당하지 못하고 교회 안에서 수용되면서 교회교육과 신앙교육적 의미로 쓰여진 것을 말한다. 은준관은 이와 같은 사회교육적 주일학교와 신앙교육적 교회학교를 통합한 '주일교회학교' (sunday church school)라는 용어를 사용한다. 은준관,「기독교교육현장론」(서울: 한들출판사, 2007), 221-246. 참조.
40) 한미라,「개신교 교회교육」(서울: 대한기독교서회, 2005), 121.

교육시키기를 원하는 요구들이 증가하면서 교회학교 교육은 더 큰 위기로 인식되고 있는 것이다. 또한 이런 위기 속에 공립학교나 미션스쿨을 통해서도 기독교교육을 기대하기 어렵기 때문에 이러한 위기를 극복할 수 있는 하나의 대안으로써 현재 교회학교들은 자체적으로 교회 중심의 기독교대안학교에 대한 논의를 활발하게 진행하고 있다. 주일학교는 이미 그 자체 안에 대안학교적 성격을 지니고 있기에 자연스럽게 오늘날의 위기를 극복할 수 있는 대안적 성격을 교회 중심의 기독교대안학교에 제공할 수 있을 것이다.

주일교회학교의 대안적 성격에 대해 손원영은 7가지로 정리하고 있다.[41]

> 첫째, 주일교회학교는 학습자들을 하나님의 형상(Imago Dei)을 지닌 거룩한 인격적 존재로 파악하는데 이는 교육 대상인 아동을 주체적이며 자율적인 존재로 파악하려는 일반 대안학교와 상당한 유사성을 갖는다.
> 둘째, 주일교회학교는 신앙공동체성을 추구하는데 이는 일반 대안학교들이 학습자의 개성과 공동체성을 동시에 추구하는 것과 유사성을 갖는다.
> 셋째, 주일교회학교는 교사와 학생의 자율성이 보장된 기관으로 학습내용과 방법에 있어서 어떤 하나의 고정된 형태를 취하지 않고 다양성을 중시하는데 이는 일반 대안학교들이 다양한 교육과정과 교육방법을 통해 참교육을 실현해가는 것과 유사성을 갖는다.
> 넷째, 주일교회학교는 교육목적에 있어서 생명존중, 생태적 영성 지향, 자유와 해방 등을 지향하는데 이는 일반 대안학교들도 이와 유사한

---

41) 손원영,「기독교문화교육과 주일교회학교」, 304-308.

교육목적을 가지고 있다는 것과 유사하다.

다섯째, 주일교회학교는 인지적인 교육만이 아니라 정서적이고 신체적인 활동을 통해 전인교육을 수행하고 있는데 이는 일반 대안학교들이 감성교육, 노작교육, 생태교육, 극기프로그램 등을 수행하는 것과 유사성을 갖는다.

여섯째, 대부분의 일반 대안학교들이 공통적으로 소수 정예와 작은 학교를 지향한다고 볼 때, 주일교회학교야말로 작은 학교로서 대안학교의 역할을 잘 수행할 수 있을 것이다.

일곱째, 대부분의 일반 대안학교들이 지역사회와 긴밀한 협조관계를 유지하고 있다고 할 때, 주일교회학교야말로 대부분의 교회가 지역사회기관으로 존재하면서 지역사회에 봉사와 선교를 목적으로 하여 운영되고 있음이 유사성을 갖는다.

교회학교가 가진 이와 같은 대안적 성격은 일반 대안학교의 일반적인 성격을 모두 함축하고 있기에 교회학교를 대안학교화하는 데는 큰 어려움이 없을 것이다.

박상진은 오늘날 교회교육이 단지 교회성장의 수단으로만 사용되어왔기 때문에 교회가 교회 밖의 교육문제에 소홀했다고 지적하면서 오늘날의 학교붕괴 현상은 교회가 학교를 기독교교육의 장으로서 진지하게 고려하지 못한 책임도 있다고 지적했다.[42] 그러므로 이제는 교회가 교회학교만을 중심으로 한 교회교육에서 벗어나 하나님나라 확장이라는 기독교교육의 차원에서 좀 더 영역을 학교교육으로까지 확대해야 할 것이다.

교회가 교회학교 교육을 뛰어 넘어 기독교교육의 차원에서 기독교대안학교를 세우고자 한다면 이미 가지고 있는 여러 가지 장점들을 활용할 수

---

42) 박상진,「기독교학교교육론」, 85-87.

있을 것이다. 물론 담임목사의 기독교학교에 대한 투철한 철학과 리더십 그리고 기독교학교의 필요성에 대해 동감하며 적극 참여하는 교인들이 전제되어야 하겠으나, 교인들의 단결력을 이끌어 낼 수 있다는 점, 학생모집의 용이성, 교회의 건물과 같은 공간 활용, 교회 안의 물적 인적 자원 활용, 시설 설치비용과 학교홍보 비용 절감, 행정체계의 연속성에서 오는 안정성, 교회의 기도와 같은 영적 자산을 공유할 수 있다는 점, 3세대가 함께 어울리는 교회공동체의 분위기와 연계된다는 점 등의 장점들을 활용할 수 있을 것이다. 박철웅은 교회 중심의 교회기독교학교를 세우고 정착시키기 위한 3단계 추진 전략을 다음과 같이 제안하고 있다.[43] 1단계는 토요교회기독교학교 단계로 초기 운영체계 구축과 경험 축적을 통한 자신감 획득을 위해 토요일에 운영되는 방과 후 학교 형태이다. 2단계는 토, 일 교회기독교학교 단계로 토요기독교학교의 연속성을 담보하고 주일학교 과정을 개편하여 2일 교회기독교학교를 운영하는 형태이다. 3단계는 전일제 교회기독교학교를 운영하는 단계로서 점차 전일제 학교로 변화하는 형태이다.

교회학교의 한계를 극복하고 붕괴되어가고 있는 교육현실을 대신할 교회 중심의 기독교대안학교는 '교회 안 학교'로서 교회와 학교 그리고 가정이 유기적으로 통합을 이루어 '교회를 학교같이' '학교를 교회같이' 그리고 '교회학교를 가정같이'와 같은 기독교대안학교가 되어야 한다. 하지만 운영에 있어서는 교회와 학교가 가지고 있는 본래적 기능과 역할 즉, 구조적 규범이 상존한다는 점을 염두에 두고 교회와 학교가 설립이념과 목적이나 방향은 상호 공유하되 학교는 교육전문가에게 맡길 필요가 있

---

43) 박철웅, "교회기독교학교확산운동의 원리와 확산전략", 「교회기독교학교 확산운동을 위한 포럼」(포럼 강의안, 2006), 76-77.

으며, 교회가 중심이 되어 학교를 적극 지원하고 협력하는 형태가 되는 것이 바람직하다. 이 같은 학교의 좋은 모델로는 크리스챤 스쿨(Christian School), 처치 스쿨(Church School), 학부모가 함께 세워가는 학교 등과 같은 3가지 정체성을 세워가고 있는 샘물교회(박은조 목사)의 샘물초등학교가 좋은 모델이 될 것이다.

(3) 학교성

본 장에서는 기독교대안학교의 '학교성'에 관하여 살펴보겠다. 우선 '학교성'이 무엇인가를 살핀 후 기독교대안학교에서의 학교가 갖는 정체성 또는 학교의 위치에 대하여 고찰하고자 한다.

우선 기독교대안학교가 학교로서 존재하고자 한다면 국가가 요구하는 학교설립을 위한 요건 즉, 교육법시행령 제53조 2의 규정에 의한 학교시설 설비기준령에 의한 요건들인 교지(校地), 체육장, 실습지, 교사(校舍) 및 원사(園舍) 등의 시설 설비 기준을 충족해야 한다. 기독교대안학교라고 해서 이 법령 기준에 예외를 인정받고 싶어 하거나 혹은 더 낮은 기준을 적용하려고 해서는 안 될 것이다. 오히려 이 기준은 최소의 기준이므로 기독교대안학교는 현실적으로 어려움이 존재하겠지만 오히려 그 보다 더 높은 수준의 시설 설비를 갖출 필요가 있다.

기독교대안학교는 또한 학교로서의 '전문성'을 갖추어야 한다. 가르침에 대한 전문성이 결여되어 있는 학교는 학교로서 신뢰를 잃게 된다. 학교는 가정, 국가, 교회와 같이 하나님이 제정하신 신적 기원을 가진 것은 아니지만 그 구조적 규범은 존재하였던 바 이것이 역사의 발전과 더불어 학교가 되었고, 이러한 학교가 가지는 구조적 규범의 가장 중요한 기능은 학습이요 학습의 일차적 목표는 지식과 경험을 전달하는 것이다.[44] 지식과 경험을 전달함에 있어서 학교는 주먹구구식으로 전달하는 것이 아니고, 체계적이고 과학적인 과정과 방법으로 전달하게 된다. 따라서 전달자에게 요구되는 자격은 엄격하여 전문적인 지식과 체계적인 훈련을 받은 자여야 한다. 이처럼 학교에서의 교육은 고도의 전문성이 요구된다.

현재 우리나라의 학교는 평준화 정책에 근거하여 교육함으로 개인의 잠재적 능력을 극대화하는데 어려움이 있다. 이러한 단점을 극복하기 위해 지난 2004년 12월 22일 교육부는 평준화 틀을 유지하면서 개인들의 잠재적 능력을 극대화시킨다는 '수월성교육 종합대책'을 발표하기도 했다. 기독교대안학교 역시 학교로서 수월성교육을 강조하지 않을 수 없다. 보통 일반학교에서는 수월성교육 중에서도 학문적 수월성에 초점을 맞추어 학생이 실력을 길러 좋은 대학에 들여보내는 것에 관심을 갖고 있지만, 기독교대안학교의 학문적 수월성은 하나님께로부터 받은 달란트를 잘 개발하고 실현시키는 것에 초점을 맞추어야 한다.

또한 기독교대안학교는 학교로서의 '학문적 탁월성'을 갖추어야 한다. 신앙적 탁월성은 기독교적 세계관에 의해 통합된 교육과정으로 그리고 섬김과 봉사의 관계를 통해 학교가 운영될 때 분명하게 드러나게 된다. 그러나 여기에 머무는 것이 아니라 김희자의 지적처럼 학문적 탁월성을 갖추어야 한다.[45] 학문적 탁월성은 일반학교들보다 더 좋은 교육환경과 시설, 우수한 교사와 교육방법에 의한 헌신적인 교육의 결과로 드러나게 되며, 그 졸업생들이 나라와 민족의 훌륭한 지도자로 헌신할 때 인정될 것이다.

---

44) 김성수, "학교 및 학교교육에 대한 성경적 조망", 「통합연구」통권13호(서울: 통합연구학회, 1991), 110-117.
45) 김희자, 29.

다음으로 기독교대안학교에서 '학교'의 정체성은 무엇이며, 그 위치는 어떠한지 살펴보도록 하겠다. 학교는 기독교교육의 중요한 하나의 장이 된다. 기존의 기독교교육은 교회의 테두리를 크게 벗어나지 못한 것이 사실이지만 기독교교육의 장은 가정이나 교회만이 아니라 학교와 국가 사회 더 나아가 세계와 인터넷의 사이버 공간까지도 확대되어야 한다. 번(H. W. Byrne)은 그의 책 A Christian Approach to Education에서 기독교교육 현장을 가정, 교회, 학교, 기독교학교, 고등교육기관(higher education) 등으로 열거하고 있는데, 특히 기독교학교는 학생들의 매일의 삶에 의미를 주는 이른바 '모든 매일의 흥미가 하나님과 관계되도록'(every daily interest must be related to God)하는 영적 센터가 되어야 한다고 말했다.[46] 은준관은 그의 책「기독교교육현장론」에서 가정, 교회, 학교, 사회 등의 4가지 공동체를 기독교교육 현장의 원형으로 소개하고 있다.[47] 김희자는 학교는 가정과 교회와 더불어 자녀들을 올바르게 양육할 수 있는 삼각 받침대 중 하나라고 말하면서 만약 이 교육의 삼각받침대 중에서 '학교'가 다른 기반 위에 서 있다면, 자녀들은 그들 주변의 세속세계에 대한 반응에 균형을 잡기 어려울 것이라고 말한다.[48] 성령의 불꽃과 하나님말씀의 기초 위에 굳게 서서 조화를 이루는 삼각받침대가 된다면 하나님의 자녀들은 기독교적 세계관을 갖고 이 세상에서 그리스도의 책임 있는 제자가 될 것이다. 이처럼 학교는 기독교교육의 중요한 하나의 장이 된다. 하나님나라의 관점에서 볼 때 학교는 학생들이 한 주에 가장 많은 시간을 머무는 곳으로 기독교교육의 중심적 장이 될 수 있다.

가정, 교회, 국가가 하나님이 제정하신 신적 기원을 갖는 기관이라면 학

---

46) H. W. Byrne, A Christian Approach to Education (Michigan: Mott Media, 1981), 208-217.
47) 은준관,「기독교교육현장론」, 35-68.
48) 김희자, 27.

교란 어떠한가, 그리고 학교는 가정, 교회 그리고 국가와 어떤 관계에 있는가? 이 문제를 올바로 파악하는 것은 학교의 정체성을 명확하게 하는데 도움이 될 것이다. 김성수는 아브라함 카이퍼(Abraham Kuyper)의 영역주권(sphere sovereignty) 사상에 입각하여 학교가 비록 하나님이 창조 시 제정하신 기관은 아니지만 구조적 규범이 내재하고 있었고, 이것이 역사의 발전과 더불어 가시화되어 학교가 되었다고 말하며, 결국 신적 기원을 갖는 것이라고 말한다. 따라서 학교가 갖는 독특한 영역이 존재하며 그 같은 권위는 침해당할 수 없다고 한다.[49] 그러나 영역주권을 침해당하지 않는다는 것을 경직되게 이해할 필요는 없다. 모든 기관은 하나님을 대신하여 하나님의 뜻을 이루기 위해 세워진 기관이라는 같은 목표를 가지고 있기 때문이다. 각 영역을 침해하지 않는다하여 학교가 가정이나 교회 또는 국가의 영역을 침해하지 않고 독립되어 교사와 학생으로만 설립되고 운영될 수는 없다. 얼마든지 학교라는 독특한 기능과 특성을 유지하면서 다른 기관과 유기적으로 통합을 이룰 수 있다.

한편, 김요셉은 학교는 하나님이 제정하신 제도(God ordained institution)가 아니며 단지 하나님이 제정하신 제도인 가정, 교회 그리고 국가로부터 파생된 권위를 부여받은 대행하는 권위요 역할이라고 했다.[50] 이러한 파생된 기관으로서의 학교를 공식적으로 그리고 지속적으로 확실하게 인정해야한다고 주장한다. 그렇다면 학교란 무엇인가, 학교는 철저히 부모에게 부여된 교육적 권위에 종속된 관계라는 사실을 인정하면서 교육의 주체가 학교가 아니라 가정이라는 사실을 학부모에게 알리고 그 의미를 함께 공유해야 한다. 번(H. W. Byme)도 학교는 부모들이 자녀를 하나님의 뜻과

---

49) 김성수, "학교 및 학교교육에 대한 성경적 조망",「통합연구」, 112.
50) 김요셉, "한국 기독교학교의 현실진단 및 갱신운동",「평양대부흥운동과 기독교학교」(서울: 예영커뮤니케이션, 2007), 45.

말씀 안에서 교육하도록 도와줌으로 가정을 강화시키는 역할을 한다고 강조한 바 있다.[51] 또한 학교는 하나님의 뜻을 이루기 위해 세움 받은 교회의 파생 사역이라는 사실을 염두에 두고 지역교회와 어떤 관계를 가지며 어떻게 동역할 것인지를 지속적으로 고민해야 한다. 즉 지역교회와의 밀접한 관계를 통해 믿음의 유산을 전달하려는 교회의 목적에 협력해야 한다. 김요셉은 기독교학교는 가정의 기독교세계관 교육을 대행하는 'In Loco Parentes'의 정체성을 가져야 한다고 말한다.[52] 다시 말해, 중세기 이후 기독교학교들은 라틴어로 'In Loco Parentes' (in the place of parents)라는 가치로 학교의 역할은 부모에게 부여된 교육적 권위에 종속적인 관계라는 사실을 인정하면서 기독교학교로서의 정체성을 정립하였다고 한다.

마지막으로 학교가 국가에서 파생된 기관이라는 의미는 국가는 자신들의 안녕을 위하여 존재하며, 모든 국민에게 질 좋은 교육을 제공하는 기관이라는 인식 속에서 국가의 정당한 부분들을 인정하고 국가가 요구하는 교육을 위한 요건들을 따라야 한다는 것이다. 그렇게 본다면 기독교대안학교는 공교육의 문제만을 지적하고 국가 주도의 교육에 무조건 반대하는 방향으로 나가거나 제도 밖에서만 존재하려고 해서는 안 된다. 학교는 가정과 교회 그리고 국가의 파생기관임을 자기 정체성으로 확고하게 정립하고 이 세 기관과 유기적인 관계 속에서 하나님의 뜻이 이 세상에 임하도록 최대한 협력하는 기관이 되어야 할 것이다.

이상에서 기독교대안학교의 기독교성, 대안성, 학교성에 관하여 살펴보았다. 정리하면 기독교대안학교는 기독교적인 학교로서 성경을 기초로

---

51) H. W. Byrne, 213-214.
52) 김요셉, "한국 기독교학교의 현실진단 및 갱신운동", 「평양대부흥운동과 기독교학교」, 45.

하나님중심의 교육을 모든 교과목과 교육활동에서 실시한다는 기독교성을 가지며, 이 때 기독교성은 기독교교육철학의 기초위에 기독교교육의 관점으로 해석되고 정립되어야 한다. 또한 교육이 시대와 밀착하여 일어나는 실천행위라면 그 시대에 맞는 교육이 필요할 터인데, 그런 의미에서 기독교대안학교는 대안성을 가질 수밖에 없다. 이 때 대안성은 자녀에 대한 부모의 교육적 책임과 권리를 올바로 이해하고, 그 책임과 권리를 하나님 앞에서 성실히 수행하겠다는 교육의 본질적 요소들을 보존하면서 다른 한편으로는 시대적 변혁성을 갖는다. 이 시대와 역사 앞에 기독교학교가 끊임없이 자기혁신을 통해 대안성을 가져야 한다는 면에서 볼 때 이 시대는 포스트모던적 경향으로 기독교의 절대적 진리가 부정되고 대신에 다양한 진리가 존재한다는 인식론이 확대되고 있으며, 공교육체제 뿐 아니라 미션스쿨은 붕괴의 위기와 진정한 의미의 기독교교육을 하기에는 많은 한계를 지니고 있으며, 교회의 주일학교는 쇠퇴의 징후가 해를 거듭할수록 뚜렷하게 증가하고 있다. 기독교대안학교는 이러한 시대적 문제에 대한 대안성으로 등장한 학교이다. 또한 학교성은 기독교대안학교의 학교로서의 정체성에 관한 것으로서 학교란 가정이나 교회 그리고 국가와는 다른 교육의 전문성, 학문의 과학성과 같은 전문교육기관으로서의 고유한 기능이 부여된 기관으로서 신적기원은 갖고 있지 않으나 가정과 교회 그리고 국가에서 파생된 기관으로서 그 역할을 감당한다. 즉, 가정, 교회, 국가는 하나님의 뜻을 이룰 수 있도록 적극 협력하는 기관이다.

현재 우리나라 기독교대안학교들은 기독교성과 대안성에 비해 학교성이 약화되는 경향이 있다. 만약 기독교대안학교가 빈약한 시설, 탁월하지 못한 교육과정, 준비되지 못한 교사들, 체계적이고 조직적이지 못한 행정에 의해 운영된다면 이는 진정한 대안학교가 되지 못할 뿐만 아니라 참된 의미에서 기독교적이라 말할 수도 없을 것이다. 그러므로 기독교성과 대안성 그리고 학교성 모두가 강조되고 통합적으로 운영되는 학교가 진정 기독교대안학교가 될 것이다. 이런 학교가 될 때 탁월성에 있어서도 신뢰를 쌓아가게 된다. 신앙적 탁월성에 있어서는 기독교신앙을 경건의 모양만이 아니라 경건의 능력이 기독교적 세계관 실천, 통합된 교육과정 전개, 학교의 운영과 교사와 학생의 인격적인 관계에서 드러나고, 학문적인 탁월성은 김희자의 지적[53]처럼 기독교학교가 다른 일반 학교들보다 좋은 교육환경과 시설, 우수한 교사들을 확보하여 교육할 때 그리고 그 졸업생들이 나라와 민족의 훌륭한 지도자로 헌신할 때 인정될 것이다.

2) 기독교대안학교의 등장 배경

오늘날 범세계적 운동이 되어버린 대안교육운동은 그 출발 동기가 학교교육에 대한 비판으로부터 시작된다. 1800년 대 중엽부터 일기 시작한 유럽의 대안교육운동 가운데 독일은 다음과 같은 학교교육에 대한 비판으로부터 시작했다. 즉, 학교교육의 목적이란 국가의 신민(臣民)으로서 충성심을 기르고 국가산업기술의 진보와 노동생산성 제고에 필요한 초보적 지식만을 전수함으로 국민 각자를 국가 사회의 유용한 일꾼으로 만드는 데 있기 때문에 그러한 학교교육에서는 다만 지배-피지배 계급구조를 고착화시키고 국민 전체를 멍청하게 만드는 '조련기관(dresuranstalt)'에 불과하다는 것이다.[54] 이러한 학교교육의 결과들로 다수를 표준화, 획일화, 서열화 시키게 되었고, 인간의 개성이 무시된 채 입시위주와 성적 지상주의 앞에 줄서기를 강요당하며 학교는 고통의 현장이 되어가고 있다. 박상진

---

53) 김희자, 29.
54) 송순재, "역사적 문제로서 기독교대안교육", 「기독교 노인교육의 과제와 전망」(서울: 한국기독교교육학회, 2003), 181.

은 한국교육의 고통의 문제에 대해 지적하기를 학교 중도 탈락자는 물론이고 왕따 현상, 집단 따돌림, 학교폭력, 성폭력, 지나친 입시경쟁, 자살 그리고 부적격 교사로 인한 고통은 매우 심각한 수준이라고 말하고 있다.[55] 이러한 문제들을 극복하고 참교육을 하기 위해서 그 대안을 기존의 학교체제 안에서가 아닌 탈학교운동이나 대안교육을 통해 찾으려는 것이 대안학교의 등장 배경이 된다. 이처럼 대안교육을 기존의 교육에 대한 불만과 문제의식으로부터 출발하는 것을 이종태는 발생론적 배경이라고 명명한다.[56]

이와는 다르게 대안학교의 등장 배경을 '패러다임'의 관점에서 해석하기도 한다. 이종태는 대안학교란 탈근대적 사회에서 근대교육이 직면하게 되는 한계를 극복하기 위해 자연스럽게 대두된 교육내용이자 형식이라고 주장한다.[57] 또한 이종태는 근대시대에 출현한 학교는 근대에 부합하는 교육 내용과 형식으로 정착하여 근대시대를 풍미했지만, 현대와 같은 후기산업사회 혹은 포스트모던사회에는 학교교육 체제가 적합하지 않다고 주장한다. 따라서 탈학교운동 대안교육운동은 이 시대에 필연적이며, 시간이 지날수록 더욱 확대될 것이라고 보았다.

지난 근대주의 교육의 특징들은 합리적 인간관에 근거한 인간중심과 이성중심의 교육, 이성의 관찰에 의해 경험될 수 있는 지식 즉, 과학적인 지식만이 최고의 가치가 있다고 보는 과학적 세계관, 교육의 궁극적 목적을 사회 문제 해결을 통한 이상사회 건설에 두는 실용주의적 가치관, 교육을

---

55) 박상진, "대안교육의 대안성과 기독교대안교육의 대안성", 「공교육에 대한 기독교대안학교의 정체성」 (한국기독교대안학교연맹 심포지엄자료, 2005), 66.
56) 이종태, 「대안교육과 대안학교」, (서울: 민들레, 2002), 54-55.
57) 이종태, 「대안교육과 대안학교」, 117.

국가 발전의 수단으로 활용하는 국가 주도의 공교육 제도라고 말할 수 있다.[58] 그렇다면 근대교육의 결과는 어떠한가, 인간중심의 결과로 자연파괴와 생태계의 파괴를 경험하고 있고, 이성중심의 결과로 감성이나 느낌 등이 상대적으로 소외되었고, 과학중심의 결과로 인간의 영성이나 내면세계가 도외시되었으며, 실용성을 강조한 나머지 우등생만 관심을 받는 학력지상주의, 무한경쟁의 시대에 빠져 공동체 의식의 약화를 초래하였다. 그러나 현대는 빠르게 후기산업사회 또는 포스트모던사회로 변화해 가고 있다. 근대주의의 문제들을 극복하면서 나온 이 포스트모던시대 교육의 특징은 다양성, 감성과 영성, 공동체성, 생명존중과 같은 가치들이 추구된다. 따라서 '학교'라는 교육기관은 근대주의교육 체제에서는 효율적이었으나 포스트모던사회에서는 어울리지 않고 오히려 새로운 교육이 요청되는데 그것이 곧 대안학교교육이라는 것이다. 대안학교의 출현 배경에 대한 이러한 패러다임식 접근에 대해 이종태는 당위론적 배경이라고 말한다.[59] 대안학교의 등장배경이 기존의 교육에 대한 불만과 문제의식에서 출발했다는 발생론적 배경과 마땅히 포스트모던시대에 요청되는 교육이기에 출현했다는 당위론적 배경에 의해 오늘날 대안학교가 등장하게 된 것이다.

기독교대안학교도 이와 비슷한 시기에 출현하게 된다. 기독교대안학교의 등장 배경을 발생론적 배경과 당위론적 배경으로 살펴보면 다음과 같다. 우선 발생론적 배경으로는 앞 장에서 살펴본 것처럼 기독교대안학교의 '대안성'과 관련이 있다. 즉, 현대문명사조에 대한 대안, 공교육체제에 대한 대안, 미션스쿨에 대한 대안, 교회교육에 대한 대안이 그것이다. 다

---

58) 이종태, 「대안교육과 대안학교」, 40-47.
59) 이종태, "공교육의 대안성 어떻게 규정할 것인가?", 「공교육에 대한 기독교대안학교의 정체성」(한국기독교대안학교연맹 심포지엄자료, 2005), 54-55.

시 말해 기독교대안학교의 등장 배경에 대한 발생론적 배경은 다음과 같다.

첫째, 현대문명사조에 대한 대안으로 등장하게 되었다. 이성과 인간이 중심이 되는 인문과학과 자연과학의 발달로 초경험적 신앙세계가 부정되는 근대주의사조와 그에 따른 교육, 진리의 상대성과 존재의 다양성을 강조하는 포스트모던적 사조와 그에 따른 교육에 큰 도전과 위협을 느끼면서 이성과 인간 중심에서 철저한 하나님중심에로의 복귀, 상대적 진리가 아닌 절대적 진리로서의 신앙회복을 위해 기독교대안학교가 등장하였다.

둘째, 공교육체제에 대한 대안으로 기독교대안학교가 등장하게 되었다. 공교육은 이미 학교붕괴, 교실붕괴, 교육붕괴라는 표현이 어울릴 만큼 아주 심각한 문제를 안고 있고 학교에 적응하지 못하고 탈락하는 학생들이 증가하고 있는 현실이다. 이런 현실의 탈출구로 성폭력, 자살, 교내폭력을 선택하는 학생들이 늘어나고 있어 교육현장은 불안하고, 성적위주의 무한경쟁 체제에서 개인주의화 되고 인간성은 상실되어 가고 있다. 무엇보다 심각한 문제는 가치의 중립성을 표방하고 있는 공교육 체제에서는 기독교적 가치를 가르치고 배울 수 없다는 것이다. 하나님을 아는 지식에서 점점 멀어져 가는 학교교육은 과연 필요한가, 그렇다면 학교는 꼭 가야 하는가에 대해 고민하지 않을 수 없다. 이러한 학교문화와 교육으로부터 내 자녀들을 보호하고 언약의 자녀로 양육할 목적으로 기독교대안학교가 등장하였다.

셋째, 미션스쿨에 대한 대안으로 기독교대안학교가 등장하게 되었다. 그동안 우리나라 역사에서 미션스쿨은 훌륭한 기독인재를 양성하여 국가의 위기 때 뿐 아니라 국가 발전에 크게 기여해 온 것이 사실이다. 그러나 최근에 있었던 일련의 사건들은 120여 년 전통의 미션스쿨에 대한 커다란 도전이 아닐 수 없다. 미션스쿨이 더 이상 안전한 신앙교육의 장이 되지 못할 것이라는 위기감이 어제 오늘의 일은 아니었으나 최근의 사회적 분위기나 국가의 규제로 인해 미션스쿨의 신앙교육은 존폐의 위기를 겪고 있다. 이와 같은 위기를 극복하고 모든 교육활동과 교육과정에서 하나님 중심의 교육을 실천하려고 기독교대안학교가 등장하였다.

넷째, 교회교육에 대한 대안으로 기독교대안학교가 등장하게 되었다. 오늘날 교회학교는 숫자가 큰 폭으로 줄고 있어 교회의 교육적 관심과 투자가 요청되고 있다. 무엇보다 큰 문제는 교회학교의 한 주에 한 두 시간의 예배와 교육으로는 온전한 그리스도의 제자를 양육할 수 없다는 문제 인식에서 출발한다. 특히 현재 사회로부터 기독교와 교회에 대한 비판의 수위가 점점 높아가고 있으며 더 나아가 반기독교적 행태들도 심심찮게 일어나고 있는 현실이다.[60] 이러한 혼란한 시대에 대응하여 이 시대를 이끌어 나갈 기독인재를 양성하기 위하여 교회는 교회학교를 넘어 학교를 기독교교육의 장으로 삼아야 되겠다는 요청으로 기독교대안학교가 등장하였다.

기독교대안학교의 등장배경에 있어서 당위론적 배경으로는 '모든 교육은 하나님의 교육이다' 라는 명제로부터 시작된다고 할 수 있다. 모든 교육과 가르침의 목적은 하나님을 경외하는 자가 되고 또한 그러한 신앙을 후손에게 전하라는 말씀으로부터 출발한다(신6:9). 현재의 교육현실에 대한 신앙적 반성과 자각으로 시작하여 교육의 모든 영역에서 기독교교육을 회복하고 바로 세우고자 하는 교육적 열망으로부터 기독교대안학교는

---

60) 반기독교시민운동연합(일명 반기련)이라는 단체는 2003년 11월 반기독교운동을 표방하고 나선 회원 1만 명 규모의 시민운동단체이다. 이들은 최근 어린이들의 마음을 더럽히지 않고 깨끗하게 지켜주기 위해 어린이들 주위에서 성경을 철저히 차단시키겠다는 목적으로 "악서 바이블 어린이 금서 제정운동 1000만 명 서명운동" 까지 벌이고 있다.

등장하게 되었다는 것이다. 정영찬은 이 같은 맥락에서 기독교대안학교의 등장 배경에는 그동안 한국교회 내에서 진행되어 왔던 기독교세계관 운동의 역사와 맞닿아 있다고 했다.[61] 이승구는 기독교학교가 존재해야 할 이유를 다음과 같이 네 가지를 들어 설명하고 있다.[62]

첫째, 하나님께서 인간을 창조하시면서 인간에게 주셨던 명령(창1:26-28)을 지키기 위해 기독교학교가 존재해야 한다. 창세기 1장 26-28절을 개혁신학에서는 문화명령(culture mandate)이라고 불러왔는데 이 명령 속에는 하나님이 원하시는 대로 이 세상을 잘 다스리기 위해서 인간이 존재한다는 의미가 담겨 있다. 즉, 오늘날 모든 종류의 학문 분야에서 하나님의 통치를 드러내는 것이다. 정치학, 경제학, 교육학, 의학, 약학, 공학 등 모든 학문 분야에서 하나님을 드러내는 작업을 해야 하고, 이러한 노력을 다음 세대에 잘 전달해서 이 땅 위에 기독교적인 문화가 잘 드러나도록 하기 위해 인간이 존재하는 것이다. 이 근본적인 명령 속에 교육적인 명령이 포함되어 있다. 교육이 없이는 문화명령에 순종하기 어렵기 때문이다. 그러므로 교육은 하나님이 기뻐하시는 문화의 건설 수단이라고 볼 수 있다.[63] 이러한 교육이 이루어지는 학교는 문화적 사명을 올바로 수행할 수 있도록 허락하신 독특한 전문적 기관인 것이다.[64]

둘째, 예수께서 승천하시기 전 우리에게 주신 명령을 지키기 위해 기독교학교가 존재해야 한다. 마태복음 28장 16-20절을 흔히 대위임령(the great commission)이라고 하는데, 이 내용은 사람들에게 주님께서 가르치신

---

61) 정영찬, "한국의 기독교대안학교 교육에 대한 개혁주의적 고찰" (부산: 고신대학교대학원 박사학위논문, 2007), 2.
62) 이승구, "기독교학교의 정신",「하나님이 기뻐하시는 학교」(서울: 예영커뮤니케이션, 1999), 31.
63) 이승구, 31.
64) 김성수, "학교 및 학교교육에 대한 성경적 조망",「통합연구」, 110.

것을 전하고 그들을 제자로 삼으라는 것이다. 이 구절에는 가르칠 내용과 방법과 목적이 나오는데, 가르칠 내용은 '주께서 분부한 모든 것'으로 이것은 구약시대에 예수께서 하나님으로서 우리에게 주신 모든 말씀과 신약에 나타난 예수님의 모든 말씀 그리고 신약시대의 모든 전승까지도 포함하는 것이다.[65] 또한 가르치는 목적은 '그리스도의 제자를 삼는 것'으로 하나님이 원하시는 진정한 모습으로 키워내는 것을 말하고, 가르치는 방법으로는 '가서' '세례를 주고' '가르쳐 지키게 하라'이다. 여기서 가르쳐 지키게 하는 수단 중 하나가 기독교학교와 관련이 된다.

셋째, 하나님께서 부모에게 자녀 교육의 책임을 일차적으로 맡기셨다는 사실이 기독교학교가 존재해야 하는 이유가 된다. 기독교교육의 또 하나의 근거는 하나님과 하나님의 백성 사이에 맺어진 '은혜 언약'에 있다는 사실과 연관이 된다.[66] 자녀는 은혜 언약 가운데서 부모에게 주어진 존재이기 때문에 부모는 자녀를 언약의 자녀들로 양육시킬 책임이 있다. 이 양육의 책임은 우선적으로 가정에 있으나 동시에 신앙공동체인 교회와 학교에도 있다. 따라서 그리스도인 부모들이 기독교적인 학교를 세우는 노력으로 자연스럽게 이어지는 것이다.

넷째, 반립(antithesis)을 강조하는 개혁신앙의 입장이 기독교학교를 요구하고 있다. 반립이란 인간 중심적 태도와 하나님중심적 태도 사이의 대립이라는 의미이다.[67] 이 세상의 모든 것을 철저하게 말씀중심 그리스도중심으로 바라볼 수 있어야 하는데, 일반 공교육 체제에서는 인간중심의 교육이 이루어지기 때문에 이런 관점을 가질 수 없다. 강한 반립의식이 기독교학교를 더욱 요청하게 된다.

---

65) 이승구, 32.
66) 이승구, 34.
67) 이승구, 36.

어느 시대에 상관없이 참다운 기독교학교가 하나님과 예수님의 명령을 받들어 하나님의 뜻을 이루어드리는 효과적인 기관임을 알 수 있다. 또한 자녀교육에 대한 부모의 일차적 책임을 일깨우고, 그런 신앙교육을 위해서는 일반학교에서는 불가능하고 기독교학교에서만이 가능하다는 철저한 반립의식이 기독교학교의 존재 근거가 된다. 이와 같은 이승구의 네 가지 이유는 그 기초를 성경적인 토대에서 찾았다는 점을 높이 평가할 수 있으나 기독교교육의 범위를 사회나 국가까지 확대하지 못한 점은 아쉽다. 이 같은 점을 고려하여 박상진은 성경을 기초로 기독교대안학교의 사중적 비전을 말하고 있다. 이 네 가지 비전을 실행하는 곳이 기독교학교이며, 기독교학교는 이 네 가지 하나님의 부르심에 응답하는 학교이다. 이 사중적 비전은 기독교학교의 존재 이유가 되는 것으로 박상진은 다음과 같이 설명하고 있다.[68]

첫째, 성화(sanctification)의 명령이다(마5:48, 살전4:3, 벧전1:16). 하나님은 내가 거룩하니 너희도 거룩하라고 말씀하시며, 우리가 그리스도의 장성한 분량에까지 자라가기를 원하신다. 이러한 명령에 응답하기 위해 기독교학교는 필요하다. 이 명령은 우선적으로 기독교교육자인 학교 설립자나 교육행정가 그리고 교사의 영성(spirituality)에 대한 부르심이다. 기독교교육자가 성화의 과정을 통해 그리스도의 인격으로 변화해갈 때 학생은 교육자의 인격을 닮고 모방하게 된다. 따라서 기독교교육자가 지속적인 경건의 시간과 부단한 영성훈련을 통해 그리스도의 인격과 그의 거룩하심을 닮아가는 것이 기독교학교의 출발점이 된다.[69]

둘째, 선교(mission)의 명령이다(마28:18-20, 행1:8). 세상을 향해 그리고 학

---

[68] 박상진, "한국교육의 현실과 기독교학교교육 운동",「제1회 기독교사 컨퍼런스」(기독교학교교육연구소 컨퍼런스 자료집, 2006), 32.
[69] 박상진, "한국교육의 현실과 기독교학교교육 운동",「제1회 기독교사 컨퍼런스」, 33.

생들을 향해 복음을 전하여 그들을 '제자화' 하기 위해 기독교학교가 필요하다. 이처럼 기독교학교는 예수님의 명령인 '복음화' 와 '제자화' 로의 부르심이다. 어떻게 제자화가 가능한가, 그것은 우리가 학생들을 교육(education)하기 원하지만 그들로부터 이끌어낼 수 있는 것(educare)만으로는 그들을 변화시킬 수 없고, 오직 계시의 빛, 예수 그리스도의 복음을 통해서만이 학생들의 중심을 변화시킬 수 있다. 따라서 다양한 방법을 통해서 학생들이 복음을 접할 수 있도록 해야 한다.

셋째, 문화명령(cultural mandate)이다(창1:28, 골1:16-18). 이것은 기독교학교를 향한 '교과목에 대한 기독교적 접근' 또는 '기독교적 교수 방법' 으로의 부르심이다. 국어, 영어, 수학, 과학, 사회, 예술 등 모든 교과목 분야에서 하나님의 주권과 그리스도의 주되심이 인정되며, 기독교세계관적 접근을 해야 한다. 모든 생각을 사로잡아 그리스도께 순종하도록 해야 한다(고후10:5). 이처럼 모든 영역에서 문화명령에 순종하기 위하여 기독교학교는 필요하다.

넷째, 이웃 사랑의 명령 또는 사회적 책임(social responsibility)이다(암5:2, 마22:39, 요13:34). 이것은 좁게는 이웃에 대한 봉사로부터 넓게는 구조적 문제의 원인을 해결하는 사회적 개혁을 포함한다. 하나님이 사랑의 하나님인 동시에 정의의 하나님임을 기독교학교에서는 표현되어야 한다.[70] 이것은 최초의 이웃인 학생에 대한 사랑의 실천이 있어야 하고, 나아가 왜곡되어 있는 교육현실에 대한 개혁으로의 부르심이다. 기독교학교는 구조적인 악과 싸워야 하고, 교육정책에 대해서도 기독교적 비판(Christian critique)의 목소리를 통해 소금과 빛의 사명을 감당해야 한다.

---

70) 박상진, "한국교육의 현실과 기독교학교교육 운동",「제1회 기독교사 컨퍼런스」, 34.

박상진은 이 사중적 비전을 통해 기독교학교의 존재 근거를 하나님으로부터 출발하고 있음을 밝히고 있는 바, 그 교육비전의 범위를 이웃사랑과 같은 사회책임 부분까지 확대하고 있다. 이에 관한 도표는 아래와 같다.[71]

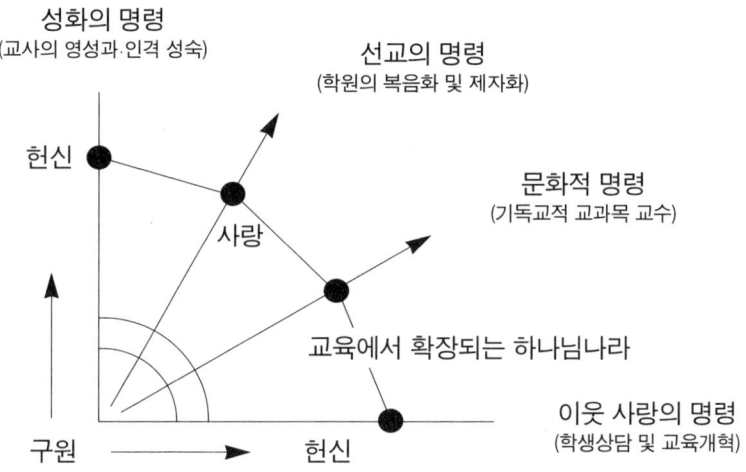

〈기독교대안학교의 사중적 비전〉

이승구와 박상진이 제시한 바를 통해 기독교대안학교의 당위적 등장 배경을 종합한다면, 하나님의 문화명령과 예수님의 대위임령에 순종하기 위하여 그리고 부모의 교육적 책임을 효과적으로 잘 감당하기 위하여 기독교학교는 등장하게 되었으며, 나아가 그리스도의 제자가 되기를 소망하는 자들을 그리스도의 장성한 분량인 온전한 사람으로 키워 이웃을 사랑하고 사회적 책임도 감당할 수 있는 그리스도의 제자로 양육하기 위하

---

71) 박상진, "한국교육의 현실과 기독교학교교육 운동", 「제1회 기독교사 컨퍼런스」, 32.

여 기독교대안학교가 필요하다는 것이다. 특히 반립의식을 더욱 가질 수 밖에 없는 오늘의 현실이 기독교대안학교를 더욱 시급히 요청하고 있다는 사실이다. 이처럼 기독교대안학교는 발생론적 배경과 당위론적 배경의 영향으로 출현하게 되었다.

또한 기독교대안학교의 등장 배경으로는 우리나라의 시대적 사회현상에서 기인하고 있음을 알 수 있다. 이에 대해 박상진은 한국에서의 기독교대안학교는 한국의 역사적, 문화적 전통과 함께 한국이라는 사회가 지니는 상황적 독특성에 기인한다고 말하고 있다.[72] 다시 말해서 1969년에 시작하여 1971년에 전 지역으로 확대된 중학교 무시험 추첨제와 1974년 고등학교 평준화 정책은 이봉구의 표현대로 미션스쿨에 가히 폭탄적 선언이었다.[73] 또한 1975년과 1981년 2차에 걸친 사립학교 정관 개정 등을 겪으면서 기독교학교들은 자율적인 활동의 범위를 제한받게 되었다. 이러한 제도의 실시는 학생선발권을 갖지 못한 기독교학교들에 성경과목과 예배시간의 배정에 어려움을 안겨주었고 이때부터 기독교학교의 정체성이 약화되기 시작하여 현재는 명목상 기독교학교가 유지되고 있는 실정이다. 그리고 2000년도부터 적용되고 있는 제7차 교육과정에서는 종교과목 외에 복수과목을 개설할 것과 선택 교과 지정시 학부모 대표와 협의해야 하는 부담을 안게 되었다. 이러한 모든 문제를 근본적으로 해결할 수 있는 방법이 학생 선발 자율권과 교육과정에 대한 자율권을 확보할 수 있는 기독교대안학교로의 전향이었다.[74]

이상에서 살펴본 것을 토대로 기독교대안학교의 등장 배경을 정리하면,

---

72) 박상진,「기독교학교교육론」, 59.
73) 이봉구, "기독교학교 교육사",「한국기독교교육사」(서울:대한기독교교육협회, 1973), 82.
74) 정영찬, 95.

기독교대안학교의 등장은 포스트모더니즘의 영향에 대한 대응, 공교육체제에 대한 대응, 미션스쿨과 교회교육의 한계에 대한 대응과 같은 발생론적 배경과 모든 교육은 하나님의 교육이어야 한다는 당위론적 배경 속에서 등장하게 되었음을 알 수 있다. 또한 우리나라의 미션스쿨들이 학생선발과 교육과정운영에 많은 제약을 받아 하나님의 교육을 감당하기가 점점 더 어려워져 가고 있는 시대적 상황과 또한 일반 학교교육이 가지고 있는 많은 한계점들이 기독교대안학교를 등장하게 한 배경이 되고 있음을 알 수 있다.

3) 기독교대안학교의 현황

현재 기독교대안학교에 대한 정확한 숫자와 현황에 대하여는 파악하기가 어렵다. 따라서 여기서는 기독교학교교육연구소가 2007년 3월 31일에 발표한 현황 자료에 기독교대안학교연맹의 자료 등을 더 보완하여 살펴보도록 하겠다.

(1) 연도별 기독교대안학교 설립 현황

2008년 6월 1일 현재 파악되고 있는 기독교대안학교의 수는 모두 86개이며 설립연도별 분류는 다음과 같다.[75]

---

[75] 기독교학교교육연구소가 2007년 3월 31일에 발표한 기독교대안학교 수는 43개교였고, 기독교대안학교연맹의 임태규가 2008년 6월 1일 현재 조사한 기독교대안학교 수는 66개교이다. 여기서 기독교대안학교 수가 86개교라 하는 것은 이 둘을 합친 것에 연구자가 조사한 것을 추가한 것이다. 기독교학교교육연구소,「희망을 심는 교육 기독교대안학교 가이드」(서울: 예영커뮤니케이션, 2007), 27.과 임태규, "우리나라 기독교대안학교 현황", 기독교대안학교연맹 홈페이지(http://www.casak.org) - 연맹자료) 참조.

〈표3〉 연도별 기독교대안학교 설립 현황

설립연도	학 교	계
1998년이전	꾸러기학교, 로뎀청소년학교, 중앙기독초등학교, 풀무농업고등기술학교	4
1998	꿈의학교, 들꽃피는학교, 한빛고등학교	3
1999	광주동명고등학교, 두레자연고등학교, 세인고등학교, 푸른꿈고등학교	4
2000	강아지똥자연학교, 로고스기독학교, 산마을고등학교, 진솔대안학교	4
2001	독수리기독중고등학교, 한동국제학교	2
2002	어린이학교, 멋쟁이학교, 서울크리스찬중고등학교, 지구촌고등학교	4
2003	공동체비전고교, 굼나제청소년학교, 글로벌비전크리스천스쿨, 달구벌고등학교, 두레자연중학교, 사사학교	6
2004	미래지도자학교, 산돌학교, 삼광국제기독학교, 성산효마을학교, 승리기독학교, 여명학교, 자유터학교, 전인기독학교, 청주중고등성경학교, 하늘꿈학교, 한국국제크리스천학교, 한꿈학교	12
2005	새이레기독학교, 두레학교, 벨국제학교, 빅하트크리스천스쿨, 아힘나평화학교, 킹씨드선교학교, 천안대안학교, ᄒ누리국제학교, 한국기독국제학교, 한국기독사관학교	10
2006	광성드림학교, 샘물기독학교, 하나인학교, 산울어린이학교, 늘푸른국제학교, 드림국제학교, 등대국제학교, 쉐마기독학교, 쉐마학교, 예뜨랑아카데미, 은혜기독대안학교, 태화국제학교, 크리스찬스프라웃국제학교, 팔렬고등학교, 호산나학교	15
2007	솔로몬영재국제학교, 꿈꾸는요셉초등학교, 링컨하우스스쿨, 굿뉴스사관학교, 민들레학교, 바울기독대안학교, 새날학교, 생명나무학교, 아이티기독학교, 자유기독학교, 중앙기독중학교, 트윅국제학교, 코메니우스학교, 한마음기독학교, 향기다니엘사관학교	15
2008	글로벌리더스기독학교, 제자국제기독학교, 참빛대안학교, 데오스중고등학교, 예향기독학교, 토기장이학교, 한국웨일즈기독학교	7
계		86

연도별 기독교대안학교의 설립 현황에 대한 특징은 기독교대안학교가

2004년을 기점으로 급속한 증가 추세를 보이고 있다는 점이다. 이 같은 이유는 두 가지 측면에서 찾을 수 있다.

첫째는 내부적 요인으로 반기독교적인 사회의 흐름에 대한 기독교 내부의 성찰과 그에 대응하는 기독교학교의 정체성 회복의 차원이다. 2004년에는 당시 미션스쿨인 서울 D고등학교의 학생회장 K군이 학교에서 종교교육과 예배를 강제하는 것이 헌법에 위배된다하여 종교자유를 부르짖으며 학교와 지도감청인 서울시교육청을 상대로 소송을 제기한 사건이 있었고, 2005년에는 개방형 이사제를 도입하여 부패 사학을 정비하겠다는 골자의 개정 사립학교법이 논란 끝에 국무회의의 심의로 의결되는 일이 발생했다. 이 두 사건은 사회의 반기독교적 분위기와 융합하여 기독교와 기독교학교에 대한 심각한 도전이 되었다. 이러한 심각한 도전에 대한 대안으로 기독교는 기독교대안학교에 더 큰 관심을 갖게 되었다.

둘째는 외부적 요인으로 일반대안학교의 급속한 증가 추세와 그에 따른 사회적 관심이 호의적이라는 것에 영향을 받은 것이다.[76] 그러나 여기서 주의해야 할 사항은 일반 대안학교의 영향을 받았다는 말은 기독교대안학교가 일반대안학교의 영향을 받아서 출현했다는 의미는 아니라는 것이다. 오히려 우리 사회에서 대안교육운동은 기독교계 학교에서 먼저 시작되었고 그것이 일반대안학교에 영향을 끼친 것이라고 봐야 옳다. 일반대안교육 운동가들도 기독교계인 거창고등학교나 풀무농업고등기술학교를 대안학교의 효시라고 인정하고 있다.[77]

교육인적자원부가 발행한 자료에 의하면 대안학교의 설립이 1999년에 2개교, 2000년에 2개교, 2001년에 12개교, 2002년에 16개교, 2003년에 13

---

76) 기독교학교교육연구소,「희망을 심는 교육 기독교대안학교 가이드」, 28.
77) 이종태,「대안교육과 대안학교」, 119.

개교, 2004년에 15개교, 2005년에 12개교, 2006년에 15개교로 나타나고 있는데, 2001년부터 급속한 증가를 보이고 있음을 알 수 있다.[78] 2001년부터 급속한 증가를 보였던 이 같은 일반 대안학교의 증가추세는 기독교대안학교의 증가에도 영향을 끼쳤던 것이다.

(2) 지역별 기독교대안학교 분포 현황

기독교대안학교의 지역별 분포 현황은 다음과 같다.[79]

〈표4〉 지역별 기독교대안학교 분포 현황

구분	학 교	계	비율
강원도	팔렬고등학교	1	1%
경기도	광성드림학교, 굿뉴스사관학교, 글로벌리더스기독학교, 꾸러기학교, 데오스중고등학교, 독수리기독중고등학교, 두레자연고등학교, 두레자연중학교, 두레학교, 들꽃피는학교, 등대국제학교, 로고스기독학교, 멋쟁이학교, 바울기독대안학교, 빅하트크리스천스쿨, 산돌학교, 산마을고등학교, 산울어린이학교, 삼광국제기독학교, 샘물기독학교, 성산효마을학교, 솔로몬영재국제학교, 쉐마기독학교, 쉐마학교, 아힘나평화학교, 어린이학교, 자유기독학교, 중앙기독초등학교, 중앙기독중학교, 참빛대안학교, 태화국제학교, 코메니우스학교, 크리스찬스프라웃국제학교, 킹씨드선교학교, 하나인학교, 한국국제크리스천스쿨, 한국기독사관학교, 한국기독국제학교, 한국웨일즈기독학교, 한꿈학교	40	47%
경상도	달구벌고등학교, 드림국제학교, 민들레학교, 지구촌고등학교, ㅎ누리국제학교, 한동국제학교	6	7%

---

78) 교육인적자원부,「대안교육백서 1997-2007」, 8.
79) 기독교학교교육연구소,「희망을 심는 교육 기독교대안학교 가이드」, 32와 임태규, "우리나라 기독교대안학교 현황" 등을 참조하여 분석하였음.

서울	미래지도자학교, 새이레기독학교, 서울크리스찬중고등학교, 아이티기독학교, 여명학교, 은혜기독대안학교, 자유터학교, 전인기독학교, 호산나학교	9	10%
전라도	광주동명고등학교, 굼나제청소년학교, 꿈꾸는요셉초등학교, 링컨하우스스쿨, 새날학교, 세인고등학교, 예뜨랑아카데미, 진솔대안학교, 토기장이학교, 푸른꿈고등학교, 한마음기독학교, 한빛고등학교, 향기다니엘사관학교	13	15%
충청도	강아지똥자연학교, 공동체비전고등학교, 꿈의학교, 글로벌비전크리스천스쿨, 늘푸른국제학교, 로뎀청소년학교, 벨국제학교, 사사학교, 생명나무학교, 승리학교, 예향기독학교, 제자국제기독학교, 천안대안학교, 청주중고등성경학교, 트윅국제학교, 풀무농업고등기술학교, 하늘꿈학교	17	20%
계		86	100%

참고로 2005년 통계청 자료에 의하면 전체 기독교인(개신교)은 8,616,438명이었으며, 각 시도별 기독교인 수는 다음과 같다.[80]

단위:명

강원도	경기도	경상도	서울	전라도	충청도	제주도	총계
227,437	2,824,027	1,278,831	2,222,831	1,142,521	882,608	38,183	8,616,438
2.6%	32.8%	14.8%	25.8%	13.3%	10.2%	0.5%	100%

위의 두 도표를 통해 살펴보면 다음과 같다. 우선 기독교대안학교 숫자와 기독교인의 숫자를 비교해 보면 기독교인이 가장 많이 거주하고 있는 경기도(32.8%)에 가장 많은 기독교대안학교(40개교 전체47%)가 분포하고 있음을 알 수 있다. 기독교 인구에 비해 상대적으로 기독교대안학교가 많이 분포되어 있는 지역은 충청도(기독교인 수 10.2%에 기독교대안학교 수 17개교

---

80) 통계청 홈페이지(http://www.kosis.kr/) - 종교인 수

20%), 경기도, 전라도(기독교인 수 13.3%에 기독교대안학교 수 13개교 15%) 순이었고, 반대로 기독교인의 수에 비해 기독교대안학교가 적게 분포되어 있는 지역은 서울(기독교인 수 25.8%에 기독교대안학교 수 9개교 10%), 경상도(기독교인 수 14.8%에 기독교대안학교 수 6개교 7%), 강원도 순이었다. 이처럼 기독교인 수에 비해 기독교대안학교 수가 많거나, 반대로 기독교인 수에 비해 기독교대안학교 수가 적은 이유가 무엇이며, 이 둘 사이에 어떤 상관관계가 있는지 연구해 볼 필요가 있다. 예컨대 기독교인구 수에 비해 기독교대안학교 수가 많은 충청도 신자들의 기독교대안학교에 대한 인식과 열망이 높다든가, 혹은 기독교 인구에 비해 기독교대안학교 수가 현저히 적은 경상도나 강원도 신자들의 기독교대안학교에 대한 인식과 열망이 다소 부족한 것은 아닌지 연구해 볼 필요가 있다. 이 같은 분포 추세는 최근의 설립 추세와도 맥을 같이 하고 있다. 2006년부터 현재까지 기독교대안학교는 모두 37개교가 설립되었는데 기독교 인구에 비해 기독교대안학교 수가 많았던 충청도(5개교 설립), 경기도(19개교 설립), 전라도(7개교 설립)는 여전히 다른 곳에 비해 더 높은 증가를 보이고 있다. 반면에 서울(3개교 설립), 경상도(2개교 설립), 강원도(1개교 설립)의 증가 추세는 여전히 기독교 인구에 비해 기독교대안학교 증가 수가 미미한 상태이다. 한편 강원도와 제주도의 경우 기독교인구 수가 상대적으로 적은 것은 사실이나 기독교대안학교가 거의 없는 것으로 파악되고 있는 바 그 원인과 대안이 요구된다 하겠다.

(3) 급별 기독교대안학교 현황

기독교대안학교의 학제 편성에 따른 급별 현황은 다음과 같다.[81]

〈표5〉 급별 기독교대안학교 현황

구분	학 교	계	비율
유아	강아지똥자연학교, 꾸러기학교	2	2%
초등	광성드림학교, 꿈꾸는요셉초등학교, 글로벌리더스기독학교, 두레학교, 산울어린이학교, 샘물기독학교, 솔로몬영재기독학교, 어린이학교, 전인기독학교, 중앙기독초등학교, 참빛대안학교	11	13%
중학	두레자연중학교, 민들레학교, 중앙기독중학교, 천안대안학교	4	5%
고교	공동체비전고등학교, 광주동명고등학교, 달구벌고등학교, 두레자연고등학교, 바울기독대안학교, 벧엘국제학교, 산마을고등학교, 세인고등학교, 지구촌고등학교, 팔렬고등학교, 푸른꿈고등학교, 풀무농업고등기술학교, 한마음기독학교, 한빛고등학교	14	16%
유,초통합	새이레기독학교, 킹씨드선교학교	2	2%
초,중통합	굿뉴스사관학교, 삼광국제기독학교, 미래지도자학교, 예뜨랑아카데미, 하나인학교	5	6%
유,초,중통합	삼광국제기독학교, 제자국제기독학교	2	2%
중,고통합	링컨하우스스쿨, 굼나제청소년학교, 글로벌비전크리스천스쿨, 데오스중고등학교, 독수리기독중고등학교, 들꽃피는학교, 멋쟁이학교, 산돌학교, 생명나무학교, 서울크리스찬중고등학교, 성산효마을학교, 쉐마기독학교, 쉐마학교, 승리기독학교, 아이티기독학교, 여명학교, 예향기독학교, 은혜기독대안학교, 자유기독학교, 자유터학교, 진솔대안학교, 청주중고등성경학교, 토기장이학교, 트윅국제학교, ㅎ누리국제학교, 한국기독국제학교, 한국기독사관학교, 한국웨일즈기독학교, 한꿈학교, 한동국제학교	30	35%
초,중,고통합	꿈의학교, 늘푸른국제학교, 드림국제학교, 등대국제학교, 로고스기독학교, 로뎀청소년학교, 빅하트크리스천스쿨, 사사학교, 새날학교, 아힘나평화학교, 태화국제학교, 크리스찬스프라웃국제학교, 하늘꿈학교, 한국국제크리스천학교, 향기다니엘사관학교, 호산나학교	16	18%
고,대통합	코메니우스학교	1	1%
계		86	100%

우리보다 기독교학교 운동이 먼저 시작된 다른 나라들의 학제는 유아학교, 초등학교, 중등학교 그리고 대학교 1학년 까지를 포함하여 전체 12-14년제를 운영하는 학교들이 많이 있다. 그러한 운영이 가능하다면 그것은 바람직한 학제가 될 것이다. 현재 우리나라 기독교대안학교의 학제도 이러한 추세로 나아가고 있는 실정이다. 초등학교부터 시작한 학교들은 학생들이 학교를 졸업하는 시기를 맞추어 중·고등학교를 설립하고 있으며, 중·고등학교부터 시작한 학교들은 반대로 초등학교 학제를 운영하거나 운영 계획을 가지고 있는 학교들이 많았다. 따라서 현재는 중·고 통합의 학교가 30개교로 전체 35%를 차지하고 있어 가장 많지만 앞으로는 초·중·고 통합 뿐 아니라 유아학교와 대학교까지를 포함하는 학교들도 늘어갈 것으로 기대된다. 하지만 이러한 기대는 현재 공교육의 학제 체제 안에서는 불가능하며 비인가 학교로 존재할 때에만 가능한 것이 현실이다. 현재 기독교대안학교들 중에서 학제의 변화 없이 중학교, 고등학교만으로 운영되고 있는 학교들은 대부분 인가된 학교로서 특성화학교임을 알 수 있다.

(4) 법적 인가 여부에 따른 기독교대안학교 현황

기독교대안학교의 법적 인가 여부에 따른 학교의 현황은 다음과 같다.[82]

---

81) 기독교학교교육연구소,「희망을 심는 교육 기독교대안학교 가이드」, 36과 임태규, "우리나라 기독교대안학교 현황" 등을 참조하여 분석하였음.
82) 기독교학교교육연구소,「희망을 심는 교육 기독교대안학교 가이드」, 29와 임태규, "우리나라 기독교대안학교 현황" 등을 참조하여 분석하였음.

〈표6〉 법적 인가 여부에 따른 기독교대안학교 현황

인가학교	초등학교	중앙기독초등학교	1	19%
	특성화중학교	두레자연중학교, 중앙기독중학교	2	
	특성화고교	공동체비전고등학교, 광주동명고등학교, 달구벌고등학교, 두레자연고등학교, 산마을고등학교, 세인고등학교, 지구촌고등학교, 팔렬고등학교, 푸른꿈고등학교, 한빛고등학교	10	
	위탁형학교	성산효마을학교, 천안대안학교	2	
	고등기술학교	풀무농업고등기술학교	1	
비인가학교		강아지똥자연학교, 광성드림초등학교, 굼나제청소년학교, 굿뉴스사관학교, 꾸러기학교, 꿈꾸는요셉초등학교, 꿈의학교, 글로벌리더스기독학교, 글로벌비전크리스천스쿨, 늘푸른국제학교, 데오스중고등학교, 독수리기독중고등학교, 두레학교, 드림국제학교, 들꽃피는학교, 등대국제학교, 로고스기독학교, 로뎀청소년학교, 링컨하우스스쿨, 멋쟁이학교, 미래지도자학교, 민들레학교, 바울기독대안학교, 벨국제학교, 빅하트크리스천스쿨, 사사학교, 산돌학교, 산울어린이학교, 삼광국제기독학교, 새날학교, 새이레기독학교, 샘물기독학교, 생명나무학교, 서울크리스찬중고등학교, 솔로몬영재국제학교, 쉐마기독학교, 쉐마학교, 승리기독학교, 아이티기독학교, 아침나평화학교, 어린이학교, 여명학교, 예뜨랑아카데미, 예향기독학교, 은혜기독대안학교, 자유기독학교, 자유터학교, 제자국제기독학교, 전인기독학교, 진솔대안학교, 참빛대안학교, 청주중고등성경학교, 태화국제학교, 토기장이학교, 트윅국제학교, 코메니우스학교, 크리스찬스프라웃국제학교, 킹씨드선교학교, 하나인학교, ㅎ누리국제학교, 하늘꿈학교, 한국기독국제학교, 한국국제크리스천학교, 한국기독사관학교, 한국웨일즈기독학교, 한꿈학교, 한동국제학교, 한마음기독학교, 향기다니엘사관학교, 호산나학교	70	81%
계			86	100%

대안교육을 오래 전부터 실천해 왔던 거창고등학교나 풀무농업고등기술학교 등은 이미 1950년대에 설립되어 세간의 주목을 받아왔으나 기독교대안학교로서 최초의 전일제 인가학교는 1998년에 세워진 한빛고등학

교이다.[83] 1999년에는 푸른꿈고등학교, 두레자연고등학교, 세인고등학교, 동명고등학교, 2000년에는 산마을고등학교, 2002년에는 지구촌고등학교, 2003년에는 공동체비전고등학교, 달구벌고등학교, 두레자연중학교, 2004년에는 성산효마을학교, 2005년에는 천안대안학교, 2006년에는 팔렬고등학교, 2007년에는 중앙기독중학교 등이 인가를 받아 특성화학교로 개교하였다. 이러한 특성화학교의 정책적 뿌리는 1995년 5. 31 교육개혁 방안에까지 거슬러 올라간다. 이 개혁안에는 학생들의 다양한 개성을 존중하여 다양한 유형의 학교 설립을 가능하게 한다는 계획이 포함되어 있었다. 그러나 이러한 계획안은 당시 교육계의 최대 현안인 급증하는 중도탈락 학생들의 문제와 만나면서 중도탈락 문제 해결 방안의 하나로 공립 대안학교의 설립이 거론되었다. 또한 민간에서 대안학교들이 하나둘씩 설립하는 기미가 보이자 교육당국이 이들을 지원하게 되어 결국 특성화학교라는 이름으로 인가받게 되었고, 특성화학교라는 범주 안에 학교 부적응 학생을 대상으로 하는 학교뿐만 아니라 생태적 삶이나 인성교육을 추구하는 대안학교까지 들어오게 되었다.[84]

이처럼 교육당국이 나서서 대안학교들을 지원하여 특성화학교로 인가를 받고 어느 정도 교육과정의 자유가 허용되는 시대의 흐름 속에서 기독교대안학교들이 급속하게 출현하게 되었지만 대부분 미인가학교로 운영되고 있다. 재정적으로도 영세한 형편이어서 실제로 의욕을 가지고 설립했다가 폐교하는 학교도 많다. 형편이 좀 나은 학교들도 학생들의 학교 납입금에 의존하고 있어서 고스란히 그 부담이 학생과 학부모에게 돌아가고 있다. 어떤 학교들은 입학시 예치금으로 거액을 받고, 매월 기숙사비와

---

83) 교육인적자원부,「대안교육백서 1997-2007」, 71.
84) 교육인적자원부,「대안교육백서 1997-2007」, 41.

등록금을 합하여 100만원에 가까운 납입금을 내기 때문에 귀족학교라는 말을 듣기도 한다. 정부 입장에서는 이러한 비인가학교들은 현행법상 불법이기 때문에 무한정 방치할 수 없는 상황이기에 나름대로의 대처가 필요했다. 이에 정부는 2005년 3월 24일에「초·중등교육법」제60조의3에 대안학교에 관한 법을 신설[85]함으로 대안교육을 제도권에 포함시켜 대안교육의 존재를 법으로 인정하고 활성화하고자 했으며, 2006년 12월에는 대안학교 설립 운영 규정(안)을 입법예고 하였다. 이 규정(안)에는 비인가 학교들이 학교로서의 최소한의 기준을 충족시킨 경우 학력인정과 같은 인가를 취득할 수 있도록 하고 있다.[86] 대안학교 설립 운영 규정(안)의 주요 골자는 '학교의 시설 설비 기준을 대폭 완화한다'. '교육과정 운영상 필요한 경우에는 학년 구분 없이 교육과정을 운영할 수 있다'. '교육과정의 운영상 필요한 경우 연간 180일 이상으로 정한다'. '교육인적자원부장관이 정한 교육과정상 교과 및 영역별 수업시간수의 100분의 50이상을 운영하여야 한다'. '자체 개발한 도서를 교과용으로 사용할 수 있다'. '학생의 학업성취도 및 인성 등을 종합적으로 관찰·평가하여 학생지도 및 상급학교의 학생선발에 활용할 수 있도록 기준에 따라 작성·관리하여야 한다' 등과 같은 내용을 담고 있다.

하지만 이러한 규정(안)을 충족한다 해도 곧 일반 학교 수준의 재정적 지원을 해준다는 약속은 아니어서 논란의 여지가 많다. 아직까지 대안교육

[85) 신설된 제60조 3의 내용은 다음과 같다. 제60조의3(대안학교) ①학업을 중단하거나 개인적 특성에 맞는 교육을 받고자 하는 학생을 대상으로 현장 실습 등 체험 위주의 교육, 인성 위주의 교육, 또는 개인의 소질, 적성 개발 위주의 교육 등 다양한 교육을 실시하는 학교로서 제60조 1에 해당하는 학교(이하 "대안학교"라 한다)에 대하여는 제21조 1, 제23조 2, 3, 제24조 내지 제26조, 제29조 및 제30조의 7의 규정을 적용하지 아니한다. ②대안학교는 초등학교, 중학교, 고등학교의 과정을 통합하여 운영할 수 있다. ③대안학교의 설립기준, 교육과정, 수업연한, 학력인정 그밖에 설립 운영에 관하여 필요한 사항은 대통령령으로 정한다.
86) 교육인적자원부장관, "대안학교설립·운영규정(안) 입법예고"(교육인적자원부 공고 제2006-116호), 2006년 12월 5일.

기관에 대한 정부의 지원은 미미한 수준이다. 교육인적자원부에서는 지난 2006년 11월 20-27일까지 '미인가 대안교육기관 재정지원 공모'를 실시한 바 있는데 이 때 총 79개 기관이 신청했고, 심사결과 최종 55개 기관에 최저 1,000만원에서 최고 2,400만원까지 총 7억 9천만 원을 지원한 사실이 있다.[87] 이것은 교육인적자원부가 향후 소외계층 등 학업 중단 청소년에 대한 적극적 지원과 함께 우수한 대안교육 프로그램을 발굴하고 지원함으로써, 대안교육의 내실화 및 공공성을 더욱 강화해 나가기 위한 방안에서 실시되었다.

이제 기독교대안학교들은 그럴듯한 구호나 열정만으로 꾸려갈 수는 없다. 이호훈은 기독교대안학교가 세상 속에 고립되지 않고 공교육 현장과 소통을 할 수 있는 역량을 키우기 위해서도 법제화를 위한 노력이 필요하다고 말한다.[88] 공교육 수준 이상의 시설과 설립취지와 교육철학을 담아낼 수 있는 철저한 교육과정과 학교운영만이 경쟁력을 가질 수 있기 때문이다. 그럼에도 불구하고 규정(안)의 기준을 충족했다 하더라도 또 다시 공교육 체제로 들어가면 교육과정의 규제와 제한 때문에 온전한 기독교학교로서 정체성을 상실할 것이라는 우려 때문에 여전히 고민거리가 되고 있다.

(5) 설립 주체에 따른 기독교대안학교 현황

기독교대안학교의 설립 주체별 현황은 다음과 같다.[89]

---

87) 인터넷교육신문, 2006년 12월 21일자
88) 이호훈, "대안학교 법제화와 기독대안학교",「대안학교 설립운영규정(안) 입법예고에 따른 기독교대안학교 대표자 긴급포럼의 발제」(2006년 12월 21일)
89) 기독교학교교육연구소,「희망을 심는 교육 기독교대안학교 가이드」, 34와 임태규, "우리나라 기독교대안학교 현황" 등을 참조하여 분석하였음.

<표7> 설립 주체에 따른 기독교대안학교 현황

구분	학 교	계	비율
개인	굼나제청소년학교, 굿뉴스사관학교, 늘푸른국제학교, 독수리기독중고등학교, 들꽃피는학교, 드림국제학교, 등대국제학교, 로고스기독학교, 벧엘국제학교, 사사학교, 새날학교, 쉐마학교, 아이티기독학교, 아힘나평화학교, 예뜨랑아카데미, 예향기독학교, 진솔대안학교, 태화국제학교, 풀무농업고등기술학교, 크리스찬스프라웃국제학교, 킹씨드선교학교, 한국기독사관학교, 한마음기독학교	23	27%
교회	광성드림초등학교, 광주동명고등학교, 꾸러기학교, 글로벌리더스기독학교, 데오스중고등학교, 두레학교, 두레자연고등학교, 두레자연중학교, 멋쟁이학교, 미래지도자학교, 바울기독대안학교, 빅하트크리스천스쿨, 산돌학교, 삼광국제기독학교, 새이레기독학교, 샘물기독학교, 서울크리스찬중고등학교, 성산효마을학교, 솔로몬영재국제학교, 쉐마기독학교, 승리기독학교, 어린이학교, 여명학교, 은혜기독대안학교, 자유기독학교, 전인기독학교, 제자국제기독학교, 중앙기독초등학교, 중앙기독중학교, 참빛대안학교, 천안대안학교, 청주중고등성경학교, 토기장이학교, ㅎ누리국제학교, 향기다니엘학교, 호산나학교	36	42%
종교 단체, 법인	강아지똥자연학교, 공동체비전고등학교, 꿈꾸는요셉초등학교, 꿈의학교, 글로벌비전크리스천스쿨, 달구벌고등학교, 로뎀청소년학교, 링컨하우스스쿨, 민들레학교, 산마을고등학교, 산울어린이학교, 생명나무학교, 세인고등학교, 자유터학교, 지구촌고등학교, 팔렬고등학교, 푸른꿈고등학교, 트윈국제학교, 코메니우스학교, 하나인학교, 하늘꿈학교, 한국국제크리스천학교, 한국기독국제학교, 한국웨일즈기독학교, 한꿈학교, 한동국제학교, 한빛고등학교	27	31%
계		86	100%

위의 설립주체에 따른 기독교대안학교의 현황을 살펴보면, 전체 86개교 중에서 개인이나 소수의 사람들이 설립한 경우는 23개교(27%)이고, 교회 가 설립한 경우는 36개교(42%)였으며, 단체(기관)나 법인이 설립한 경우는

27개교(31%)였다. 특이한 것은 최근의 경향은 개인이나 소그룹에서 기독교대안학교를 운영하는 경향이 강하다는 것이다. 2005년을 기점으로 봤을 때, 2004년까지는 학교설립이 개인이 5개교, 단체가 16개교, 교회가 18개교였으나, 2005년부터 최근까지는 개인이 17개교, 단체가 11개교, 교회가 19개교를 설립하였다. 기독교대안학교는 여전히 교회의 부설이나 기관으로 설립하는 경우가 많은 것은 사실이나 최근에는 개인들이나 소수의 뜻을 같이하는 사람들이 기독교학교교육에 관심을 갖고 학교를 설립하는 경향이 늘어나고 있음을 알 수 있다. 이것은 홈 스쿨이나 공부방 또는 방과 후 학교 등과 같은 모임들이 전일제 기독교대안학교로 전환하는 사례가 늘고 있음을 보여주는 것이며, 예향기독학교처럼 본격적으로 기독교대안학교에 대한 학문적 준비를 통해서 설립되는 사례도 늘어나고 있다.

　이처럼 개인들이 세운 기독교대안학교는 신앙적 열정을 가지고 순수하게 시작한 면에 비해 규모가 작고 영세하여 아직도 정착의 단계에 있으며 개중에는 폐교되는 경우도 있다. 특히 개이이 운영하는 학교들은 학생모집에서도 어려움을 겪고 있으며, 교사들의 복지에 대해서도 제대로 책임지지 못하는 사례가 많아 심각한 어려움에 처해 있다. 이에 비해 종교단체나 법인 등과 같은 기관에 의해 설립된 학교는 비교적 규모도 크며 학교시설이나 교육과정도 체계적으로 운영되고 있는 경우가 많으며 특히 단체에 의해 설립된 학교들 중에는 국제학교의 성격으로 운영되는 곳이 많았다. 이들 개인이나 단체에 의해 설립된 학교들의 공통점은 초등학교나 중등학교 중 한 학교를 목표로 설립되었다는 것이다. 이에 비해 교회가 설립주체인 경우에는 처음에는 한 학교로 시작했다 하더라도 최근에는 유아학교부터 고등학교까지 12학년제 또는 13학년제를 목표로 계속 확대해 가는 경향이 뚜렷해지고 있다.

단체가 설립했거나 교회가 설립한 경우에도 몇 학교를 제외하고 거의 모든 학교에서 학생 모집에 어려움을 느끼고 있으며, 교사에 대한 대우도 일반학교에 비할 수 없을 정도로 열악하게 운영되고 있는 현실이다.[90]

(6) 설립주체가 교회인 기독교대안학교의 교단별 현황

설립주체가 교회인 기독교대안학교의 교단별 현황은 다음과 같다.[91]

〈표8〉 설립주체가 교회인 기독교대안학교의 교단별 현황

구분	학 교	계	비율
감리교	산돌학교, 은혜기독대안학교, 전인기독학교	3	8%
성결교	삼광국제기독학교, 솔로몬영재국제학교	2	6%
순복음	미래지도자학교, 성산효마을학교, 천안대안학교	3	8%
예장개혁	승리기독학교, 참빛대안학교, 향기다니엘사관학교	3	8%
예장고신	샘물기독학교, ᄒ누리국제학교	2	6%
예장통합	광성드림초등학교, 꾸러기학교, 데오스중고등학교, 두레학교, 두레중학교, 두레자연고등학교, 어린이학교, 멋쟁이학교, 토기장이학교, 호산나학교	10	27%
예장합동	광주동명고등학교, 빅하트크리스천스쿨, 쉐마기독학교, 여명학교, 자유기독학교	5	14%
합동정통	청주중고등성경학교	1	3%
예장합신	글로벌리더스기독학교, 여명학교	2	6%
침례교회	서울크리스찬중고등학교, 중앙기독초등학교, 중앙기독중학교	3	8%
독립교단	바울기독대안학교, 새이레기독학교	2	6%
계		36	100%

---

90) 전국 미인가 대안학교 상근 교사들의 월 평균 급여는 100만원 내외인데 기독교대안학교의 교사 급여도 이와 비슷한 수준에서 지급되고 있다. 교육인적자원부, 「대안교육백서 1997-2007」, 7. 참조
91) 기독학교교육연구소,「희망을 심는 교육 기독교대안학교 가이드」, 35와 임태규, "우리나라 기독교대안학교 현황" 등을 참조하여 분석하였음.

위의 내용을 통해 살펴보면, 설립주체가 교회인 경우는 전체 36개교 (42%)였는데, 이것을 수가 많은 교단 순서로 열거하면 다음과 같다. 예장 통합이 10개교(27%)로 가장 많았으며, 예장 합동이 5개교(14%), 감리교, 순복음, 예장 개혁, 침례교가 각각 3개교(8%), 성결교, 예장 고신, 예장 합신, 독립교단이 각각 2개교(6%), 그리고 합동 정통이 1개교(3%)로 나타났다. 예장 통합의 경우 두레교회와 사랑방교회에서 각각 3개교씩을 운영하고 있어서 전체 숫자가 많아졌다. 기독교학교교육연구소가 2006년에 조사하여 발표한 결과에서는 감리교, 성결교, 순복음, 예장고신, 예장통합, 예장합동, 합동정통 등 7개 교단이 기독교대안학교를 설립운영하고 있는 것으로 조사되었으나[92] 그 외에도 예장개혁, 예장합신, 침례교회 그리고 독립교단 등 4개 교단이 더 추가가 되었음을 알 수 있다. 이는 기독교대안학교에 대한 관심이 전체교회와 교단의 관심이 되고 있다는 것을 보여주는 것이다.

(7) 교육목적에 따른 기독교대안학교 현황

교육목적에 따른 기독교대안학교의 현황은 다음과 같다.[93]

〈표9〉 교육목적에 따른 기독교대안학교 현황

구분	학 교	계	비율
하나님나라 지향	데오스중고등학교, 예향기독학교	2	2%

---

92) 기독교학교교육연구소,「희망을 심는 교육 기독교대안학교 가이드」, 35.
93) 기독교학교교육연구소,「희망을 심는 교육 기독교대안학교 가이드」, 76-160과 임태규, "우리나라 기독교대안학교 현황" 등을 참조하여 분석하였음.

공동체 삶	꾸러기학교, 두레자연중학교, 두레자연고등학교, 두레학교, 멋쟁이학교, 산돌학교, 산마을고등학교, 어린이학교, 예뜨랑아카데미, 중앙기독중학교, 푸른꿈고등학교,	11	13%
기독인재, 글로벌리더 양성	광성드림초등학교, 굿뉴스사관학교, 꿈의학교, 글로벌리더스기독학교, 글로벌비전크리스천스쿨, 늘푸른국제학교, 로고스기독학교, 링컨하우스스쿨, 미래지도자학교, 바울기독대안학교, 빅하트크리스천스쿨, 사사학교, 삼광국제기독학교, 서울크리스찬중고등학교, 세인고등학교, 솔로몬영재국제학교, 쉐마기독학교, 아이티기독학교, 전인기독학교, 태화국제학교, 코메니우스학교, 크리스찬스프라웃국제학교, 하나인학교, ㅎ누리국제학교, 한국기독국제학교, 한국기독사관학교, 한국웨일즈기독학교, 한마음기독학교, 향기다니엘사관학교	29	34%
그리스도의 제자육성	강아지똥자연학교, 광주동명고등학교, 공동체비전고등학교, 굼나제청소년학교, 꿈꾸는요셉초등학교, 달구벌고등학교, 독수리기독중고등학교, 드림국제학교, 등대국제학교, 민들레학교, 벧국제학교, 산울어린이학교, 새이레기독학교, 샘물기독학교, 쉐마학교, 승리기독학교, 자유기독학교, 제자국제기독학교, 중앙기독초등학교, 진솔대안학교, 토기장이학교, 팔렬고등학교, 풀무농업고등기술학교, 킹씨드선교학교, 한국국제크리스천학교, 한빛고등학교	26	30%
목회자 준비과정	트윅국제학교	1	1%
가정, 학교, 사회적응 및 정착	들꽃피는학교, 새날학교, 아침나평화학교, 여명학교, 자유터학교, 청주중고등성경학교, 하늘꿈학교, 한꿈학교,	8	9%
위탁 및 수탁교육	로뎀청소년학교, 성산효마을학교, 천안대안학교,	3	4%
선교사자녀 (MK)교육 외	생명나무학교, 은혜기독대안학교, 지구촌고등학교, 한동국제학교	4	5%
장애우학교	참빛대안학교, 호산나학교	2	2%
계		86	100%

일반대안학교의 교육이념이 인간해방이나 자유 또는 자연친화적인 생태교육에 중점을 두고 있다면 기독교대안학교는 크게 기독인재 양성(29개교, 34%)과 그리스도의 제자 양육(26개교, 30%)에 두고 있는 것으로 나타났다.[94] 이는 전체 86개교 중 55개교 64%의 학교가 교육목적으로 설정하고

있다. 그 밖에 학교설립이념이나 교육목적을 공동체 삶에 11개교(23%)가, 탈북자의 자녀들이나 다문화 가정의 자녀 등과 같은 새터민을 위해 그리고 학교의 부적응자들을 위한 가정, 학교, 사회에 적응 및 정착에 8개교(9%)가, 선교사자녀(MK)또는 목회자 자녀교육에 4개교(5%)가, 위탁 및 수탁교육에 3개교(4%)가, 독립적 삶을 추구하는 기독교 장애우 교육과 하나님나라를 지향하는 교육에 각각 2개교(2%)가, 능력 있는 설교자로서의 목회자를 준비시키는 교육에 1개교(1%)가 두고 있었다.

최근에는 성숙한 그리스도인 양육을 기본으로 하는 다양한 형태의 목적을 가진 기독교대안학교들이 등장하고 있음을 알 수 있다. 예컨대, 트윅국제학교(Twic International School)는 장래 목회활동에 필요한 기초 지식과 훈련을 통하여 청소년 설교자를 육성하기 위해 세워졌다. 따라서 이 학교 학생들은 성경, 언어, 독서, 논술, 설교, 기도, 찬양, 선교 및 리더십 교육에 전념한 후 신학대학과 대학원에 진학하게 된다. 즉, 목회자를 위한 기본 소양 교육에 중점을 두고 있는 것이다.

학교설립이념이나 교육목적에 있어서 뚜렷한 특징 가운데 하나는 대부분 국제학교 이름으로 운영되고 있는 기독교대안학교들은 기독교 정신으로 무장한 글로벌 인재 양성에 목적을 두고 있다는 점이다. 또한 대부분의 기독교대안학교들은 그 설립 동기가 암울한 공교육의 문제에 대한 대안으로부터 시작하고 있음을 드러내고 있다.

특히 신앙공동체 이론을 토대로 기독교교육적인 관점에서 운영되고 있는 기독교대안학교는 예향기독학교와 사랑방공동체가 운영하고 있는 꾸

---

94) 각 학교들에서 내세우고 있는 교육목적이 뚜렷하게 기독인재 양성 혹은 제자 양육으로 나누어지는 것은 아니지만, 본 연구에서는 교육목적을 미래적으로 인재를 양성하는 것에 중점을 두었는가 아니면 현재적으로 그리스도의 제자로서 하나님께 영광을 돌리는 성숙한 신앙인의 삶에 중점을 두었는가에 따라 그와 같이 분류하였다.

러기학교와 멋쟁이학교 정도에 불과했다. 이 밖에 하나님나라 지향과 공동체 삶을 강조하는 학교들이 몇몇 더 있었으나 이들 학교는 교회론적 측면에서 공동체를 표방하고 있으며, 또한 그러한 공동체 이념을 모든 교육활동으로까지 연계하지 못하고 있는 실정이다. 따라서 본 논문에서는 이러한 현재의 기독교대안학교의 현상을 비평적으로 성찰하면서 기독교대안학교가 신앙공동체로서의 기독교학교가 되어야 함을 피력하고자 한다.

2. 신앙공동체 중심의 기독교교육 이론

오늘날의 일반 대안교육에서도 공동체정신을 강조한다. 공동체 정신이란 남을 존중하고 남과 더불어 사는 태도를 말하는데 이것은 개인주의화된 공교육 체제에 대한 대안으로 강조되고 있다. 공교육 체제에서는 대학입학이라는 무한 경쟁구조를 본위로 하고 있기 때문에 같은 교실 안에서도 옆의 학생이 동료가 아닌 경쟁자 또는 적이 되고 적자생존 관계로 전락하고 있다. 이선숙은 이러한 구조에 대한 대안으로 대안학교는 경쟁이 아닌 협동을 강조하는 공동체 정신을 강조한다고 지적하면서 이는 자유 위에 전통과 권위, 규율의 토대에 바탕을 두는 시민적 공동체의 이념이 중요하게 자리 잡아야 한다고 말한다.[95] 작금의 공교육 체제가 이처럼 적자생존의 관계로 전락한 이유에 대해 박상진은 공교육 체제 내적 요인에서가 아닌 다른 측면에서 그 원인을 찾고 있다. 즉, 기존의 학교교육은 교육의 단위를 한 개인으로 여기고, 교육을 사적인(private) 영역으로 간주해 왔다

---

95) 이선숙, "우리나라 대안학교의 성격과 발전방안에 관한 연구"(대구가톨릭대학교대학원 박사학위논문, 2001), 11.

는 것이다.⁹⁶⁾ 이것은 개인이 이기적인 유익을 위해 학교교육에 투자(input)하여 개인이 출세라는 산출(output)을 획득하는 자본주의적 논리에서 나온 것이다. 이러한 개인주의는 데카르트(Rene Descarte)의 '모든 것을 의심한다 해도 의심하고 있는 자신만은 의심할 수 없다'에 기초해 있다는 것이다.⁹⁷⁾ 이와 같은 이유로 일반 대안교육은 개인주의(individualism)를 비판하고 공동체(community)를 강조하고 있다.

1) 신앙공동체 중심의 기독교교육 이론의 등장 배경

(1) 신앙공동체의 정의

신앙공동체(faith community)에 대하여 이해하기 위해서는 신약성경에서 말하고 있는 코이노니아(koinonia)에 대하여 살펴볼 필요가 있다. 성경에서 코이노니아는 '공동체'라는 의미를 가지고 있다. 이때 코이노니아는 '참여' '나누어 줌' '친교'를 의미한다.⁹⁸⁾ 신약성경에서 반복적으로 쓰어 지고 있는 koinon-의 단어(kononos, Synkoinos, koinoneo, koinonia)들은 첫째, 둘 또는 그 이상의 사람들과의 관계에 사용되고 있으며(빌1:7) 둘째, 우리가 그리스도와 함께함을 의미하는 것으로 사용되고 있고(빌3:10) 셋째, 코이노니아는 그리스도인 가운데 진정한 공동체를 창조함으로 그것의 실재(entity)를 나타내며(요일1:7), 마지막으로 가난한 사람들과 함께 중요한 물건들을 나누는 데 관련하여 사용되고 있다. 그럼으로 신앙공동체란 하나

---

96) 박상진, "대안교육의 대안성과 기독교대안교육의 대안성",「공교육에 대한 기독교대안학교의 정체성」, 62.
97) 박상진, "대안교육의 대안성과 기독교대안교육의 대안성",「공교육에 대한 기독교대안학교의 정체성」, 62.
98) John H. Westerhoff III,「교회의 신앙교육」정웅섭 역(서울: 대한기독교교육협회, 1994), 102-104

님이 함께 하시고 하나님이 참여하시는 공동체를 말하며, 이는 곧 성령 안에서 그리스도가 나의 주님이라고 고백하는 사람들의 나눔과 섬김의 공동체라고 할 수 있다.

웨스터호프는 신앙공동체에 필요한 세 가지 요소에 대하여 다음과 같이 말한다. 첫째는 종교의식(ritual)으로, 종교의식은 과거, 현재, 미래를 함께 묶어 주며 공동체의 기억과 비전을 표현하는 공동체의 반복적, 상징적 행위이다.[99] 이러한 종교의식을 통해 사람들은 공동체의 삶을 이해하며 소속감을 갖게 되고 하나님을 만나게 된다. 둘째는 종교 경험(experience)으로, 느끼고 생각하고 행동하는 인간의 행동양식이 경험을 통해 한 세대에서 다른 세대로 전달된다. 특히 신앙공동체내에서의 신앙적 경험은 공동체 내의 구성원들 상호간에 서로 객관적으로 인정되고 내면화되는 방식으로 학습되고 전승될 수 있도록 매개한다. 셋째는 종교적 행동(action)으로, 인간은 이 세상 안에서 하나님의 자유하게 하시려는 역사적 행위에 참여하도록 부름받은 존재로서 기독교 신앙은 늘 끊임없이 행위 하도록 인간을 이끌어간다.

이상과 같은 종교적 의식, 종교적 경험, 종교적 행동의 세 요소는 어떤 공동체가 신앙공동체가 되기 위한 요소로써 서로 각각이 아니라 신앙공동체의 전체적인 삶 안에서 역동적으로 상호작용하며 통합됨으로 신앙공동체 안에서 기독교적 삶의 스타일을 만들어 가는 것이다.

그렇다면 공동체가 중요한 이유는 무엇이며 또한 공동체가 반드시 필요한 이유는 무엇인가? 또한 기독교대안학교가 지향해야 하는 초점과 방향이 신앙공동체가 되어야 하는 이유는 무엇인가? 그것은 하나님은 우리 인간을 공동체적으로 창조하셨고, 우리를 위해 공동체(하나님나라)를 만드셨

---

[99] John H. Westerhoff III, 「살아있는 신앙공동체」 김일환 역(서울: 보이스사, 1992), 68.

으며 그 공동체로 우리를 부르셨기 때문이다. 페케마(M. Fakkema)는 그의 책 Christian Philosophy and it's Educational implications에서 인간이 하나님의 형상이라는 사실은 그 자체로서 공동체 생활을 할 수 밖에 없는 존재라고 말한다.[100] 다시 말해, 공동체생활이 삼위일체의 비밀을 드러내고 있다는 것이다. 하나님은 셋이자 하나, 곧 여럿이자 하나(one and many)이신 분으로 공동체(삼위)로서의 한 하나님이시다. 이승구는 '그리스도의 제자'라고 하는 말은 하나님과 연합된 자로서 삼위일체 하나님과 연합하였다는 의미를 지닌다(마28:19)고 말한다.[101] 이것은 인간이 삼위일체 하나님의 형상대로 지음 받은 존재이기 때문에 본질적으로 인간은 공동체성을 지닌다는 것을 의미한다. 원형으로서의 형상인 인간은 이처럼 필연적으로 공동체적일 수밖에 없고, 공동체가 삶의 터가 될 수밖에 없는 것이다. 삼위일체 하나님은 그렇기 때문에 공동체의 삶에 관심이 있으시다. 사람이 하나님의 형상으로 창조되었다는 것은 하나님의 원형(original)과 같다는 면에서 '대단한 자'(somebody)가 되며, 동시에 원형은 아니기에 자기 스스로는 '아무것도 아닌 자'(nobody)가 된다.[102] 여기서 인간이 대단한 지라는 것은 무슨 일에든지 하나님을 드러내야 하며 드러낼 수 있는 존재이기 때문이며, 인간이 공동체적 삶을 살 때 비로소 원형이신 공동체적 하나님을 가장 잘 드러내는 것이 되기 때문이다.

(2) 등장 배경

인간과 인간을 통합하고 개인과 집단을 매개하는 공동체 이론 즉, 참된

---

100) M. Fakkema,「기독교교육철학」황성철 역(서울: 한국기독교교육연구원, 1982), 123.
101) 이승구, "기독교학교의 정신",「하나님이 기뻐하시는 학교」, 32.
102) M. Fakkema, 88.

공동체 형성을 통한 기독화와 인간화(humanization)를 이루고자하는 공동체 이론에 대한 기독교교육적 접근의 시도는 1960년 대 초 루이스 쉐릴(Lewis Sherrill)에게서부터 나타난다.

    쉐릴이 제시하는 기독교공동체에 대하여 살펴보면 다음과 같다. 쉐릴은 마틴 부버(Martin Buber)의 공동체 이론[103]에 영향을 받아 전통적인 신앙의 회복을 기독교공동체에서 찾으려고 하였다. 쉐릴은 기독교공동체는 하나님이 함께하시고 하나님이 참여하는 공동체로서 친교, 성도의 교제(communion), 나눔(sharing), 참여, 의사소통 등이 이루어지는 코이노니아(koinonia)라고 말한다.[104] 이 코이노니아는 하나님이 자신의 계시 가운데서 항상 인간을 만나는 곳이다. 왜냐하면 코이노니아라는 말 속에는 하나님의 영이 그 공동체 속에 선행하시며, 그 공동체 속에 현존하시고, 그 공동체 속의 모든 관계에 함께 하신다는 의미가 함축되어 있기 때문이다. 이곳에서 인간은 계시에 대한 응답을 얻게 되며 진정한 만남을 경험하고 이웃과 바른 인간관계를 가질 수 있게 된다. 이 밖에도 기독교 공동체(Christian community)가 다른 인간 공동체와 다른 점에 대해 쉐릴은 자기 초월의 공동체1와, 치유적이며 구속적인 공동체(healing and redemptive community)를 들고 있다.[105] 여기서 자기 초월의 공동체(self-transcending community)란 초월자 하나님을 향한 예배와 헌신, 성례전 그리고 말씀을 읽고 선포하는 모든 행위 속에서 기독교 공동체는 그 성격상 인간 공동체이기는 하나 인간 공동체로 끝나는 것이 아니라 그 이상으로 그리스도와 동일화 되어진 그

---

103) 부버는 공동체의 주관자는 하나님이시기 때문에 하나님은 사람들에게서 참 공동체가 성립되는 것을 원하시며, 자신의 백성들을 공동체로 다스리시기를 원하신다고 했다. 따라서 공동체의 본질은 항상 신적중심을 갖는다. 여기서 신적중심을 갖는다는 것은 한편으로는 공동체의 본질은 신적 빛에 의해 인식될 수 있다는 것이며, 다른 한편으로는 공동체 속에서의 인간관계는 항상 중심부인 영원한 신적 존재를 향하게 된다는 것을 의미한다.
104) Lewis J. Sherrill, The Gift of Power (New York: The Macmillan Co, 1963), 50.
105) Lewis J. Sherrill,「만남의 기독교교육」김재은 · 장기옥 역, (서울: 대한기독교출판사, 1986), 79.

리스도의 몸(the body of Christ)이 된다는 것이다. 즉, 기독교 공동체는 상호작용에 의한 나-너의 수평적 공동체를 초월하여 하나님이 현존하시고 참여하시는 하나님과 인간의 만남(계시)의 제3차원의 공동체가 된다는 것이다. 따라서 쉐릴의 기독교공동체는 만남의 무대이며 상징으로써 계속적인 만남의 공동체가 되는 것이다.[106] 또한 치유적이며 구속적인 공동체(healing and redemptive community)란 기독교공동체가 말씀과 성령의 임재에 의해 창조된 구속공동체로써 하나님의 선취적 자기 계시인 대면(confrontation)과 이에 대한 인간의 응답(encounter)의 만남을 통해 실존적 인간의 문제가 해결되고 변화되며, 죄의 심판과 용서가 경험되어지는 공동체라는 것이다.[107]

이상을 통해 쉐릴의 주장을 정리하면 신정통주의 신학에 근거하여 전통적인 신앙의 회복을 기독교공동체로 모색하였던 쉐릴의 기독교공동체란 계시를 통한 하나님의 현존하심과 참여하심이 인간과의 만남을 통해 그리스도와 연합하여 한 몸을 이루어가는 초월의 공동체요, 인간 실존의 문제와 죄의 문제를 치유하시고 용서해 주시는 구속적 공동체인 것이다.

그러나 신정통주의 신학이 쇠퇴하고 '세속화 신학', '죽음의 신학' 등이 출현한 1960년대의 기독교교육은 역시 이 같은 시대적 변화 속에서 그 본래적 생명력을 상실한 채 위기의 길을 가고 있었는데, 이러한 위기의 원인이 당시 교회교육의 형태가 '학교-교수형 범례'(schooling instruction paradigm)를 따라갔기 때문이라고 지적한 웨스터호프(John H. Westerhoff III)는 기독교교육의 구조 그 자체를 새롭게 변혁하는 작업이 필요하다고 말했다.[108] 즉, 교회 교육의 문제는 단순한 프로그램의 수정에서 가능한 것이

---

106) Lewis J. Sherrill, 「만남의 기독교교육」, 179.
107) Lewis J. Sherrill, The Gift of Power, 83.

아니라 그 근거를 이루고 있는 교육의 범례(paradigm)나 모델(model), 곧 교육의 방향을 제공해 주는 준거의 틀(frames of reference)을 바꿔야 한다는 것이다. 생명력 있는 신앙은 지금까지 해오던 '학교-교수형 범례'(schooling instruction paradigm)를 따른 지식위주의 교육을 통해 습득되는 것이 아니라 신앙공동체 속에서 함께 삶에 참여함으로 사회화되고 문화화 될 때 비로소 습득되는 것이라는 이러한 기독교교육론은 1970년대 초 넬슨(C. E. Nelson)과 웨스터호프에 의해 출현하였다. 사회과학적 방법에 기초한 이들의 사회화, 문화화 모델은 기독교교육에서의 신앙 전통의 가치를 새롭게 했고, 신앙공동체에 있어서 그 전통의 전달과정과 역사적 상호관계를 중시했다.

이상과 같은 배경에 의해 등장한 신앙공동체 중심의 기독교교육론은 이후 많은 기독교교육 학자들의 지지를 받아 발전하였다. 본 장에서는 그 학자들 중에서 엘리스 넬슨(C. E. Nelson), 토마스 그룸(Thomas. H. Groome) 그리고 도날드 밀러(Donald E. Miller)의 이론을 살펴보고자 한다. 이들 세 학자들의 이론을 통하여 신앙공동체는 오늘날 기독교대안학교가 지향해야 할 중요한 교육의 장임을 명확히 하고자 한다.

---

108) J. H. Westerhoff III,「교회의 신앙교육」, 정웅섭 역(서울: 대한기독교교육협회, 1983), 28.

2) 엘리스 넬슨(Carl Ellis Nelson)의 이론

넬슨(C. E. Nelson)은 그가 성장하면서 출석하였던 보몬트(Beaumont)의 웨스트민스터장로교회 헌터(T. M. Hunter) 목사의 영향을 받았다. 헌터는 복음의 열정과 회중에 대한 민감성을 지녔던 목사였는데 넬슨은 젊은 시절에 그의 영향을 받은 것이 계기가 되어 회중중심의 목회와 신앙공동체 이론을 연구하였다.[109] 처음 그는 대학에서 항공과 관련된 교육을 받았으나 졸업을 하면서 사회와 교회에 관심을 가지고 오스틴(Austin) 대학에서 미국교회사와 문학을 연구하여 사회에 대한 새로운 인식을 하게 되었고, 텍사스 대학에서는 교육심리학과 사회학에 관심을 가졌으며, 1930-1950년에는 문화인류학을 비중 있게 연구하였고, 1950년대에는 뉴욕의 유니온 대학에서 도덕적 측면에 대한 관심을 가졌고 그 후로는 신앙의 형성과 변형을 연구하였다.[110]

넬슨의 주요 저서로는 Where Faith Begins(1971)과 How Faith Matures(1989) 등이 있는데, 여기서는 Where Faith Begins(1971)과 「성숙한 교회와 교육」(한국교회 100주년 기념 교육대회 강연집,1984) 그리고 How Faith Matures(1989) 를 중심으로 교육이론을 살펴보고자 한다.

(1) 신앙에 대한 이해

넬슨의 신앙공동체 발달이론의 주요 내용은 회중중심의 신앙발달이론

---

109) 김국환, "넬슨의 공동체 신앙발달 리더십 연구",「성결신학연구」,(성결신학연구소논문집 제10집, 2004), 54.
110) 넬슨은 오스틴 장로교신학대학에서 1940년부터 1942년까지 교목(chaplain)과 연구교수를 역임했으며, 뉴욕의 유니온 신학대학에서는 1957년부터 1974년까지 종교교육을 가르쳤고, 루이빌 장로교신학대학에서는 학장을 역임하였다.

이라고 할 수 있는데, 이는 곧 기독교신앙이 어떻게 형성되고, 어떤 과정을 통해 전달되며, 어떠한 영향에 의해 성숙되는가에 대한 관심을 회중중심으로 연구한 것이다. 이것을 실현하기 위하여 넬슨은 사회과학적 이론인 사회화를 신앙공동체 안에 적용하여 구성원간의 상호작용을 통해서 신앙의 형성과 성장발달 변형을 추구하였다.[111] 이를 단계적으로 구별하여 요약하면, 일차적으로 사람이 어떻게 하나님을 믿을 수 있으며, 신앙공동체가 소유하고 있는 신앙의 의미는 무엇이고, 그러한 신앙을 어떻게 공동체 구성원들에게 형성시킬 수 있는가를 관심을 가지고 방안을 모색하였고, 그 다음 단계로 공동체 상호간의 긴밀한 관계형성으로 신앙이 어떻게 전달될 수 있는가의 방안과 마지막 단계로 전달된 신앙이 어떻게 보다 성숙한 신앙으로 성장 발달 하는가에 관심을 가지고 연구하였다.

그렇다면 넬슨이 이해하는 신앙이란 무엇인가? 넬슨에게 있어서 신앙이란 창조주 하나님을 전적으로 신뢰하는 행위로부터 시작되며 이 관계가 지속되어 감으로 더 나은 상태의 신앙, 곧 다른 사람들을 보호하고 하나님의 인도하심에 대한 기대와 하나님과의 긴밀한 영적관계로 변형해 가는 상태를 말한다.[112] 그의 이러한 신앙은 신앙공동체와의 관계성 속에서 이해된다. 넬슨에 의하면 신앙은 어떤 교리적인 것에 의해 형성되는 것이 아니라 공동체의 상호관계를 통해서 형성된다고 한다.[113] 하나님에 대한 신뢰를 통하여 하나님의 메시지를 분별하고 그분의 뜻을 자신들의 삶에 실천하고자 하는 신앙이 바로 공동체적으로 공동체의 역사 가운데에서 이루어진다는 것이다. 따라서 한 개인의 신앙은 타인의 삶과 밀접한 관계를 가지며, 그가 속한 공동체 속에서 동시적(concomitant)으로 형성된다

---

111) C. E. Nelson, Where Faith Begins, (Richmond: John Knox Press, 1971), 10.
112) C. E. Nelson, Where Faith Begins, 31.
113) C. E. Nelson, Where Faith Begins, 93.

는 것이다.[114] 다시 말해서 신앙은 공동체를 통하여 하나님께로부터 받는 선물로서 신앙공동체를 중심으로 하나님과의 관계와 구성원들과의 관계를 통한 생활 속에 영적 신념을 갖게 되는 요인이 있음을 발견하게 된다. 따라서 개인의 신앙 형성과 신앙 성숙으로의 변형은 공동체를 통하여 하나님께로 연결되기 때문에 공동체 구성원들과의 상호관계를 통한 공동체의 지지를 통해 가능하게 되는 것이다. 이를 위하여 넬슨은 공동체 구성원들이 스스로 복음을 위한 책임적인 존재라는 인식을 가지고 자신이 속한 세계를 새롭게 인식하는 마음과 이를 통하여 세계를 바르게 바라보고 해석하고 생활하는 공동체의 가치를 인식하는 방식을 통하여 상호간의 긴밀한 관련성을 모색해야 한다고 지적하고 있다.[115]

이와 같은 넬슨의 신앙에 대한 공동체적 이해는 성경으로부터 도출된다. 넬슨에 의하면 성경은 하나님을 믿는 신앙이 공동체적이라는 것을 기록해 놓은 책이다.[116] 즉, 성경의 모든 책들은 성도의 공동체 신앙과 긴밀하게 관련되어 있으며, 공동체 구성원들은 자신의 이야기, 노래, 역사적 설화, 그리고 신조를 자신과 자신의 자녀들을 보존하기 위해서 기록된 형태로 간직되어 온 것이라고 한다. 그렇다면 성경은 넬슨에게 있어서 어떤 의미를 갖는가. 넬슨에 의하면 성경은 하나님에 대한 기록의 결정적 원천으로서 이 성경을 통하여 우리는 과거의 성도들에게 임재하셨던 하나님을 오늘도 동일하게 임재하시는 하나님으로 믿는 신앙을 발견해야 한다고 말한다.[117] 다시 말해 성경을 통해 과거 성도들이 하나님의 계시(부르심)에 어떻게 응답하며 살았는지를 발견하여 오늘 우리가 처한 상황 속에서

---

114) C. E. Nelson, Where Faith Begins, 10.
115) C. E. Nelson, "Formation and Transformation", 한국교회 100주년 기념 교육대회 강연집.「성숙한 교회와 교육선교」(서울: 대한예수교장로회총회교육부, 1984), 48.
116) C. E. Nelson,「신앙교육의 터전」박원호 역(서울: 한국장로교출판사, 1998), 69.
117) C. E. Nelson,「신앙교육의 터전」, 69.

하나님과 어떻게 연관을 가져야할 것인가의 통찰을 얻을 수 있는 자료가 된다는 것이다.

넬슨은 신앙을 신앙의 형성과 신앙의 성숙이라는 두 가지 측면으로 구분하여 제시한다. 우선 신앙의 형성은 전달을 통해 가능하다고 보았다. 즉, 신앙은 신앙공동체에 의해서 전달되며, 신앙의 의미는 역사의 흐름 속에서 공동체 구성원들 간의 상호관계를 통하여 발전하게 된다고 한다. 넬슨의 주장은 다음과 같다.[118]

> 신앙이란 신앙공동체에 의하여 전달되며, 신앙의 의미는 그들의 역사와 상호간의 관계를 통하여, 그리고 삶에서 일어나는 사건들과의 관계에서 더욱 계발된다.

이러한 견해를 피력하게 된 배경에는 넬슨이 사회학 연구를 통해서 영향을 받은 것이다. 사회학 연구에서 넬슨은 사회과학자들이 주장하는 '문화화 과정(acculturation process)' 이라는 것이 신앙공동체에서 신앙이 전달되는 과정과 깊은 관련이 있음을 발견하게 된 것이다.

한편 신앙의 형성이 사회화 문화화를 통하여 전달되는 것이라면, 신앙의 성숙은 가르침의 요소가 포함되어 있는 바 이것이 공동체의 변형을 가능하게 하는 요소라고 넬슨은 믿고 있다. 다시 말해서 신앙의 성숙이란 회중교육을 통하여 예수 그리스도 안에서 새로운 가능성의 존재로 신앙이 변형되어 가는 상태를 일컫는데 이러한 변형은 정체되어 있는 상태로 존재하는 것이 아니라 공동체 안에서 계속적으로 성장 발달해 가는 과정에 있는 것이다. 넬슨은 소위 중앙연구그룹(Central Study Groups)의 강력한 예배와 활동 프로그램을 통하여 이러한 신앙 성숙을 꾀하고자 했다. 또한 이

---

118) C. E. Nelson, Where Faith Begins, 10.

것이 효과적이기 위하여 좀 더 의도적이고 자연스러우며 강력한 과정이 필요하다고 지적하고 있다.[119]

따라서 넬슨의 회중중심의 이론은 신앙에 대한 사회화 과정만을 고집한 것이 아니라 가르침과의 균형을 의도한 것이다. 이러한 넬슨의 사회화 모델에 대해 김도일은 조용한 의도적인 측면(intentional aspect)이 있는 것[120]이라고 평가하고 있다. 한마디로 신앙 형성은 전달을 통해 이루어지고 신앙 성숙은 가르침의 교육을 통해 가능하다고 할 수 있다.

(2) 회중 이해

교회를 본질적 측면에서 이해한다면 '하나님의 백성'이라고 말할 수 있는데, 여기서 하나님의 백성이란 기독교신앙을 가진 공동체라고 할 수 있다. 넬슨은 이러한 신앙공동체의 구성원들을 가리켜 회중(congregation)이라고 부른다. 넬슨은 회중중심의 신앙공동체 이론을 피력했는데, 이것은 곧 신앙공동체 구성원 모두가 함께 참여하는 가운데 자신들의 현재의 삶의 정황 속에 존재하시는 예수 그리스도를 경험하면서 각자 받은 은사와 사명 수행을 통해 함께 참여하는 그리스도의 인격 공동체(그리스도의 몸)를 중심으로 하는 이론이다. 여기서 회중이란 구성원 간의 지속적인 교제와 공동체의 계획이나 활동에 적극 참여하여 상호작용 함으로 협력 관계를 형성하고 있는 성도들을 말한다.[121] 이와 같은 회중중심의 이론은 교수-가르침(instructional teaching)의 전달 중심에 중점을 두었던 주일학교중심으로부터 신앙공동체에 중점을 두는 회중중심으로 바꾸려는 이론이다. 이런

---

119) C. E. Nelson, How Faith Matures (Westminster: John Knox Press, 1989), 210.
120) 김도일, 「교육인가 공동체인가?」(서울: 한국장로교출판사, 1998), 123.
121) C. E. Nelson, Where Faith Begins, 99.

면에서 넬슨이 말하는 회중은 '공동체 속의 개인들'을 의미하기 보다는 '신앙공동체' 그 자체를 뜻하는 것으로 파악된다.

또한 넬슨은 회중의 능력에 대하여 말하고 있는데, 곧 그리스도의 몸인 유기체로서의 회중은 신앙생활의 경험을 나누고 더불어 상호 교제하면서 신앙을 형성하고 유지하고 보존하며 또한 비판하고 계승하고 전파하며 나아가 신앙의 변형을 창출하는 능력을 지니고 있다고 한다.[122] 이 같은 회중의 역할을 강조하는 넬슨은 기독교신앙은 회중 안에서 형성되고 유지되며, 풍요롭게 되고 때로는 변형되기 때문에 교육은 반드시 회중중심이어야 한다고 말한다. 넬슨은 이것을 다음과 같이 설명하고 있다.[123]

교육은 개인을 교육과정의 중심에 두지 않아도 가능하다. 왜냐하면 신앙은 신앙공동체의 회중에 의하여 촉진(foster)되기 때문이다. 따라서 가르침은 회중의 삶과 연결되어야 한다. 회중은 신앙의 학교이다. 회중이 행하는 모든 것은 신앙을 전달하는 수단이며, 동시에 탐구의 주제가 된다.

넬슨에게 있어서 회중이란 교육자가 되는 동시에 피교육자가 되는 것으로 파악된다. 또한 신앙이란 오직 신앙공동체의 회중 안에서 상호교류의 과정을 통해서만이 형성된다는 것을 알 수 있다.[124] 이러한 상호교류의 과정을 통하여 형성된 회중의 신앙은 예수 그리스도를 구세주로 고백하는 성격과 신앙을 공유하는 공동체성과 하나님의 일에 자발적으로 참여함을 통하여 성숙한 그리스도인의 삶을 실천하는 성향을 지니게 된다고 넬슨은 말하고 있다.

---

122) C. E. Nelson, "Formation and Transformation",「성숙한 교회와 교육선교」, 52.
123) C. E. Nelson,「신앙교육의 터전」, 180-183.
124) C. E. Nelson,「회중들 : 형성하고 변형케 하는 회중의 능력」(서울: 한국장로교출판사, 1996), 9.

(3) 신앙공동체를 통한 회중중심의 교육

① 이론의 등장 배경
　넬슨의 회중중심의 교육이론이 출현하게 된 배경에는 두 가지 원인이 있다 하겠다. 첫째는 시대적 배경이고 둘째는 성경적인 교육의 회복이라고 할 수 있다. 우선 시대적 배경으로는, 1960년대 미국사회를 지배하던 세속주의를 들 수 있다. 세속주의로의 급격한 변화는 기술공학의 발달로 인한 매스 미디어의 영향 때문이다. 넬슨은 TV의 등장과 보급은 어떤 세대의 사람들도 간단하게 유혹할 수 있는 매체가 되었고 교회가 차지했던 자리를 대신하여 사람들의 가치관을 형성하기 시작했다고 지적한다.[125] TV는 흥미 위주와 쾌락주의를 조장하며 사람들로 하여금 종교와 멀어지게 했다. 또한 개인주의가 사회에 점점 팽배하게 퍼져갔다. 산업사회가 진행되면서 적자생존의 법칙이 사람들 간에 지나친 경쟁관계를 유발하였고, 이것은 자연스럽게 개인주의로 발전하였다. 더구나 절대적 가치를 부정하고 다원주의를 인정하는 포스트모더니즘의 영향으로 교회는 더 이상 사람들의 관심을 받지 못하게 되었다. 이와 같은 세속주의 개인주의 다원주의적 사회의 상황들에 대처하기 위해 넬슨은 교회의 본질적 개념인 공동체성을 강조하면서 회중중심의 교육이론을 피력하게 된 것이다.
　회중중심의 이론이 출현하게 된 두 번째 배경으로는 넬슨은 교회가 세속화된 사회의 영향을 받아 무기력 상태에 빠져있는 것을 회복하기 위하여 기독교전통과 성경 속에서 그 대안을 모색하고자 했다. 이러한 배경에서 나온 것이 넬슨의 공동체를 통한 회중중심의 교육이론인 것이다.

---

125) C. E. Nelson, "Christian Education in a Secular Society" The Presbyterian Outlook, 176: 16 (April 25, 1994), 6.

회중중심의 교육이론이 출현하게 된 이러한 배경에 대해 김국환은 다음과 같이 다섯 가지로 정리하고 있다.[126]

1) 조직체의 구조적 변화 요인 – 현대 사회는 공동사회(Gemeinschaft)의 경향에서 점차 개인이나 집단의 이익이 우선시 되는 이익사회(Gsellschaft)로의 전환이 되고 있다.
2) 교회의 변화 요인 – 세상에 존재하며 하나님의 일을 위탁받은 교회는 세상이 올바른 방향으로 변화될 수 있도록 영향을 끼쳐야함에도 불구하고 오히려 교회가 세상으로부터 영향을 받고 있다.
3) 구성원들의 변화 요인 – 신앙공동체의 구성원들은 때로는 목적의식이 결여된 상태에서 공동체에 참여하고 있다.
4) 기술공학의 발전 요인 – 현대사회는 TV나 컴퓨터와 같은 기술공학의 발달로 인해 현대인의 삶의 스타일을 바꾸어 놓았다.
5) 공교육의 변화 요인 – 1970년대 북미의 교육현실은 생활교육, 경험교육이 단절되는 문제점들을 안고 있었다.

김국환은 이러한 변화 요인의 영향으로 교회가 신앙공동체로서 본래적 의미인 회중의 신앙형성과 변형의 요인들을 상실해 가고 있기 때문에 이와 같은 문제점을 해결하기 위하여 넬슨의 성숙한 신앙을 생활화하는 생활 중심, 회중중심의 교육이 등장하게 되었다고 지적한다.

그러나 무엇보다 넬슨이 강조한 것은 이러한 여러 가지 배경을 극복하기 위한 방안으로서 사회화, 문화화 접근을 시도하고 있다는 것이다. 넬슨은 문화가 가지고 있는 강력한 영향력과 파급효과를 잘 알고 있었기에 문

---

[126] 김국환, "넬슨의 공동체 신앙발달 리더십 연구", 「성결신학연구」, 56-58.

화의 엄청난 형성력을 이해함이 없이는 오늘날 기독교의 문제를 해결할 방법이 없다고 믿었다. 넬슨이 종교적 사회화를 제기한 것은 사람은 공동체적인 삶의 스타일 즉, 공동체의 가치관과 세계관 그리고 삶의 방식 등을 통해서 신앙이나 기독교문화가 형성되고 변형된다고 믿었기 때문이다.

② 신앙형성과 신앙성숙

a. 신앙의 형성

앞서 진술한 바와 같이 넬슨은 그의 책 Where Faith Begins의 서문에서 과연 믿음이란 무엇이며, 어떻게 하나님에 대한 신뢰를 발전시켜 나갈 수 있는가라는 질문을 던지고 그에 대한 응답으로 '신앙은 신앙공동체에 의해서 전달되며, 신앙공동체의 역사 안에서 구성원들 간의 상호작용을 통하여 발달되어 간다'고 밝히고 있다.[127] 여기서 넬슨은 사회과학자들이 주장하는 '문화화 과정'(acculturation process)[128]이 신앙공동체에서 신앙이 전달되는 과정과 관계가 있음을 발견하고 신앙의 사회화를 적용하고 있다. 넬슨은 신앙은 어떤 암기나 교리적 교수에 의해 형성되는 것이 아니라 사회화된 신앙공동체의 구성원들 간의 긴밀한 상호관계에 의해, 다시 말해서 문화화된 삶의 양식에 참여하고 동화될 때 형성되고 또 신앙의 성숙을 가져올 수 있다고 말한다.

물론 신앙은 사회적 산물은 아니다. 넬슨도 에베소서 2장 8-9절을 통해 믿음은 하나님의 은혜로 말미암아 주어지는 하나님의 선물임을 인정하면서 신앙은 사회적 산물로 전수되는 것이 아니라 발견되고 불러일으켜지

---

127) C. E. Nelson, Where Faith Begins, 10.
128 인류학자들은 사회화라는 용어 대신에 '문화화'라는 용어를 사용하기도 하는데 그 의미는 한 세대에서 다음 세대로 전달되는 문화의 전이(轉移) 현상을 말한다.

는 것이라고 말한다.[129] 그렇다면 넬슨이 말하는 신앙의 전달이란 무엇을 의미하는가? 넬슨은 사도행전과 초대교회의 기록(살전1:9) 등을 통해 전달의 개념을 설명하고 있는데, 곧 한 개인이 내면의 세계에서 하나님의 사랑을 경험하면 세상에 대한 기독교인의 의무, 즉 아직 죄 아래 놓여있는 사람들을 볼 때 자신이 경험한 하나님의 사랑을 그들과 나누고 싶은 거룩한 내적충동이 일어나며 그러한 경험을 공동체 속에서 나눌 때 신앙이 전달된다는 것이라고 했다.[130] 나아가 신앙의 성숙한 단계로의 변형은 신앙공동체 안에 이러한 하나님의 사랑을 나누고자 하는 내적충동을 가진 구성원들 간의 상호관계에 의해 이루어진다고 했다. 하지만 공동체 안에 영적 생명력이 내재되어 있지 않으면 신앙전달은 불가능하다고 넬슨은 말한다.

b. 신앙 전달의 방법

넬슨은 신앙이 어떻게 전달될 수 있는가에 대한 응답으로 사상적 체계라기보다는 심성의 구조인 4가지 범주를 그 방법으로 제시하고 있다.

첫째, 정신(mind)을 통한 전달 - 이것은 한마디로 토마스 그룸이 말하는 신앙이란 무엇인가의 첫 번째 요소인 지적 신앙에 해당한다고 볼 수 있다. 이 전달 방법은 하나님에 대한 신앙을 전달하는데 있어서 정신이 주된 통로가 된다는 전제를 가지고 있다.[131] 정신은 언어를 만들고 경험을 해석하는 하나의 도구가 되며 자아의식의 장소가 되기 때문이다. 넬슨은 정신을 통한 전달의 모델이 신앙의 체계를 명확하게 해주는 장점이 있다고 말하

---

129) C. E. Nelson, Where Faith Begins, 19.
130) C. E. Nelson, Where Faith Begins, 16.
131) 김국환, "넬슨의 공동체 신앙발달 리더십 연구", 「성결신학연구」, 61.

면서 특별히 어릴 적에 이 모델로 가르치는 것은 미래의 성숙을 위해 아주 중요하다고 지적하고 있다.[132] 그러나 이 모델의 한계점은 정신을 통해 전달된 신앙은 어떤 보편적인 신앙의 원리를 가지고 있다 하더라도 다양하고 복잡한 구체적인 삶의 정황들을 해석하고 그 문제에 적용하는 것은 쉽지 않다는데 있다.

둘째, 경험을 통한 전달 - 이 모델은 개인이나 그룹이 갖는 오늘의 경험을 전달의 주된 통로로 생각하는 것으로서 정신을 통한 전달보다 더욱 광범위하다. 신앙의 경험에는 사회적 경험과 개인의 회심적 경험이 있는데, 사회적 경험이란 하나님이 활동하시는 장소(사회)에 참여함으로 다양한 경험을 하게 되는 것을 의미하고, 개인의 회심적 경험이란 사회적 경험으로부터 어떻게 하나님을 섬기며 봉사해야 하는가를 배우는 경험을 의미한다.[133] 개인의 회심적 경험은 희망, 두려움, 용서, 사고, 악, 죽음과 같은 요소들을 포함하며, 사회적 경험은 공동의 비전과 목적 그리고 협력적 성향 등을 포함한다. 이 모델의 한계점은 경험이 절대화될 때 현재를 과거보다 더욱 중요시하게 되어 전달개념으로는 불완전할 수밖에 없다는데 있다.

셋째, 자아를 통한 전달 - 신앙 전달에 있어서 자아는 관찰하고 지각하고 판단하는 역할을 수행하는 것으로서 정신모델이나 경험모델의 한계를 뛰어넘는 가치 있는 모델이다.[134] 다시 말해서 자아모델(selfhood model)은 신앙과 이성의 관계, 개인과 사회의 관계, 율법과 은혜의 관계와 같은 양극을 통합할 수 있는 신앙전달에 있어서 중심적 실재가 된다. 곧 하나님의

---

132) C. E. Nelson, 「신앙교육의 터전」, 23.
133) C. E. Nelson, 「신앙교육의 터전」, 24.
134) C. E. Nelson, Where Faith Begins, 28.

진리를 종교적 경험을 통해 확인하는 역할을 수행한다. 넬슨은 이러한 인간의 자아도 역시 부분적으로 사회의 산물이요 역사 흐름의 산물이라고 말한다. 자아를 형성시키는데 중요한 역할을 하는 것이 곧 사회요 국가라는 의미이다.[135] 따라서 자아를 잘 이해하기 위해서는 자아를 형성한 사회를 이해해야 하며, 나아가 사회를 조건 짓는 역사도 이해할 수 있어야 한다. 자아는 객관적 자아와 주체적 자아로 나눌 수 있는데, 객관적 자아는 감정으로 그리고 주체적 자아는 이성으로 구분한다.

넷째, 교회를 통한 전달 - 교회는 기독교신앙을 형성하게 하고 조력하는 신앙 전달의 중심적인 실재가 된다.[136] 그래서 교회는 오랜 세월 동안 확장되면서 존속해 왔다. 그러나 교회가 이처럼 구속공동체인 동시에 여전히 하나님의 심판 아래 있고 인간은 죄를 지을 가능성 아래 존재함으로 죄인 공동체이다. 따라서 교회는 성령의 인도함을 지속적으로 받아야만 한다.

이상에서 밝힌 신앙 전달의 네 가지 범주에는 각각의 특징과 제한점이 있음을 알 수 있다. 넬슨은 이러한 제한점들을 극복하기 위해 '신앙공동체를 통한 전달'을 제시한다. 분명한 사실은 공동체를 통하여 신앙은 자연스럽게 전달된다는 것이다. 성경은 공동체에 의해 신앙이 전달되었다는 것을 언급해 놓은 책이다. 히브리서 11장에 나오는 믿음의 사람들에 대한 언급 역시 신앙이 신앙공동체를 통하여 한 세대에서 다음 세대로 전달된 것이라는 실제를 보여주는 것이다.

---

135) C. E. Nelson, Where Faith Begins, 29.
136) C. E. Nelson, Where Faith Begins, 30.

c. 신앙 전달의 과정

넬슨은 기본적으로 신앙의 전달과정을 문화화의 과정으로 이해하고 있다. 문화는 한 사회의 삶의 방식으로서 사회의 구성원들에 의해서 나누어지고 전달되어진다. 넬슨은 사회에서 사람들을 형성하는 문화의 위력을 강조하였다. 문화가 어떻게 전달되는가에 대해 연구한 넬슨은 문화를 통하여 세계관과 관련된 인식체계(preception)가 형성되고, 가치체계(value system)를 따라서 양심이 형성되며, 사회집단의 인간관계로부터 자아정체성(self-identification)이 형성된다고 말했다.[137] 곧 문화가 이러한 사회화 과정을 통해서 전달된다는 것이다.

문화의 전달 과정을 신앙과의 관계에서 소개하면 다음과 같다.

첫째, 신앙과 자아정체(faith and self-identification)

일반인들의 자아정체감은 주변인들과의 상호작용에 의해서 형성되나 그리스도인들은 신앙공동체의 참여를 통해서 형성된다. 즉, 공동체를 통해서 자신이 누구인가를 알게 되는 것이다. 이 참여를 통하여 자신을 이해하게 되고 나아가 정서적 안정과 기독교적 세계관을 확립하고 이것을 토대로 기독교적 신앙을 형성하고 또한 변형하게 된다.[138] 넬슨은 신앙공동체 안의 예배, 교제, 성경탐구 그리고 직면한 세상 문제에 대한 서로 나눔의 과정을 통하여 신앙이 형성되고 발달된다고 하였다. 즉, 예배는 공동체적 참여의 행위로서 하나님을 경험하는 시간이다. 따라서 예배는 신앙 형성의 핵심적인 요인이 된다. 그리고 성도의 교제는 신앙을 활성화시키는 과정으로서 사랑과 용서의 자세를 갖게 한다. 또한 성경은 신앙이 어떻게 신앙공동체 안에서 사회화를 통하여 형성되는가에 대한 책이므로 이러한

---

137) 김도일, 「교육인가 공동체인가?」, 117.
138) C. E. Nelson, Where Faith Begins, 99.

성경을 탐구하는 것은 신앙을 더욱 의미 있게 해준다. 마지막으로 직면한 세상 문제들에 대해 신앙공동체가 다룸으로 신앙이 윤리적으로 생명력 있게 된다는 것이다.[139]

둘째, 신앙과 인식(faith and perception)

신앙의 인식은 전 삶의 과정을 통해 형성되며, 신앙의 인식체계는 신앙 전달의 통로가 된다. 공동체 안에서 신앙적 삶의 스타일을 형성하고 변형하는 것은 성인그룹이다. 성인그룹이 형성한 신앙을 전달한다. 문제는 전달과정의 중심인 성인그룹은 어떤 종류의 신앙을 전달할 것인가에 있다. 따라서 모든 성도의 그룹은 그 개인들의 인식체계(the perceptive system)를 결정하는 신앙의 질을 끊임없이 점검해야 한다. 여기서 신앙의 질이란 세상에 대하여 하나님이 원하시는 바대로 해석하는 것이라고 넬슨은 말한다.[140]

세상에 대한 하나님의 시각을 갖는다는 것은 기독교세계관을 의미한다. 신앙이 신앙공동체의 역사를 통해 전달되기 때문에 신앙의 인식체계(세계관)을 바르게 형성할 필요가 있는데, 이를 위해서는 공동체의 신앙을 묘사한 책인 성경을 잘 상고해야만 한다. 신앙은 이러한 인식체계의 형성과정을 통해 전달된다. 넬슨은 신앙이 성도의 세계관을 규정할 수 있을 때 비로소 신앙의 의미를 갖는다고 말한다.

셋째, 신앙과 가치(faith and value)

그리스도인의 신앙의 가치는 신앙공동체의 구성원들이 자신들의 삶의 문제들을 과거와 성경을 함께 해석할 때 형성된다.[141] 즉, 바람직한 가치체

---

139) C. E. Nelson, Where Faith Begins, 98-117
140) C. E. Nelson, Where Faith Begins, 121.
141) C. E. Nelson, 「신앙교육의 터전」, 152.

계는 이 해석에 달려있는데 이러한 가치체계의 형성과정을 통해 신앙이 전달된다는 것이다. 따라서 신앙공동체는 끊임없이 가치구조를 구축해야만 하는 과제를 갖는다. 직면하는 삶의 여러 가지 문제에 대해 해석하기 위하여 성경의 원리들을 적용하고자 할 때에는 현재의 정황들을 성경 속의 역사적 정황들과의 관련 속에서 해석하고 적용해야만 한다.

신앙은 이와 같은 회중의 가치를 통해 전달되며, 가치는 회중의 신앙을 표현하는 요소가 되기에 회중은 끊임없이 회중의 신앙을 고백하고 점검하며 재형성해 가야 한다.

이상을 통해 문화의 전달과정, 즉 회중중심의 사회화 과정을 통하여 신앙이 전달된다는 것은 회중이 갖는 독특한 자아정체성, 인식력 그리고 가치를 통해 신앙이 표현되고 변형해 간다는 것을 의미함을 알 수 있다. 그러므로 신앙의 형성을 위한 회중중심의 사회화 과정은 곧 교육과정이 되는 것이다.

d. 신앙의 성숙

넬슨이 자신의 책 Where Faith Begins(1971)에서 신앙은 회중중심의 공동체를 통하여 전달된다는 것을 밝혔다면, 그의 후속작인 How Faith Matures(1989)을 통해서는 공동체를 통해 형성된 신앙은 종교적 경험을 통해 성숙(변형)되어간다는 점을 밝히고 있다.[142] 여기서 신앙 성숙이란 하나님나라의 도래를 진지하게 추구하면서 그리스도인의 책무를 수행하는 존재로 변형되어가는 상태를 말하며, 종교적 경험이란 하나님의 현현(顯現)(theophany)을 인간이 경험하는 것으로 신앙성숙의 출발점이 되고 있

---

142) C. E. Nelson, How Faith Matures, 11.

다.[143] 여기서 종교적 경험이 개인적인 측면이 있기는 하지만 이러한 종교적 경험이 신앙성숙으로 연결되기 위해서는 종교적 경험을 체험한 그리스도인들이 회중을 통해 하나님의 뜻을 이행하려고 노력하는 가운데 발달되는 것이라고 넬슨은 말하고 있다.

e. 신앙성숙의 방법

앞에서 살펴보았듯이 넬슨은 신앙의 성숙을 위한 방법으로 종교적 경험, 즉 성경 속의 하나님의 현현 모델을 제시하고 있다. 성경 속에는 신의 현현에 대한 다양한 개인들의 경험들이 기록되어 있는데, 넬슨은 그들의 경험 속에서 상황(situation), 인간(person), 선교(mission)라는 3가지 공통요소가 있음을 발견했는데 그 특징과 내용은 다음과 같다.

첫째, 상황(The Situation)

신앙의 성숙과 변형의 계기가 되었던 신의 현현에 대한 성경 속 인물들의 종교적 경험은 그들이 처한 어떤 '상황'을 통해 하나님께서 현현하셨다는 것을 알 수 있다.[144] 넬슨은 모세와 엘리야 그리고 예수님의 사례를 통해 설명하고 있는데, 모세의 경우는 히브리 노예들이 점점 더 악화된 '상황'(출2:23)에서 하나님께 부르짖을 때에 그 소리를 들으신 하나님이 아브라함과의 약속을 기억하사 모세에게 현현하셨다는 것이고, 엘리야의 경우는 참된 신과 우상과의 대결 국면(상황)에서 하나님을 경험(왕상 18장)했고, 그 후에 이세벨의 위협이 다가오자 로뎀나무 아래에서 죽기를 간구할 수밖에 없었던 위기의 '상황'에서 하나님을 만났다는 것이며(왕상19:1-

---

143) C. E. Nelson, How Faith Matures, 76.
144) C. E. Nelson, How Faith Matures, 79-81.

8), 그리고 변화산에서의 베드로, 야고보, 요한이 경험한 신의 현현은 예수가 그리스도라는 사실을 보증하는 사건으로서 예수님은 제자들이 자신을 메시야로 받아들이지 않는다는 사실(상황)을 아시고 그렇게 계시하셨다는 것이다.

하나님은 정치적, 문화적, 경제적, 환경적인 특별한 상황 속에서뿐만 아니라 일상적인 삶의 상황에서도 인간들에게 말씀하신다. 따라서 넬슨은 삶의 모든 실제는 곧 상황이라고 했다.[145] 곧 하나님은 인간의 모든 삶 가운데 존재하시면서 말씀하시는 분이며, 인간의 경험은 그러한 상황을 더욱 의미 있게 해준다.

둘째, 인간(The Person)

하나님의 현현의 두 번째 요소는 인간이다. 넬슨은 성경적 사례를 통하여 인간에게 찾아오셔서 사건을 일으키시는 신의 현현의 방법 가운데에서 4가지 공통원리를 찾아 다음과 같이 제시하고 있다.[146] 즉, 모든 개인적인 경험을 체험한 사람들은 사전에 하나님에 관하여 들은 적이 있거나 신앙전통 안에서 살아왔다는 점, 사건은 이러한 인간이 처한 큰 상황 속의 작은 일부분으로서 사건에 주의를 기울여 일어난다는 점, 특별한 과업이나 삶의 스타일의 변화를 위하여 하나님은 필요한 사람을 부르신다(calling)는 점, 하나님의 부르심에 참여할 때 사건이 발생한 상황 뿐 아니라 사람도 변화시킨다는 점 등이다. 이와 같은 정황에서 하나님은 계시를 통하여 사람을 변화시키고 사건을 일으키신다. 다시 말해 인간은 하나님의 현현에서 계시를 받는 자로서의 신앙의 장소가 된다는 것이다.

---

145) C. E. Nelson, How Faith Matures, 79.
146) C. E. Nelson, How Faith Matures, 102-106.

셋째, 선교(The Mission)

선교는 하나님의 부르심을 받은 자가 하나님의 뜻에 따라 행동하도록 부여받은 과업이라고 할 수 있다. 선교는 공동체를 세울 뿐 아니라 개인의 신앙성숙을 위해서도 필요한 것이다.[147] 성경에서의 하나님의 현현은 그 마지막 부분에 항상 선교의 과업이 부여됨을 보여주고 있다. 넬슨은 그와 같은 사례들로 모세의 경우 호렙산에서 이스라엘 백성을 애굽으로부터 구원하라는 과업을 받은 것이라든지, 엘리야의 경우 예후에게 기름을 부어 이스라엘의 왕으로 삼은 후 엘리사에게 선지자의 직무를 계승해 주라는 사명을 받았다든지(왕상19:16), 또 변화산 사건 후 제자들의 경우 믿음으로 예수님의 사역을 잘 감당하라는 부탁을 받은 것을 들고 있다(마 17:20).[148] 이러한 선교적 사역은 소명(calling)과 관계가 있는 것으로서 소명을 받은 자는 시간과 정력을 다해 헌신함으로 공동체를 건설하고 자신의 신앙을 성숙시킬 수 있다고 넬슨은 말한다.

f. 신앙성숙의 과정

앞에서도 지적했듯이 신앙성숙이란 하나님나라의 도래를 진지하게 추구하면서 그리스도인의 책무를 수행하는 존재로 변형되어가는 상태를 말한다. 이러한 신앙성숙의 목적을 달성하기 위하여 넬슨은 CSG(Central Study Groups)를 제시하고 있다.[149] CSG 즉, 소위 중앙연구그룹은 넬슨 자신이 전개해 온 신앙성숙의 이론을 프로그램화 한 것으로서 신의 현현으로 강조한 세 요소인 상황, 인간, 선교를 회중 속에서 재현하기 위해 이 모임

---

147) C. E. Nelson, How Faith Matures, 111.
148) C. E. Nelson, How Faith Matures, 112.
149) 김도일,「교육인가 공동체인가?」, 120.

을 시작하였다. 이 모임의 리더는 목회자를 세우고 구성원은 직분자들과 또는 관심 있는 성인들로 10-12명 정도로 구성한다.[150] 또한 모임은 1주일에 1회로 모이며, 소요시간은 1시간에서 1시간 15분 정도로 한다. 모임의 연구주제는 직면한 삶의 문제들이나 관심 있는 주제로 선정하고, 연구진행 방법은 전통(성경과 신학)의 진술로부터 시작하여 삶의 상황을 해석해가는 방법을 사용하든지 혹은 직면한 인간의 상황으로부터 출발하여 전통을 적용해가는 방법을 사용 할 수 있다. 결국 CSG는 신앙공동체를 통하여 그리스도인이 직면하는 모든 삶의 상황에 임하시는 하나님의 현현을 경험하게 함으로 신앙성숙과 변형을 이루고 궁극적으로는 하나님나라의 도래를 추구하는 그리스도인을 양육하는데 목적이 있다.

3) 토마스 그룹(Thomas. H. Groome)의 이론

토마스 그룹은 아일랜드에서 출생하여 그곳에서 신학을 연구하고 1968년에 미국 캐자스에 있는 다지(Dodge)시의 주교(主敎)에 임명되어 1971년까지 그곳에서 종교교육에 전념하였다. 이어 뉴욕에 있는 콜럼비아와 유니온에서 종교교육을 연구하고 1975년에 박사학위를 취득하였다. 박사학위 논문 제목은 Toward a Theory/Method of Liberating Catachesis이다. 현재는 보스턴대학에서 종교교육학 담당교수로 재직하고 있다. 여기서는 그의 대표적인 저서인 Christian Religoius Education(1980)과 Sharing Faith(1991) 등을 중심으로 교육이론을 살펴보고자 한다.

---

150) C. E. Nelson, How Faith Matures, 205.

(1) 신앙에 대한 이해

그룹은 기독교신앙이 다음과 같이 세 가지 본질적이고 구성적인 차원을 지닌다고 말한다.[151]

기독교신앙이 살아 있는 신앙이 되기 위해서는 1)지적인 신앙(faith as believing) 2)정적인 신뢰로서의 신앙(faith as trusting) 3)행함으로의 신앙(faith as doing) 등과 같은 세 차원의 신앙이 모두 포함되어야 한다. 이러한 세 차원은 종교교육의 목적으로서 기독교신앙을 설명할 때 제시되어야 하고, 또 세 차원은 행동으로서 점진적으로 발달해가야 한다고 주장하는 바이다.

① 지적 승인으로서의 신앙(Faith as Believing)

기독교신앙(faith)이 지적 승인으로서의 믿음(belief) 이상의 의미를 지니고 있음이 확실하지만 그 신앙이 사람들의 삶에서 구체화될 때 그 신앙에는 분명히 지적믿음(belief)의 차원이 있다. 여기서 지적믿음이란 제시된 진리에 대하여 개인적으로 이해되고 소유되고 용납되어 확고한 주관적 확신을 갖게 되는 것을 말한다.[152] 그룹은 신앙은 언제나 하나님의 은총의 선물임을 확신하지만, 그 하나님의 은총이 인간의 지성을 자극하여 지적으로 승인하게 된다고 했다.

---

151) Thomas H. Groome, Chritian Religious Education : Sharing Our Story and Vision(San Francisco: Harper & Row Publishers, 1980), 57.
152) Thomas H. Groome, Chritian Religious Education : Sharing Our Story and Vision, 58.

② 정적 신뢰로서의 신앙(Faith as Trusting)

이것은 기독교신앙의 신뢰적 차원을 말하는 것으로 지적 승인으로서의 믿음이 인식적 행위라고 한다면, 신뢰로서의 신앙은 감정적 차원을 말하는 것이다. 이 신뢰적 차원은 그리스도 안에서 구원을 베푸시는 인격적인 하나님에 대한 신뢰의 관계를 말하는데 주로 충성, 사랑, 흠모와 같은 용어로 표현되며, 구원받은 백성들로 하여금 경외, 존경, 찬양, 감사, 간구 등의 자세를 갖도록 인도한다.[153] 그룹은 그리스도를 통하여 우리를 구원하시는 하나님과 우리가 맺은 신뢰적인 관계는 인간의 솔선하는 정신과 책임을 축소시켜서는 안 된다고 지적하며, 이러한 신뢰적 관계는 우리가 '시간 안에 존재하는 순례자들'로서 하루하루를 살아갈 때 매일의 삶 속에서 표현되고 구체화되어야 한다고 강조했다.[154]

③ 행함으로서의 신앙(Faith as Doing)

이것은 하나님의 뜻을 행하는 것으로서 예수님도 그렇게 명령하셨다(마 7:21) 좀 더 정확하게 말한다면, 행함으로서의 신앙은 살이 있는 아가페의 삶을 실천하는 것, 즉 공동체 속에서 이웃을 자기처럼 사랑함으로 하나님을 사랑하는 것을 의미한다.[155] 사랑하지 않고 사랑을 알 수 없고, 선을 행하지 않고 선을 안다고 말할 수 없는 이치이다. 따라서 기독교신앙이 세상과 유리된 채 오로지 개인적인 구원과 거룩성만을 위해 존재한다는 것은 있을 수 없는 것이다. 왜냐하면 하나님의 뜻을 행하지 않는 한 하나님은 알려지지 않기 때문이다.

---

153) 박화경, 「하나님나라와 기독교교육」(서울: 한국장로교출판사, 2006), 195.
154) Thomas H. Groome, 「기독교적 종교교육」이기문 역 (서울: 대한예수교장로회총회교육부, 1983), 104.
155) Thomas H. Groome, 「기독교적 종교교육」, 106.

기독교신앙의 세 차원인 믿는 것, 신뢰하는 것, 행하는 것이 그 명료성을 위해 구분할 수는 있을지 몰라도 기독교신앙은 적어도 이처럼 세 차원의 본질적인 활동들을 지니고 있는 바, 그것들 중 어느 하나도 단독으로 존재하지 못하며, 또한 분리될 수도 없다. 따라서 기독교교육은 이 세 가지 차원적 신앙을 의도적으로 증진시키기 위한 전략이 요구된다.

(2) 시간에 대한 이해

그룸에게 있어서 시간의 이해는 그의 교육이론에 매우 중요한 출발이 되고 있다. 그룸은 인간은 영원으로부터 와서 죽음을 통해 영원으로 돌아가는 '시간 안에(in time)' 살아가고 있는 존재라고 한다.[156] 여기서 시간이란 과거, 현재, 미래라는 세 개의 명백히 분리된 시간들로 존재하는 것이 아니라, 현재라는 시간의 세 측면으로 존재한다고 그룸은 말한다. 즉, 시간을 과거의 것들의 현재, 현재 있는 것으로서의 현재, 미래의 것들의 현재라는 의미로 이해하는 것이다. 그룸의 이러한 이해는 어거스틴(Augustine)이나 실존주의 철학자들의 시간이해와 맥을 같이 한다. 그들은 시간에 대해 과거, 현재, 미래를 서로 분리된 것으로 이해하는 직선적인 개념을 거부하고 과거와 미래를 현재 안에 통합하는 통시적(通時的)인 개념으로 이해한다.[157] 그룸은 이 같은 시간이해를 교육에 적용하여 교육내용, 과거전통, 현재경험, 미래 등이 분리되어서는 안되며, 유익한 긴장관계를 유지하면서 동등하게 취급되어야 한다고 말한다. 이는 순례자로서의 그리스도인들이 미래로 나아가고자 할 때, 과거는 의도적으로 현재 속

---

156) Thomas H. Groome, Chritian Religious Education : Sharing Our Story and Vision, 12.
157) Thomas H. Groome, Chritian Religious Education : Sharing Our Story and Vision, 13.

으로 옮겨져 와야 한다는 것을 의미하며, 미래는 현재와 현재 안에 있는 과거로부터 연유되어 우리를 만나러 오는 미래로서 창조적 변형을 가져오게 해야 한다는 것을 의미하기도 한다.[158] 따라서 기독교교육은 과거의 신앙유산이 유실되지 않고 의도적으로 기억되며, 나아가 현재에 이용될 수 있도록 해야 한다.

(3) 신앙공동체로서의 하나님나라 교육

① 신앙공동체 이해

토마스 그룸(Thomas. H. Groome)은 하버마스(J. Habermas)의 비판적 해석학의 공헌을 수용하여 사람들의 역사적 삶의 문제들을 기독교의 전통에 비추어 변증적 대화를 통해 해석을 시도하는 나눔의 프락시스(Shared Praxis)개념을 도출시키고 이를 중심으로 하는 교육모델을 제시한다. 그룸은 또한 바람직한 기독교신앙을 위하여 신앙공동체 안에서의 사회화 과정을 수용한다. 그러나 넬슨의 경우처럼 공동체의 신앙을 답습하듯 사회화하는 것이 아니고, 비평적 성찰을 통한 사회화 과정을 주장한다. 또한 신앙성숙에 대해 넬슨이 하나님의 현현 모델을 통한 종교적 경험을 통해 성숙의 과정을 겪는 것으로 이해한 반면, 그룸은 비평적 성찰을 통한 변증적 해석을 통해 신앙성숙을 이룬다고 말한다. 이때의 변증적 해석과정을 통해 공동체의 구성원들은 사회화되고 또한 그 공동체를 변혁시켜 나가게 된다는 것이다.[159]

그룸에게 있어서 신앙공동체란 나눔의 프락시스가 즉시 일어나는 집단

---

158) Thomas H. Groome, Chritian Religious Education : Sharing Our Story and Vision, 15.
159) Thomas H. Groome, Chritian Religious Education : Sharing Our Story and Vision, 188.

그 자체를 의미한다.[160] 그러나 전체적으로 볼 때 그룹의 신앙공동체란 하나님의 통치가 이루어지는 곳으로서 곧, 하나님나라를 의미한다. 따라서 고착화된 특정 영역과 같은 장소적 개념이 아닌 하나님의 통치와 주권이 행사되는 곳이라면 개인이든 교회이든 혹은 국가나 사회이든 관계없이 바로 그곳이 하나님나라가 되는 것이며, 신앙공동체가 되는 것이다.

그룸은 기독교적 종교교육의 목적을 기독교적인 신앙의 삶을 사는 것 그 이상으로 보고 예수 그리스도 안에 있는 하나님나라를 궁극적 목적(metapurpose)으로 해야 한다고 말한다.[161] 궁극적으로 하나님나라를 지향해야 하는 이유를 그룸은 개인적으로 그리스도를 구세주로 받아들이도록 초대된 사람들은 그 응답적인 삶을 하나님나라에서 책임 있는 삶으로 살도록 요구받기 때문이라고 한다. 따라서 회심한 그리스도인은 개인적인 차원을 넘어 교회와 사회의 모든 현장으로 나아가 그곳에서 하나님의 통치가 이루어지는 하나님나라를 구현해야할 책임을 가지게 된다. 다시 말해서 평화, 정의, 사랑, 자유, 평등, 생명에 대한 추구 등과 같은 하나님나라의 가치들을 이 땅에서 구현하기 위하여 하나님 통치의 역사적 주체로서 하나님의 통치에 적극 참여해야 한다는 것이다.[162]

그룸의 하나님나라에 대한 이해는 '이미 시작되었으며', '실현되어 가고 있고', '그러나 아직 완전히 실현되지 않은' 차원으로 이해하고 있다. 이와 같은 이해는 그룸이 과거, 현재, 미래라는 시간을 현재적 관점에서 통시적으로 이해하고 있는 것과 맥을 같이 한다.[163] 이러한 과정으로서의

---

160) 이수경, "통시적 하나님나라를 지향하는 기독교학교교육에 관한 연구", (장로회신학대학교대학원 석사학위논문, 2008), 50.
161) Thomas H. Groome, Chritian Religious Education : Sharing Our Story and Vision, 34.
162) Thomas H. Groome, Chritian Religious Education : Sharing Our Story and Vision, 47.
163) Thomas H. Groome, Chritian Religious Education : Sharing Our Story and Vision, 49-51.

하나님나라에 대한 이해를 바탕으로 기독교신앙도 하나님나라 안에서 형성이 되고(being)[164] 나아가 전 생애에 걸쳐 성숙되어 가는(becoming) 발전적 과정으로 보는 것이다.

② 교육방법 - **나눔의 프락시스**(Shared Praxis)

기독교교육학의 주된 관심은 예수 그리스도의 복음(기독교전통)과 관련된 기독교신앙을 어떻게 현재의 삶(경험)으로 연결하여 의미화 시킬 것인가에 있다고 말할 수 있다. 그룹은 이러한 성경중심의 앎(복음)과 생활중심의 삶(경험)이라는 두 구조를 변증법적 해석학의 관계로 풀이하는 나눔의 프락시스(Shared Praxis) 교육모델을 제시했다.[165] 즉, 그룹이 말하는 나눔의 프락시스란 신앙공동체가 활력있는 기독교적 신앙형성 및 성장발달에 근본적인 목적을 두고 이를 성취하기 위하여 공동의 대화 과정의 참여를 통하여 우리의 삶의 이야기와 비전의 거울로 기독교의 전통을 비평적으로 성찰하고, 또한 역으로 우리의 삶의 이야기와 비전이 기독교 전통의 빛 가운데 비평적으로 성찰되는 기독교의 전통과 현재 우리의 삶의 이야기간의 변증법적 해석과정인 것이다.[166]

또한 그룹에 의하면 나눔의 프락시스(Shared Praxis)에 의한 기독교적 종교교육의 목적은 앞에서도 지적했듯이 사람들로 하여금 기독교적 신앙의 삶을 살게 하는데 목적을 두며, 더 나아가 궁극적 목적으로는 예수 그리스도 안에 계시된 하나님나라에 대화를 통하여 몫을 나누어 참여하는 신앙인에 그 목적을 두고 있다. 다음은 그룹이 제시하고 있는 나눔의 프락시스

---

164) 그룹은 우리들의 이야기와 기독교의 이야기, 우리들의 비전과 기독교의 비전 사이의 공동체적 만남 속에서 경험적이고 성찰적인 방법을 통해 하나님을 알 수 있다고 말한다.
165) Thomas H. Groome, Christian Religious Education : Sharing Our Story and Vision, 152.
166) Thomas H. Groome, Chritian Religious Education : Sharing Our Story and Vision, 267.

를 구성하고 있는 다섯 가지 요소들이다.

첫째, 신앙공동체의 현재 행위(Present Action)

현재란 우리를 위해서 존재하는 시간이며 그 현재 안에는 과거의 유산과 미래의 가능성이 현재 안에 통합되어 존재한다. 이 같은 현재는 현재에 대한 현재이고, 과거에 대한 현재이며, 미래에 대한 현재로서 여기에는 성찰된 역사적 자아와 역사적 사회의 의미가 함축적으로 내포되어 있다.[167] 여기에서 성찰된 역사적 자아란 우리 자신이 물리적, 정서적, 지적, 영적으로 행한 모든 것을 비평적으로 성찰하고 있는 자아를 의미하며, 역사적 사회란 개인들의 현재의 행동을 구성하고 있는 사회문화적 상황 즉, 규범들, 법들, 이데올로기들, 구조들, 전통들에 대해 비평적으로 성찰된 사회를 의미한다. 이러한 현재의 행위는 현재의 행위를 하게 한 '과거들'을 드러내며, 그 행위 속에 있는 '미래들'에 대한 의식이 생겨나게 하기 때문에 다음 단계의 비평적 성찰의 중요한 일차적 대상이 된다.

둘째, 비평적 성찰(Critical Reflection)

비평적 성찰이란 현재의 삶을 평가하기 위한 비평적 이성을 갖추고, 현재 안에 있는 과거를 드러내기 위한 비평적 기억을 되살리며, 현재 속에 있는 미래를 도출하기 위한 창조적 상상력을 동원하는 정신적 활동을 의미한다.[168] 여기서 비평적 이성이란, 현재에 관한 명백한 인식을 위하여 지금까지 당연한 것으로 취급되어 온 것까지도 비평적으로 이해하려는 행위이다. 즉, 비평적 이성을 통하여 현재 행동의 원인이 되고 있는 종교적 전통이나 이데올로기적 요인들을 비평적으로 인식하는 것이다. 그리고 비평적 기억이란 현재 행동에 대한 개인적, 사회적 원인을 기억해 내는 행

---

167) 이수경, 52.
168) Thomas H. Groome, Christian Religious Education : Sharing Our Story and Vision, 185.
169) Thomas H. Groome, Chritian Religious Education : Sharing Our Story and Vision, 186.

위일 뿐 아니라 나아가 현재행동을 결정짓는 잘못된 영향력을 차단하는 데 목적이 있다.[169] 따라서 이것은 단순한 과거의 회상(recall)은 아니며, 돌이켜 보는 것(looking backward)에 그치는 것도 아니다.

비평적 이성과 기억은 창조적 상상을 위해 필요한 과정이다. 창조적 상상의 초점은 미래로서 현재와 앞으로의 미래가 단순한 과거의 반복이 되지 않기 위해 필요하다. 창조적 상상을 통해 미래를 의도적으로 예정할 수 있는 것이다. 그러나 중요한 것은 비평적 성찰에 있어서 이성, 기억, 상상이라는 인간적 노력에 성령의 분별의 은총이 역사해야만 진정한 비평적 성찰이 가능하다고 그룹은 말하고 있다.[170]

셋째, 대화(Dialogue)

대화는 주체 대 주체(subject-to-subject)와의 만남(나와 너)의 행위에서 발생되는 것으로 그룹 내에 신앙공동체를 건설하기 위해 필요하다.[171] 그룹은 기독교신앙공동체는 의도적이고 계획적이며 지속적인 교육활동을 통하여 공동체 구성원 상호간의 대화가 이루어져야 함을 피력한다. 우선적으로 대화는 자신의 자아와 더불어 상대방을 수용하려는 열린 마음의 상태가 형성됨으로 상호의사 소통이 이루어지게 된다. 따라서 상대방의 이야기를 가슴으로 들으려고 해야 하며, 자신과 다르더라도 반박하는 자세로 응답해서는 안 된다. 대화는 개인을 넘어 신앙공동체로 확대되어 영적 분위기 형성에 중요한 요인으로 작용하게 된다.

넷째, 기독교이야기(The Story)

기독교이야기는 성경과 기독교전통을 말하는 것으로, 기독교의 하나님

---

170) Thomas H. Groome, 「기독교적 종교교육」, 274.
171) Thomas H. Groome, Christian Religious Education : Sharing Our Story and Vision, 189.
172) Thomas H. Groome, Christian Religious Education : Sharing Our Story and Vision, 191-193.

이 어떻게 그가 선택한 사람들에게 자신을 계시해 왔으며 이에 대하여 인간이 어떻게 응답하여 왔는가에 대한 이야기이다.[172] 다시 말해서 기독교 이야기는 신앙공동체의 신앙전승과 형성과정에서 있었던 신앙의 응답행위, 삶의 양식, 성례전, 성경, 말씀의 해석, 신앙공동체의 신앙고백 등의 다양한 내용들이 포함된 것을 의미하는데, 이 같은 기독교이야기는 기독교의 역사적 사건에 근거하고 하나님의 은총에 의해서 기독교신앙으로 형태화된 것으로 우리들의 삶 속에서 하나님의 구원의 행위를 경험하도록 조력해 준다.

다섯째, 기독교 비전(The Vision)

비전은 이미 기독교이야기 속에 하나님의 약속으로 주어졌다. 바로 하나님나라인 것이다. 여기서 비전은 그 하나님나라에서의 하나님 통치에 우리가 성실하고 활력 있는 응답을 할 때 성취된다. 따라서 비전은 기독교이야기에 대한 우리의 응답인 것이다. 또한 기독교 비전은 하나님의 부름 받은 신앙공동체 구성원들이 해야 할 일들을 의미하는 것으로 기독교적 사명의 초청과 하나님나라와 인간해방을 뜻하는 것과 더 나아가 하나님의 약속에 대한 광범위한 내용들이 포함되어 있다.

현재 행동에 대한 비평적 성찰은 바로 이러한 기독교이야기와 비전을 토대로 수행되어야 한다. 그룹은 기독교의 이야기와 비전이 현재의 행동 근거로 제시될 때 단순하게 '이론에서 실천으로'(from theory to practice)라는 낡은 이분법적 인식론을 경계하고, 완성될 하나님나라를 향해 가는 역사적 상황들 속에서 계속 우리 자신들을 발견해 가는 변증법적 해석학의 인식론을 적용해야한다고 했다.[173]

---

173) Thomas H. Groome, Christian Religious Education : Sharing Our Story and Vision, 194-195.

이 다섯 가지 요소들이 신앙공동체 내에서 역동적으로 작용할 때, 사람들은 자신의 현재 삶과 사회문화적 현실을 비평적으로 성찰하고 이것을 기독교이야기와 비전에 비추어서 하나님의 통치를 향한 실천적 삶으로 나아가게 된다.[174]

4) 도날드 밀러(Donald E. Miller)의 이론

밀러는 하버드대학교에서 철학박사 학위를 받고 일리노이주 베다니 신학교에서 기독교교육학과 윤리의 정교수로 재직하고 있다. 밀러는 Story and Context(1987)라는 책을 통해서 신앙공동체 중심의 교육이론을 피력하고 있다. 밀러는 이 책에서 종교 개혁기부터 현대에 이르기까지의 기독교교육의 목적에 대해 살펴본 결과 어느 시대에나 그받아 기독교교육의 목적이 결정되었음을 피력하고 있다. 특히 오늘날에는 다원주의, 도시화, 과학기술, 빈곤, 군국주의, 세계적인 상호의존과 같은 환경 속에 있기 때문에 기독교교육의 목적도 이러한 세계화의 경향에 부합되도록 설정되어야 한다고 주장한다. 밀러가 그 결론으로 제시하고 있는 것이 세계공동체를 통한 세계 참여의 교육, 곧 세계적 참여를 통한 하나님나라의 도래를 구현하는 것을 기독교교육의 목적으로 제시하고 있다.[175]

밀러의 주요 저서인 Contemporary Approaches Christian Education (1982, Jack L. Seymour와 공동 편집)과 Story and Context(1987)를 중심으로 그의 교육이론을 살펴보고자 한다.

---

174) Thomas H. Groome, Sharing Faith : A Comprehensive Approach to Religious Education and Pastoral Ministry : The Way of Shared Praxis (SanFrancisco: Harper SanFrancisco, 1991), 135.
175) Donald E. Miller, Story and Context : An Introduction to Christian Education (Nashville: Abingdon Press, 1987), 91.

(1) 신앙공동체 이해

밀러는 공동체 교육모델을 통해 신학과 교육을 통합하려고 시도했는데, 그가 신앙공동체 모델에 관심을 갖게 된 이유는 그것이 모든 기독교교육의 유일한 방법은 아닐지라도 공동체 모델이 학습이론과 교수방법 뿐 아니라 신학적 이해, 성경적 지식, 책임감, 정의 등에 특별한 주의를 기울이고 있기 때문에 오늘날 학교식 체계로 운영되고 있는 주일학교의 한계에 대한 대안이 될 수 있기 때문이었다. 밀러는 공동체에 대해 다음과 같이 정의한다.[176]

> 모든 공동체는 상호작용하는 개인들, 규범적인 관습들, 상징적인 의미들, 공유하고 있는 환경 등 많은 공통적이고 역동적인 요소들을 지니고 있다. 그러므로 우리는 공동체를 공통된 헌신, 행동규범, 상징적 문화, 그리고 공유하고 있는 환경 속에서의 삶을 나누고 있는 개인들로 구성된 집단이라고 정의할 수 있다.

여기에서 '공통된 헌신'이란 공동체에 대한 개인적인 충성을 말하며, '공유된 규범'이란 형식적인 제도 및 관습적인 실제들을 가리키고, '공유된 상징'이란 언어, 사고 및 모든 문화적 표현을 말하며, '공유된 환경'이란 거처와 활동 장소, 공통된 삶을 규정짓는 인과관계, 그리고 상호작용의 유형을 결정짓는 다양한 조건들을 가리킨다.[177] 이러한 면에서 볼 때, 지금까지의 교육이 이해와 의미의 중요성을 강조해 왔다면 밀러의 공동체 이

---

176) D. E. Miller,「기독교교육개론」고용수, 장종철 역(서울: 대한예수교장로회총회출판부, 1991), 24.
177) D. E. Miller「기독교교육개론」, 24.

론에서는 교육을 가치, 관습, 사회적 관심, 헌신, 환경의 영향이라는 측면에서 바라보는 것이라고 할 수 있다. 이와 같은 공동체의 이해를 바탕으로 밀러는 신앙공동체에 대하여 다음과 같이 정의하고 있다.[178]

> 모든 공동체와 같이 신앙공동체도 공유하고 있는 장소 안에서의 규범들 및 상징들에 대한 충성을 공유하면서 상호 작용하는 개인들로 이루어진 집단이다. 신앙공동체가 다른 공동체와 다른 것은 그 공동체의 헌신, 규범 및 상징들이 가장 폭넓은 의미의 지평, 가치의 궁극적인 구심점, 궁극적 관심, 절대 의존의 감정 등 한마디로 하나님에 대한 신앙에 의해 영향을 받으며 그것과 관련되어 있다는 것이다. 모든 신앙공동체는 공통된 세 가지 요소를 가지고 있는데, 공통된 이야기, 공통된 정신, 공통된 충성이 그것이다.

여기서 신앙공동체가 가지고 있는 세 가지 공통 요소 중 '공통된 이야기'란 모든 것은 예수 그리스도 안에서 구원하시는 능력의 하나님에 관한 이야기로 누구든지 하나님의 사랑 안에 거하면 새로운 존재가 된다는 이야기이며, '공통된 정신(ethos)'이란 하나님과 서로에 대한 적극적인 사랑을 말한다. 또한 '공통된 충성'이란 하나님의 용서와 섭리에 대한 신앙공동체의 충성과 경험을 말한다. 이 세 요소가 일치되어 나타나는 곳이 곧 신앙공동체이지만 밀러는 이것을 더 축약하여 말하기를 하나님의 용서와 사랑이 나타나는 곳이라면 어디든지 이 세상의 모든 장소가 곧 신앙공동체가 된다고 하였다.[179]

---

178) D. E. Miller 「기독교교육개론」, 27.
179) D. E. Miller 「기독교교육개론」, 28.

이러한 신앙공동체를 통해 사람들은 하나님의 말씀으로 거듭나고 타락으로 상실했던 하나님의 형상을 회복하며 하나님과 이웃 그리고 나아가 자연과의 성숙한 관계를 맺을 수 있게 된다. 모든 개인은 공동체 안에 존재함으로서 이미 의식적으로든 혹은 무의식적으로든 학습을 하고 있는 것이며, 그 가운데 상호작용을 한다는 것은 그 공동체의 충성, 정신 및 상징적 문화에 참여하고 있다는 증거가 되는 것이다. 따라서 개인의 종교적 경험도 공동체 안에서의 상호작용과 관련하여 해석해야만 한다.

이상과 같은 밀러의 이해를 바탕으로 신앙공동체란 무엇인가를 진술한다면, 공통된 이야기, 공통된 정신, 공통된 충성의 세 요소가 공존해 있는 곳, 즉 하나님의 사랑과 용서가 있는 곳이라면 모두 신앙공동체가 된다고 할 수 있다. 그렇다면 작은 그룹이나 집단, 가정, 교회, 국가, 세계 그리고 우주적인 하나님나라가 모두 신앙공동체가 되는 것이다.

(2) 세계적 참여를 위한 교육

① 세계적 참여

신앙공동체에 참여가 곧 학습이며 교육의 목적이고, 참여의 과정이 교육이다. 앞에서도 밝힌 것처럼 오늘날의 다원주의(pluralism), 도시화(urbanism), 과학기술(technology), 빈곤(poverty), 군국주의(militarism), 세계적인 상호의존(global interdependence)과 같은 환경에 부합되도록 기독교교육의 목적을 설정하려고 했던 밀러는 그 결과로 세계적 참여를 통한 교육(Education for global participation), 다시 말해서 세계적 참여를 통한 하나님나라의 도래를 구현하는 것을 기독교교육의 목적으로 제시하고 있다. 따라서 밀러에게 있어서 교육이란 세계적 참여의 과정이라고 말할 수 있다.[180] 여기서 밀러가 말하는 기독교교육이 세계 참여적인 것이어야 한다는 말은 기독교교육이 세계적인 신앙공동체 곧 하나님나라를 위한 교육이어야 한다는 것을 의미한다. 그렇다면 구체적으로 어떻게 하는 것이 세계적 참여인가. 밀러는 하나님나라에 회개로부터 기도로, 기도에서 봉사적 삶을 지향하는 방향으로 참여하는 것이라고 말한다.[181]

② 세계적 참여의 다섯 가지 표지

밀러는 기독교교육이 세계적인 신앙공동체에 참여하는 것이라고 했다. 그렇다면 사람들이 세계적인 참여를 하고 있다는 것을 어떻게 증명할 수 있을까. 밀러는 세계적인 참여의 표지로 다섯 가지를 들고 있다.[182]

첫째, 이 시대를 위한 기독교이야기의 능력과 의미를 발견하는 것이다. 이 말은 그리스도 안에서 주어지는 하나님의 은혜에 대한 탐구가 앎을 위한 지적탐구로 끝나는 것이 아니라 회개, 헌신, 축제, 봉사로 표현되어야 한다는 것으로서 하나님의 능력, 임재, 섭리, 은혜, 사랑, 기쁨 등에 대한 인식은 세계적 참여의 첫 표지가 된다는 것이다.

둘째, 그리스도의 몸에 결합되어 있다는 것에 대한 경험이다. 공동체의 구성원들이 날마다 그리스도의 정신을 추구할 때 그러한 공동체는 서로를 지원해 주고, 공감해 주며, 시정해 주고, 화해할 수 있도록 서로를 보살펴 준다. 왜냐하면 공동체의 실천적 참여 행위는 하나님에 대한 사랑과 서로에 대한 보살핌에서 나오는 것이기 때문이다.

셋째, 공동체의 삶의 방식이 세계적인 삶의 유형들과 상호 연관되어 있다는 인식이 세계적 참여의 표지가 된다. 이 세계적인 인식에는 다른 문화에 대한 경험, 사회와 정치에 대한 분석, 피조물의 자원에 대한 인식과 보

---

180) 박화경, 200.
181) Donald E. Miller, Story and Context : An Introduction to Christian Education, 11.
182) Donald E. Miller, Story and Context : An Introduction to Christian Education, 98-99.

존 등과 같은 것도 모두 포함된다. 그러나 중요한 것은 단순한 인식에 그치는 것이 아니라 자신들의 공동적인 생활방식이 다른 사람들의 생활방식과 어떤 연관이 있는지를 알아야 한다.

넷째, 선교에의 참여이다. 교회는 하나님나라를 인간의 현실이 되게 하도록 부름을 받았다. 따라서 우리들은 사람들을 불러 하나님나라를 현실화하시려는 하나님의 계획의 도구가 되어야 한다. 이것이 선교에 참여하는 것이다.

다섯째, 세계적 참여의 표지로서 마지막은 공적(public)인 증거이다. 공적이라는 말에는 종교적 요소와 세속적 요소가 모두 포함된다. 평온한 시기에서 공적 증거는 기독교신앙으로 공적인 합의에 영향을 미치도록 하는 형태를 취하지만, 그렇지 않은 시기에 공적인 증거는 보다 넓은 합의에 대해 반대하는 입장을 취해야만 한다. 예컨대, 정의롭지 못한 국가에 대해서는 항의를 할 수 있어야 하지만 세속적인 집단이라 해도 그 집단이 도덕적이라면 협력해야만 한다. 이러한 일들은 후세대들에게 공적인 증거를 하는 것이다.

이상에서 말한 세계적 참여에 대한 다섯 가지 표지들을 밀러는 다음과 같은 도표로 그려내고 있다.[183]

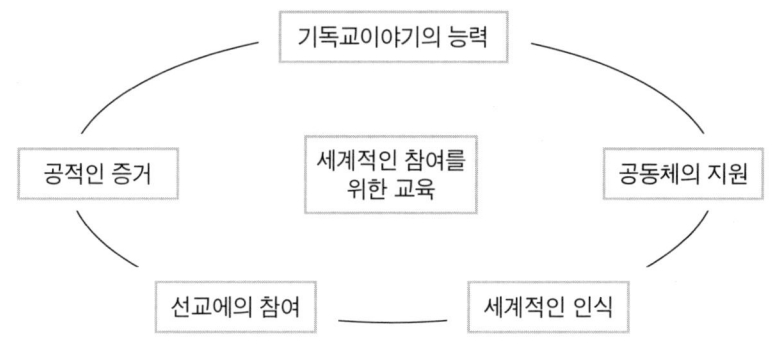

요약하면, 세계적 참여는 기독교이야기에 대한 의미와 능력에 대한 헌신에서 시작되며 그 후 상호 지원, 세계적 인식, 선교에의 참여, 공적인 증거로 발전한다. 그 속에는 현대기독교교육 이론의 목적이 되는 영성, 상상, 변형, 샬롬 및 제자됨이 포함되며 또한 전승화, 교회성장 및 공교육이 포함된다.[184] 세계적 참여는 영적인 훈련 및 회중의 갱신과 성장을 통해 발전한다. 하지만 그러한 훈련, 갱신 및 성장은 항상 세계적인 인식 및 변화된 생활방식과 밀접하게 관련된다는 것을 알아야 한다.

③ 교육내용과 방법
a. 교육내용 - 이야기

밀러가 교육내용으로 말하고 있는 '이야기'란 단순히 성경을 가리키거나 혹은 성경이야기를 의미한다기보다는 '하나님께서 과거에 그의 백성 곧 신앙의 사람들에게 말씀해 주셨던 방식에 관한 이야기'이다.[185] 따라서 이야기는 하나님의 뜻을 이해하는 데 중요한 자료가 된다. 오늘날 신앙공동체를 향한 하나님의 뜻이 무엇인가를 이해하기 위해서는 성경을 형성케 했던 당시의 신앙공동체에게 있어서 그 성경이 어떤 의미를 지니고 있었느냐 하는 것을 연구해 볼 필요가 있다.

성경의 중요성에 대한 인식과 함께 성경을 어떻게 연구하고 해석할 것인가에 대한 논쟁들이 계속되고 있다. 밀러는 성경연구에 대한 현대의 학문적인 여러 가지 방법들 중에서 정경 비평이 유익하다고 했다. 그 이유로는 정경 비평은 신앙공동체에 대해 가장 직접적으로 초점을 맞추고 있기 때문이라고 한다. 즉 정경 비평은 특정한 역사적 공동체가 특정한 시기에

---

183) Donald E. Miller, Story and Context : An Introduction to Christian Education, 100.
184) 박화경, 200.

하나님의 말씀을 이해한 방식을 독자들에게 제공하기 때문에 현대인들에게 신앙의 원리 곧 '이야기'의 실마리를 제공한다는 것이다.

밀러는 이 같은 신앙공동체의 이야기는 서로 다른 언어 및 전통을 가진 공동체의 구성원들을 결속시켜 주며, 과거와 미래를 연결시켜 주는 끈이라고 했다.

b. 교육방법 - 이야기 나누기

밀러가 교육의 방법으로 제시하고 있는 '이야기 나누기'란 성경이야기 즉, 성경에 기록된 과거 신앙공동체에 역사하셨던 하나님의 방식에 관한 이야기와 현재의 신앙공동체의 이야기 간에 상호작용을 한다는 것을 의미한다.[186]

이와 같은 상호작용의 과정을 통해 현재의 삶의 다양한 상황들에서의 복음의 의미 곧 하나님의 뜻을 발견할 수 있게 된다. 이야기 나누기는 과거의 기독교유산의 연속성 뿐 아니라 현대적 경향(현재의 삶)을 반영하는 방법이다. 그러나 이야기 나누기 즉, 상호작용에 있어서 현재의 이야기로부터 시작해야 하는가, 아니면 성경이야기로부터 출발해야 하는가에 관한 의문이 남는다. 그러나 이 문제는 그다지 중요하지 않다. 현재의 관심사들로부터 시작한다면 흥미를 촉발시킬 수 있고, 성경이야기로부터 시작한다면 보다 신속히 쟁점들의 초점을 맞출 수 있는 장점이 있기 때문에 무엇으로부터 시작하든 양자 간의 관계로 나아갈 수 있다.[187]

밀러는 과거의 공동체와 현재의 공동체 간의 이야기 나누기가 가능한

---

185) Donald E. Miller, Story and Context : An Introduction to Christian Education, 111.
186) 유현주, "신앙공동체 중심의 교육연구", (장로회신학대학교대학원 석사학위논문, 1990), 53.
187) Donald E. Miller, Story and Context : An Introduction to Christian Education, 124.

이유로는 아래와 같은 두 공동체 간의 유사(類似) : (analogy of community)[188]가 있기 때문이며, 이로 인한 연속성과 비연속성이 존재하기 때문이라고 한다.

공동체의 유사(analogy of community)

과거의 공동체	현재의 공동체
문서들	다양한 역본들
저자의 의도	우리의 의도와 관심
당시의 문화	현재의 문화
사회적 위치	사회적 위치
청중의 기대	우리의 기대
본문 속에서의 청중의 긴장이나타나는 점	본문과 함께 우리의 긴장이 나타나는 점
전승의 성장	다양한 해석과 주석들
당시의 의미	현재의 의미
보다 넓은 의미	보다 넓은 의미
그들에게 있어서의 하나님의 말씀	우리에게 있어서의 하나님의 말씀

위와 같은 공동체의 유사를 통해 현재의 신앙공동체는 그 자신에 대해 보다 많은 이해가 가능하고, 성경본문이 과거의 신앙공동체에게 어떤 의미가 있었는가를 더 잘 이해할 수 있게 된다.

여기서 중요한 것은 과거와 현재의 두 공동체는 미래의 공동체를 지향하고 있다는 사실이다. 미래 공동체를 향한 이러한 끊임없는 전이(轉移)는 공동체의 또 하나의 유사(類似)가 된다. 현재의 공동체가 하나님 말씀에 대한 과거 공동체의 이야기와 더불어 끊임없는 상호작용을 통해 확대

---

188) Donald E. Miller, Story and Context : An Introduction to Christian Education, 119.

될 때 현재의 공동체는 미래 공동체를 향한 순종과 희망의 과정으로 이끌리게 된다고 밀러는 말하고 있다.[189]

c. 교육방법 - 이야기의 생활화

과거 공동체와 현재의 공동체 간의 이야기 나누기를 통해 이야기를 들은 개인들은 이야기를 지니고 있는 공동체와의 관계 속에서 그 이야기를 받아들이고, 그것에 응답하며 그것을 확대하는 것이 이야기의 생활화이다. 밀러는 이와 같은 이야기의 생활화 방법으로 토마스 그룸이 말하는 나눔의 프락시스를 수용하여 이야기와 실천의 통합을 강조하였으며[190] 또한 실천신학과 윤리학으로서의 교육론에서 말하는 '정의를 위한 교육'을 제시한다. 정의를 위한 교육이란 교육이 개인의 경제적 번영보다는 공적(公的) 인식을 갖도록 가르치는 것을 말한다. 또한 그리스도 안에서 하나님의 은총의 사건을 재연하고 상기시켜줌으로 언약의 갱신이 이루어지는 공동체의 예배에 대한 교육적 의미를 강조하면서 예배의 생활화를 주장하였다.

결론적으로 이야기의 생활화는 세계공동체를 화해시키고 육성시킬 수 있는 하나님의 능력에 대한 이야기와 보다 깊은 만남을 가지려고 하는 과정이다. 그러나 이 생활화를 가능하게 하는 유일한 교사는 성령임을 기억해야 한다. 성령은 개인과 공동체의 이야기 간의 상호작용 속에서 나타나며, 개인들이 공동체 내에서 공통된 비전을 가지고 함께 일할 때 성령의 인도하심이 나타난다.

---

189) Donald E. Miller, Story and Context : An Introduction to Christian Education, 124.
190) Donald E. Miller, Story and Context : An Introduction to Christian Education, 172.

이상과 같이 넬슨, 그룹, 밀러의 이론들을 살펴보았다. 요약하면 넬슨은 회중중심의 신앙공동체 이론을 피력하였는데, 문화의 강력한 영향력과 파급효과를 접목한 신앙의 사회화와 문화화를 주장하였다. 넬슨은 신앙의 형성과 전달 그리고 신앙의 성숙에 이르기까지의 모든 과정을 신앙공동체를 통한 문화화 과정으로 이해하였다. 반면에 그룹은 해석학의 도움을 받아 비평적 성찰을 통한 변증적 해석 과정을 통해 신앙이 형성되고 성숙되며 또한 현재적 삶이 반영되는 신앙의 변형이 이루어지는 신앙공동체로서의 하나님나라를 피력하고 있다. 그룹은 교육방법으로서 몫을 나누어 참여하는 나눔의 프락시스를 제시하고 있다. 밀러는 신앙공동체를 종교적 경험이 공유되는 곳 곧, 하나님의 사랑과 용서가 경험되어지는 곳이라면 모두 신앙공동체가 된다고 말한다. 따라서 밀러의 신앙공동체는 세계적 공동체로 확대되며, 밀러에게 있어서 그리스도인은 하나님의 사랑과 기독교 정신의 공적 증거들을 가지고 이러한 세계적 공동체에 참여함으로 하나님나라를 실현해가야 할 사명을 갖게 된다. 밀러는 교육방법으로서 이야기 나누기와 이야기의 생활화를 제시하고 있다.

3. 기독교대안학교의 신앙공동체성

이 장에서는 위에서 살펴본 넬슨, 그룹, 밀러의 신앙공동체 중심의 교육론을 정리 및 평가하면서 기독교대안학교가 어떠한 신앙공동체성을 가져야 하는지를 살펴보도록 하겠다. 이 연구를 위하여 우선 신앙공동체로서의 기독교대안학교의 의미를 살펴보고 신앙공동체 교육론에 근거한 기독교대안학교의 교육목표, 교육내용, 교육방법에 대하여 논의하도록 하겠다. 이러한 논의는 2장에서의 기독교대안학교의 사례에 대한 분석의 틀로서 사용될 것이다.

1) 신앙공동체로서의 기독교대안학교의 의미

기독교대안학교의 신앙공동체성에 대하여 설명하기에 앞서 우선 넬슨과 그룹 그리고 밀러가 이해하고 있는 각각의 신앙공동체에 대하여 정리하면 다음과 같다.

넬슨은 1960년 대 세속화 신학의 물결과 기독교교육에서의 지적 전달 형태의 교육으로 인하여 신앙이 생명력을 잃어가고 있던 시대에 신앙은 무엇이며, 신앙은 어떻게 형성되고, 어떠한 과정을 통해 전달되며, 어떠한 영향에 의해 성숙되는가에 대하여 관심을 갖게 되었다. 이 같은 질문에 대한 응답으로 나온 것이 넬슨의 신앙공동체를 통한 회중중심의 교육론이다. 여기서 회중이란 구성원 간의 지속적인 교제와 공동체의 계획이나 활동에 적극 참여하여 상호작용함으로 협력 관계를 형성하고 있는 성도들을 말하며, 회중중심의 신앙공동체란 위와 같은 회중들이 자신들의 삶의 정황 속에서 예수 그리스도를 경험하여 자신에게 주어진 사명 완수를 수행하기 위해 함께 참여하는 그리스도의 인격 공동체를 말한다. 따라서 넬슨에게 있어서 신앙이란 기독교의 교리를 주입하는 것에 의해 형성되는 것이 아니라 바로 이러한 신앙공동체의 회중 가운데서 상호관계를 통한 종교적 사회화(religious socialization)와 문화화의 과정을 통해 형성되고 성숙되어 가는 것이며 또한 신앙의 학습도 문화의 사회화과정과 같은 형태로 이루어진다고 하였다.[191]

---

191) C. E. Nelson, Where Faith Begins, 10-11.

이 같은 넬슨의 이론은 웨스터호프(John H. Westerhoff III)에 의해 더욱 구체화되었다. 웨스터호프는 그 당시 교회교육이 '학교-교수형 범례'(schooling instruction paradigm)를 무비판적으로 따름으로 신앙이 생명력을 갖지 못하고 결국 실패하게 되었다고 했으며, 그러한 학교-교수형 범례의 교육체계는 구성원 간에 상호작용과 만남이 없이 기독교 교리를 주입시키려 함으로써 종교적 사회화의 과정을 배제시켜 왔다고 주장하였다. 이에 웨스터호프는 의도적인 신앙공동체 안에서 종교적 사회화의 과정을 통해서만이 인간은 신앙적으로 양육된다고 주장하였다.[192]

넬슨의 사회과학적 접근은 기독교공동체의 전통에 대한 가치와 그것의 전달과정에 대한 폭넓은 이해와 더불어 신앙에 대한 이해를 개인적인 차원을 넘어 공동체적인 것으로 폭을 넓혀주었다는 점에서 큰 공헌이라 할 수 있다. 그러나 동시에 다음과 같은 한계를 가지고 있다. 첫째, 과거의 전통적 유산만을 전승해가기 때문에 현재적 역사에 대하여는 무관심하다는 것이다. 그렇게 되면 신앙의 영역 밖에서 일어나는 역사와는 별개의 공동체가 될 수밖에 없는 것이다. 둘째, 신앙공동체의 전통에 대하여 어떠한 비판의 여지도 불가하다는 것이다. 즉, 기독교 전통을 유실 없이 전수하고 보존하는 것만을 강조하고 기존구조에 대한 '변형' 의 측면은 무시되고 있다는 것이다. 그러나 이 같은 첫 번째 문제는 레티 러셀(Letty M. Russell)의 '하나님의 선교'(Missio Dei) 신학에 기초한 증인공동체(witness community) 이론으로 극복되었다. 여기서 하나님의 선교란 모든 인간을 회복하시려는 하나님의 뜻으로서 이것은 인간의 교육이나 신앙의 논의보다 우선적인 가치이다.[193] 또한 증인공동체란 이러한 하나님의 선교를 증언하기 위

---

192) John H. Westerhoff III, 「살아있는 신앙공동체」, 김일환 역(서울: 보이스사, 1992), 123.
193) Letty M. Russell, 「기독교교육의 새 전망」 정웅섭 역(서울: 대한기독교서회, 1972), 40.

해 부름 받은 공동체이다. 따라서 러셀의 하나님의 선교 신학에 기초한 증인공동체 이론은 넬슨이 주장하는 신앙의 형성과 전달이 이루어지는 신앙공동체에서는 무시되었던 역사적 현실과 세계를 중요한 교육의 장으로 포함하고 있다는 것이 특징이다. 두 번째 문제, 즉 기독교신앙의 전달만을 강조하고 변형의 측면은 무시되고 있다는 한계는 1970년대 후반 토마스 그룹과 같은 학자들의 해석학적 접근에 의거한 공동체 이론으로 극복되었다.

토마스 그룹(Thomas. H. Groome)은 다원화된 사회 문화의 배경 속에서 기독교인이 취해야 할 행동양식을 성찰해 보고 전통적으로 전수되어 온 규범적인 행동양식의 옳고 그름을 성경과 연결시켜 밝혀 보기 위해서 해석학의 공헌을 적극적으로 인정하고 이의 도움을 얻어 기독교교육에 적용하였다. 그룹은 하버마스(J. Habermas)의 비판적 해석학을 수용하여 기독교의 전통(기독교의 이야기와 비전)과 우리들의 삶의 현재(우리들의 이야기와 비전)의 해석 사이의 변증적 대화를 시도하는 나눔의 프락시스(Shared Praxis) 개념을 도출시키고 이를 중심으로 하는 교육모델을 제시하였다. 그룹은 바람직한 기독교신앙을 위하여 신앙공동체 안에서의 사회화 과정을 수용하나 넬슨의 경우처럼 공동체의 신앙을 답습하듯 사회화하는 것이 아니고, 비평적 성찰을 통한 사회화 과정을 주장한다. 또한 신앙성숙에 대해 넬슨이 신앙공동체 안에서 종교적 경험을 통해 성숙의 과정을 겪는 것으로 이해한 반면, 그룹은 비평적 성찰을 통한 변증적 해석을 통해 신앙성숙을 이룬다고 말한다. 이때의 변증적 해석과정을 통해 공동체의 구성원들은 사회화되고 또한 그 공동체를 변혁시켜 나가게 된다는 것이다. 그룹에게 있어서 신앙공동체의 궁극적인 목적은 하나님나라에 있다. 이상에서 그룹의 신앙공동체를 정리하면 신앙은 기독교전통을 무비판적으로 답습하여 형성되는 것이 아니고 비평적 성찰을 통한 변증적 관계에서 전달되고 변형되어 가는 것이라고 할 수 있다.

마지막으로 도날드 밀러(Donald Eugene Miller)의 교육론을 정리하면 다음과 같다. 레티 러셀이 하나님의 선교의 신학에 기초하여 증인공동체 교육론을 제시하여 기독교교육의 장을 신앙의 범주 안에 두었던 신앙공동체를 넘어 하나님의 선교의 장인 세계와 역사적 현실에까지 확대하였다면, 밀러는 하나님의 이야기의 공통된 정신인 사랑과 용서가 존재하는 모든 곳은 기독교교육의 장이 된다는 세계적 공동체 교육론을 제시하였다. 즉 하나님의 사랑과 용서가 있는 곳이라면 모두 신앙공동체가 된다고 할 수 있다. 그렇다면 작은 그룹이나 집단, 가정, 교회, 국가, 세계 그리고 우주적인 공동체가 모두 신앙공동체가 되는 것이다. 이 같은 주장은 러셀과 마찬가지로 공동체를 신앙의 범주를 넘어서 세계로 확대하고 있는 것이다. 또한 밀러는 세계적 공동체를 통한 세계 참여의 교육, 곧 세계적 참여를 통한 하나님나라의 도래를 구현하는 것을 기독교교육의 목적으로 제시하고 있는데, 여기서 세계적 참여는 기독교이야기에 대한 인식, 그로 인한 선교에의 참여, 그리고 나아가 공적인 증거로까지 발전하는 것이며, 그 속에는 현대기독교교육 이론의 목적이 되는 영성, 상상, 변형, 샬롬 및 제자됨이 포함되며 또한 전승화, 교회성장 및 공교육이 포함된다.[194]

이상에서 넬슨과 그룹 그리고 밀러의 신앙공동체 교육론에 대해 교육신학적 이해를 근거하여 정리하였다. 이제 이것을 기초로 기독교대안학교의 신앙공동체성에 대하여 논의하겠다.

인간은 삼위일체 하나님의 공동체적인 형상으로 창조되어 본질적으로

---

194) Donald E. Miller, Story and Context : An Introduction to Christian Education, 91.

공동체성을 가진 존재이기에, 그리고 하나님이 공동체를 원하시기에 기독교교육은 신앙공동체 중심이어야 하며, 기독교대안학교 역시 신앙공동체 중심이어야 한다. 즉, 대안학교가 기독교성을 갖고자 한다면 대안학교는 신앙공동체 중심이 될 수밖에 없다는 것이다. 또한 기독교대안학교는 고유의 전문성을 가진 교육기관이라 할지라도 그 자체가 교회요 신앙공동체가 되기 때문이다. 앞 장에서 김희자는 기독교학교는 신앙공동체로서의 탁월성을 향하여 부단히 노력하여야 한다는 것과 박상진은 기독교학교는 공동체적이어야 한다는 것을 밝힌 바 있다. 특히 박상진은 기독교학교는 모든 구성원들이 그리스도를 머리로 하는 한 몸과 같아서 이사장, 교장, 교목, 교사, 학생, 학부모 등이 유기적 관계를 맺고 더불어 신앙공동체를 이루어가야 한다고 주장하고 있다.

그렇다면 기독교대안학교의 신앙공동체성은 어떠한 성격을 갖는가. 우선 기독교대안학교는 넬슨의 주장처럼 회중중심의 신앙공동체가 되어야 한다. 여기서 회중이라 함은 학교 구성원 간의 지속적인 교제와 공동체의 계획이나 활동에 적극 참여하여 상호작용으로 협력관계를 형성하고 있는 교사, 학생, 학부모 그리고 학교의 행정실 직원을 비롯한 모든 학교 구성원들을 말한다. 또한 이러한 회중중심의 신앙공동체란 모든 학교 구성원들이 자신의 삶의 정황 속에서 예수 그리스도를 경험하여 자신에게 주어진 사명을 완수하기 위해 함께 참여하는 그리스도의 인격공동체를 말한다. 따라서 기독교대안학교는 구성원 모두가 모든 교육활동에 함께 참여함으로 예수 그리스도를 경험하고 그 가운데 하나님께로부터 받은 각자의 사명을 완수해가는 신앙공동체가 되어야 한다.

또한 기독교대안학교는 그룸의 주장처럼 하나님나라를 이루어가는 신앙공동체가 되어야 한다. 그룸에게 있어서 신앙공동체는 나눔의 프락시스가 즉시 일어나는 집단 그 자체를 의미하지만 더 나아가서는 어떤 특정 영역과 상관없이 하나님의 통치와 주권이 행사되는 곳이라면 그곳이 바로 하나님나라로 신앙공동체가 된다. 따라서 기독교대안학교는 과거와 미래를 현재 안에 통합하는 통시적 관점에서 이해되는 시간 안에 놓여 있으며 완전한 하나님나라를 지향해 가는 공동체가 되어야 한다. 특별히 나눔의 프락시스가 일어나는 신앙공동체가 되어야 한다.

마지막으로 기독교대안학교는 밀러의 주장처럼 세계적 공동체가 되어야 한다. 밀러가 말하고 있는 세계적 공동체란 하나님의 용서와 사랑이 존재하는 곳이라면 어디든 신앙공동체가 된다는 것으로서 이것은 신앙공동체가 신앙의 범주를 넘어 세계로 확대되고 있음을 발견할 수 있다. 기독교대안학교가 세계적 공동체가 된다는 것은 이미 그리스도를 구주로 영접한 사람 뿐 만 아니라 앞으로 그럴 가능성이 있는 모든 사람까지를 기독교대안학교의 구성원으로 수용할 수 있다는 것을 의미한다. 또한 세계적 공동체로서의 기독교대안학교는 세계적 참여를 위한 준비의 장이 되어야 한다. 즉, 기독교이야기를 가지고 세계 선교에 참여하고 또한 기독교적 공적 가치로서 세계의 문화와 사상과 삶을 변화시켜 궁극적으로는 하나님나라를 실현해 갈 수 있는 사람들로 준비시키는 장이 되어야 한다.

이상을 정리하면, 기독교대안학교는 회중중심의 신앙공동체, 하나님나라를 지향하는 신앙공동체, 세계적 공동체를 통한 세계적 참여가 이루어지는 신앙공동체를 장으로 하는 학교라고 말할 수 있다.

2) 교육목표

넬슨과 그룸 그리고 밀러의 신앙공동체 이론에서 교육목표는 신앙이란 무엇이며, 신앙은 어떻게 형성되고 성숙되어 가는가라는 물음에 대한 응답에 있다고 할 수 있다. 따라서 이들이 주장하는 신앙에 대해 살펴볼 필요가 있다.

넬슨은 신앙이란 하나님과의 관계에서 그리고 다른 사람과의 관계에서 더욱 긴밀한 영적관계로 성숙되어 가는 상태이기 때문에 이러한 신앙은 공동체 내에서 상호관계를 통한 사회화 과정을 통해 전달되고 성숙되어 간다고 말한다. 그리고 그룹은 신앙이란 지적 승인으로서의 신앙, 정적 신뢰로의 신앙, 행함으로서의 신앙 등 세 차원이 있음을 지적하면서 이 세 차원의 신앙이 본질적으로 조화를 이룬 상태, 즉 바람직한 신앙은 신앙공동체 안에서의 사회화 과정을 통해서 가능하다는 것을 수용한다. 그룹은 또한 신앙에 대하여 전통적 신앙의 보존과 전달 뿐 아니라 각자의 현재적 삶으로 변형될 수 있어야 함을 강조하면서 그것은 비평적 성찰을 통한 변증적 해석을 통해 신앙이 성숙되고 변형된다고 하였다. 밀러 역시 신앙이란 인간이 하나님과의 관계에서 그리스도의 장성한 분량에까지 이르는 과정이라고 보면서 이러한 신앙은 신앙공동체 안에서의 상호작용을 통해 나타난다고 말한다. 그리고 밀러는 신앙공동체를 하나님의 사랑과 용서가 존재하는 모든 곳이라고 정의하여 신앙공동체를 세계적 공동체로 확대하고 있으며, 이러한 세계공동체에 참여하여 하나님의 사랑으로 개혁시키고 변형시키는 것이 기독교교육의 목적이라고 하였다.

이상에서 살펴본 바와 같이 넬슨과 그룹 그리고 밀러가 말하는 신앙이란 신앙공동체와 밀접한 관계를 가지고 있으며 신앙공동체를 떠나서는 이해될 수 없음을 증거하고 있다. 따라서 기독교대안학교의 교육목표의 초점은 모든 교육활동에 있어서 우선 신앙공동체를 세우고, 기독교적 삶의 스타일을 공유하며, 학교공동체로부터 세계적 공동체에 참여하여 자신과 이웃과 세상을 변형시켜 가는 것에 두어야 할 것이다.

3) 교육내용

기독교대안학교가 신앙공동체가 되기 위해서는 밀러의 지적처럼 기독교대안학교 안에 세 가지 요소들 즉, 공통된 이야기, 공통된 정신, 공통된 충성이 존재해야만 한다. 여기서 공통된 이야기란 누구든지 그리스도 안에 거하면 새로운 존재가 된다는 이야기이며, 공통된 정신은 하나님의 사랑을 말하며, 공통된 충성이란 하나님의 용서하심에 대한 신앙공동체의 충성을 말한다. 이러한 세 요소는 기독교대안학교가 신앙공동체로서의 학교가 되기 위해 의도적이든 비의도적이든 간에 교육되어야할 내용들이다. 이 세 요소는 모든 교과목과 교육활동에서도 드러나야 할 요소들이다.

넬슨과 그룹 그리고 밀러는 신앙공동체의 교육내용에 있어서 성경을 가장 중요한 자료로 삼고 있다. 성경에 대하여 넬슨은 공동체에 의해 신앙이 전달되었다는 것을 언급해 놓은 책이라고 했으며, 그룹은 인간에 대한 하나님의 계시와 그에 대한 인간의 응답에 관한 이야기라고 했다. 또한 밀러는 과거 신앙공동체에 역사하셨던 하나님의 방식에 관한 이야기라고 했다.

또한 이들은 성경뿐만 아니라 신앙공동체의 신앙 전승과 신앙 형성과정에서 있었던 신앙의 응답행위, 삶의 양식, 성례전, 상징물 등과 같은 기독교전통과 자료, 곧 기독교이야기가 될 수 있는 모든 것을 교육내용으로서의 가치로 인정하고 있다. 뿐만 아니라 구성원들의 현재의 정황에 관한 이야기들도 포함된다. 이러한 기독교이야기는 신앙공동체의 과거와 현재 그리고 미래에 관한 하나님의 뜻을 이해하는데 중요한 자료가 되며, 서로 다른 언어 및 전통을 가진 공동체의 구성원들을 결속시켜 주고, 나아가 과거와 미래를 연결시켜 주는 고리가 되기에 중요한 교육내용이 된다. 밀러는 한걸음 더 나아가 기독교의 사랑과 정의와 같은 공적가치로서 오늘날의 다원주의, 도시화, 과학기술, 빈곤, 군국주의, 세계적 상호의존과 같은 환경에 대응하여 그것들을 변형시킬 수 있어야 한다고 말한다.

그러나 종교의 사회화를 통해 신앙이 전달된다고 할 때, 기독교적 삶의 스타일과 문화를 만들고 전달하는 것은 성인으로부터 출발하기 때문에 무엇보다 우선적으로 성인교육, 교사훈련이 필요함을 역설하고 있다. 또한 이들은 신앙의 형성과 변형에 있어서 가장 훌륭한 교사는 성령이심을 인정하고 있다. 이들은 성령을 통한 종교적 경험이 신앙성숙의 출발점이라고 말하고 있다.

이상에서 살펴본 바와 같이 넬슨과 그룹 그리고 밀러는 신앙의 형성과 성숙을 위하여 성경과 기독교이야기를 강조하고 있음을 볼 수 있다. 또한 하나님과 이웃과의 관계에서 일어나는 공동체적 삶 그 자체, 곧 기독교전통이 신앙교육의 중요한 내용이 된다는 것을 알았다. 따라서 기독교대안학교의 교육내용에는 학교공동체를 통하여 신앙이 전달되고 성숙될 수 있는 모든 요소들, 즉 성경과 기독교의 전통과 이야기, 학교 구성원들의 삶의 이야기, 기독교적 삶의 스타일과 문화 등이 포함되어야 하며, 모든 교과목과 교육활동은 기독교적 공적가치를 정립하고 실천하는 방편이 되도록 해야 한다. 또한 종교 사회화를 위해 계속적으로 교사들을 교육하도록 하고 모든 상황에서 성령을 통한 종교적 경험이 일어나도록 계획되어야 한다.

4) 교육방법

넬슨은 기독교신앙은 회중 안에서 형성되고 유지되며, 풍요롭게 되고 때로는 변형된다고 한다. 다시 말해서 신앙이란 신앙공동체의 회중 안에서 상호교류의 과정 즉 사회화 과정을 통해서만이 형성된다는 것이다. 또한 신앙의 전달은 지금까지 신앙의 체계를 명확하게 해주는 정신을 통한 전달, 회심적 경험을 통한 전달, 관찰하고 지각하고 판단하는 자아를 통한 전달 그리고 구속공동체인 동시에 죄인공동체가 되는 교회를 통해 전달되는 것으로 이해되어 왔으나 이러한 전달은 각각의 특징과 더불어 제한점을 가지고 있다고 보았으며, 그러한 제한점들을 극복하기 위해 신앙공동체를 통한 전달을 주장하였다. 즉, 예배와 교제와 성경탐구와 봉사 그리고 각자가 직면한 세상의 문제에 대한 서로의 나눔의 과정을 통하여 삶 속에서 신앙이 형성되고 전달된다는 것이다. 또한 공동체를 통해 형성된 신앙은 종교적 경험을 통하여 성숙되어 간다고 한다. 다시 말해서 공동체의 신앙적 삶 속에서 하나님의 현현에 대한 개인적이고 또한 공동체적으로 경험함으로 신앙이 성숙되어 간다는 것이다. 여기서 우리는 넬슨이 주장하는 신앙전달의 방법은 신앙공동체를 통한 방법, 상호작용에 의한 방법이라는 것을 알 수 있다.

그룹은 생명력 있는 신앙의 형성과 발달을 위한 교육방법으로 나눔의 프락시스(Shared Praxis) 모델을 제시하였다. 이 방법은 우리의 이야기와 비전 그리고 기독교의 이야기와 전통 사이에 비평적 성찰을 통한 변증법적 해석과정에 대화적 관계로 참여함으로 기독교적인 삶을 살도록 하는 방법이다. 이러한 나눔의 프락시스를 구성하고 있는 다섯 가지 요소로는 첫째는 과거 현재 미래가 함축적으로 내포되어 있는 신앙공동체의 현재 행위, 둘째는 비평적 이성과 비평적 기억 그리고 창조적 상상력을 동원하는 비평적 성찰, 셋째는 공동체 구성원 상호간의 대화, 넷째는 성경과 기독교전통을 모두 포함하고 있는 기독교이야기, 다섯째로는 하나님의 부르심에 대한 응답인 기독교 비전 등이 있다. 이와 같은 다섯 가지 요소들이 신앙공동체 내에서 역동적으로 작용할 때 사람들은 자신의 삶을 비평적으로 성찰할 수 있고 다시 이것을 기독교이야기와 비전에 비추어서 하나님의 통치를 향한 실천적 삶으로 나아가게 되는 것이다.

밀러는 교육방법으로 이야기 나누기를 제시하고 있다. 이야기 나누기란 성경에 기록된 과거 신앙공동체에 자신을 계시하셨던 하나님의 방식에 관한 이야기와 현재의 신앙공동체의 이야기 간에 상호작용을 하는 것을 말한다. 밀러는 이러한 상호작용을 통해 현재의 다양한 삶의 상황에 대한 하나님의 뜻을 발견할 수 있게 되며, 나아가 미래공동체를 향한 순종과 희망의 과정으로 이끌리게 된다고 하였다. 밀러가 제시하는 또 하나의 교육방법으로는 이야기의 생활화가 있다. 이야기의 생활화란 이야기 나누기를 통하여 얻은 통찰을 공동체와의 관계 속에서 확대해 가는 것을 말한다. 이러한 과정에는 세계공동체까지 나아가 결국 세계공동체를 화해시킴으로 하나님의 능력에 대한 이야기와 보다 깊은 관련을 가질 수 있도록 하는 것이다.

이상에서 살펴본 바와 같이 넬슨과 그룸 그리고 밀러가 제시하는 교육방법의 공통점은 신앙공동체를 통한 상호작용과 같은 이야기 나누기 방법과 이야기의 생활화 방법이라고 할 수 있다. 따라서 기독교대안학교에서의 교육방법에는 학교공동체 안에서의 끊임없는 상호작용을 통한 이야기 나누기 방법과 삶으로 실천하는 이야기의 생활화 방법이 포함되어야 한다. 그러나 이러한 이야기 나누기와 이야기의 생활화가 가능하기 위해서는 우선 학교공동체 내에 기독교이야기, 즉 성경말씀과 성례전 그리고 기독교 전통인 다양한 기독교 문화들이 풍성하게 제공되어야 한다. 또한 이러한 기독교이야기들이 학교 구성원들이 경험하고 있는 다양한 현재적 삶의 정황들인 이야기와 그리고 비전들과의 관계에서 상호 비평적 성찰을 통한 변증적 해석의 과정에서 상호 작용할 수 있도록 배려해야 한다. 뿐만 아니라 이와 같은 이야기 나누기를 통해 얻은 통찰들을 가지고 학교공동체와 세계공동체에 참여하여 이야기를 생활화함으로 세상을 하나님 나라로 변화시켜 갈 수 있도록 구성되어야 한다. 또한 모든 교과목과 교육활동에 있어서도 각 교과목이 가지고 있는 특징들이 기독교와 관련하여 어떤 의미를 가지고 있으며, 또한 기독교신앙과 어떻게 연결될 수 있는지를 이야기 나누기 방법에 의해 해석되어야 한다. 이때 얻은 통찰들은 이야기의 생활화를 위해 유용한 도구가 될 것이다.

위와 같은 방법들을 통하여 기독교신앙은 학교공동체를 통하여 자연스럽게 형성되고 전달되며 성숙되어 갈 것이고, 더욱 생명력을 갖게 될 것이다.

2장. 기독교대안학교 사례 분석

examination

2장. 기독교대안학교 사례 분석

지금까지 진행하여 온 기독교대안학교에 대한 신앙공동체적 접근에 근거하여 본 장에서는 현재 운영되고 있는 국내외 기독교대안학교들의 사례를 소개하고 분석해 보고자 한다.

1. 국내 기독교대안학교 사례

1) 사사학교

(1) 사사학교의 학교운영
① 설립이념
a. 학교소개

전화번호	041)751-4491~3
홈페이지	www.sasaschool.net
우편주소	충남 금산군 남일면 신정리 407-2

설립주체	개인(전겸도 목사)
설립년도	2003

b. 설립배경

'사사(士師)'는 이스라엘의 역사에서 위기의 시대에 하나님이 선택한 이스라엘의 지도자였다. 현재의 한국교회를 영적 위기의 시대로 규정하고 바로 그 사사와 같은 지도자를 배출하기 위하여 사사학교는 전겸도 목사에 의해 설립되었다.

1996년 대전 도원장로교회를 담임하고 있던 전겸도 목사는 사사학교를 세우기 위하여 교회를 사임하고 2001년 사사학교 설립위원회를 발족했다. 2003년 3명으로 시작한 학교는 꾸준히 성장하여 2008년 현재 중고등학생 123명이 수학하고 있고, 2005년에는 충남 금산군 남일면 신정리의 총 22,000여 평의 부지에 학습관, 생활관, 강당, 강의실, 교사숙소 등 8개 동의 건물을 짓고 이주하여 새롭게 도약하며 발전하고 있다.

학교 설립자이자 교장인 전겸도 목사는 학교 설립배경에 대해 다음과 같이 이야기한다.[195]

> 나의 의지와는 상관없이 전적 하나님이 계획하셨고 또 그분이 운영하고 계십니다. 사람들은 좋은 대학 가서 출세하면 그것이 하나님영광이라고 생각하는 것 같습니다. 좋은 대학 가서 출세하는 것은 일반인들의 소원인데, 기독인들도 똑같이 생각하는 것이지요. 그러나 그건 아니라고 봅니다. 모든 것을 주님위해 바치는 것 이것이 신앙교육의 목적입니다. 이렇게 될 수 있습니다. 시간이 지나면서 이런 것을 더욱 느낍니다. 이것이 사사학교가 태동된 동기입니다.

---

195) 2008년 5월 1일, 전겸도 목사와의 면담 중에서

전겸도 목사는 이러한 설립 동기를 가질 수밖에 없었던 자신의 신앙체험담을 들려주었다. 하나님께서 이 사사학교의 비전을 이루시기 위하여 순교자와 목사의 집안에서 태어나 어릴 때부터 철저한 말씀에 기초한 신앙생활을 하게하셨고, 6.25때는 신앙을 지키기 위해 월남하게 하셨다고 한다. 또한 학창시절에는 기억력을 중심으로 하는 현대교육원리에 적응하지 못하고 학습능력이 현저히 떨어져 있을 때 하나님의 원리인 질문법을 자연스레 터득하게 하셔서 탁월한 학습능력을 나타내게 하셨다고 한다. 그 결과로 명문고등학교에 입학하였으나 대학입시를 앞두고는 마태복음 6장 31절의 '너희는 무엇을 먹을까 입을까 마실까 염려하지 말라'는 말씀으로 확신을 주시면서 '무엇을 먹을까'를 위해 대학가는 것 대신 '철학이 있는 기업'이라는 목표를 걸고 사업을 시작하게 하셨지만 온갖 병으로 폐인이 되었다고 한다. 이 때 찾은 한 기도원에서의 3년에 걸친 사투는 온갖 신비한 체험을 통해 하나님만을 의지하게 만드셨고, 드디어 40대에 신학을 하게 되었다고 한다. 그러나 첫 부임지였던 대전의 한 교회에서의 목회는 3년 동안 열매가 없는 기적 아닌 기적을 경험하게 되는데, 이 때 있었던 청소년들을 바라보며 한 영혼의 귀중함에 대해 눈물을 흘리게 하셨던 하나님은 '21세기, 걷잡을 수 없는 위기의 때를 위해 내 사람을 준비하라'는 음성을 들려주셨다고 한다. 이 말씀에 순종하여 이때부터 사람들을 제대로 교육하여 하나님의 사람으로 키우기로 결심하였다고 한다. 전겸도 목사는 이러한 신앙의 여정을 통해 사사학교를 세우셨고, 사사교육원리를 터득하게 하셨으며, 학교의 비전을 품게 하신 분이 하나님이심을 고백하고 있다.

사사학교는 2003년부터 '사사학교 비전 2020'을 시작했다. 이 계획은 하나님께서 21세기의 사사로 부르신 사람들을 찾아내어 시대를 이끌 각 분야의 지도자로 육성하며 하나님의 뜻을 이루는 '변혁자'로 세우고 위함이다.[196] 즉, 2020년까지 하나님의 사사 10만 명을 양성하고 나아가 한국과 전 세계에 사사교육의 원리를 통해 변화와 성숙을 추구하는 1,000개의 학습공동체를 세우겠다는 것이다. 또한 기독 인재 양성에 뜻을 두고 사사교육원리를 실행할 교사 1만여 명을 양성하겠다는 계획이다. 전겸도 목사는 영성, 실력, 섬김의 리더십을 지닌 인재로 키우는 사사교육, 사사교육원리를 더욱 체계화해 나갈 것이며, 이 원리와 사역의 노하우를 희망하는 방과 후 학교와 전일제학교들과 공유할 계획이라고 한다. 사사교육이 교회뿐만 아니라 일반교육에까지 영향을 끼치기를 희망하면서 앞으로 10여년 지나면 세상과 교회들이 '사사학교'를 주목하게 될 것이라고 말한다.

이상의 내용을 정리하면, 사사학교는 전겸도 목사의 영적 체험과 하나님의 소명에 따라 진정한 교육은 출세지향이 아닌 하나님의 사람을 키우는 것이라는 사명감으로부터 태동되었으며, 이 시대의 영적 위기를 구할 사사를 찾아내어 사사교육을 통해 영성과 실력과 섬김의 리더십을 지닌 하나님의 인재를 양성하고 더 나아가 세상을 변혁시키는 변혁자로 세우기 위하여 설립되었다.

c. 설립이념

사사학교의 설립이념과 그 이념에 따른 추구하는 인간상은 사사교육헌장에 잘 나타나있다. 사사교육헌장의 내용을 요약하면 다음과 같다.[197]

하나님이 천지를 아름답게 창조하셨으나 타락한 인간의 욕망으로 인해 오염되고 파괴되어 가고 있다. 과학과 문명의 발달로 풍요로운 물질을 제공받지만 참 인간의 모습은 점점 상실되어 간다. 특히 21세기를 맞이하여

---

196) 크리스찬투데이 라이프, 2006년 11월 30일자.
197) 사사학교,「2008-2009 사사학교요람」(2008), 34.

정치, 경제, 사회, 가정, 교육, 도덕 그리고 신앙까지 모든 분야는 총체적 위기를 겪고 있다. 이제 우리는 주님의 명령에 따라 첫째, 예수 그리스도를 통한 생명 구원의 전도와 둘째, 교육 즉 주님의 제자화에 혼신의 힘을 쏟아야 한다. 교육이란 하나님의 형상을 회복하는 것이며, 하나님이 창조하신 본래적 인간의 7가지 구조인 성(聖), 애(愛), 덕(德), 지(知), 정(情), 미(美), 체(體)를 건강하게 세우는 것이다. 일곱 가치를 지닌 사람은 '하나님-세계-인간'의 관계에서 통전적인 삶을 살아가면서 하나님을 기쁘시게 하는 이 시대의 사사(士師)와도 같은 사람이다. 사사교육은 단지 지식-기술-과학-정보화 사회에 필요한 사람을 키우는 것 뿐 아니라, 건강하고 가치있고 보람 있고 행복한 사람으로 살아가며, 이웃과 세계와 더불어 살며, 하나님이 보시기에 아름다운 세상을 일구어가게 하는 교육이다.

이상의 내용을 통하여 볼 때, 사사학교의 교육이념은 현재 닥친 경제, 과학, 교육, 신앙 등의 위기는 궁극적으로는 사람의 문제이며 사람의 문제는 결국 참 지도자가 없음의 문제임을 직시하고 각 분야에서 바른 가치관과 기독교신앙으로 선도해 갈 기독인재를 양성하는 것이 미래의 소망이 됨을 드러내고 있다.

d. 사사교육원리

사사학교의 사사교육원리는 인간의 본질적 구조인 일곱 가치를 기초로 만들어진 12원리로 구성되어 있다. 일곱 가지 가치가 원리에도 잘 반영되어 있는 것을 볼 수 있다. 사사교육원리는 다음과 같다.[198]

---

[198] 사사입체통전적 성경해석연구원, 「평면 속에 있는 말씀을 입체적으로 끌어내자」 (사사입체통전적 성경해석시리즈1, 2008), 3-4.

사사교육헌장(STATEMENT OF SASA EDUCATION)에 따라 우리들은 하나님 사람들을 찾아 통전적인 "바로 그 인간"을 세우고자 한다. "바로 그 인간"은 하나님이 창조하신 인간의 구조 및 구성 요소에 따라 靈-聖, 愛, 德, 智, 情, 美, 建-體의 일곱 가치를 건강하게 지녀야 한다. 이러한 사람은 "하나님-세계-인간"과 관계적인 사람을 말한다. 즉, 아래와 같은 하나님(1-3), 세계(4-6), 인간(7-10), 사명과 고백(11-12)의 12가지 사사교육원리(The Principles of SASA Education)를 통하여 이 시대의 사사(士師)로 세우고자 한다.

1원리-하나님을 인정하고 하나님 믿음으로 시작하는 교육이다.
　　　하나님이 천지를 창조하셨다(창1:1)는 신앙고백으로 출발하는 교육이다.
2원리-하나님의 뜻을 알아 가는 교육이다.
　　　하나님의 음성과 메시지를 듣고, 하나님의 뜻을 알아가는 교육이다(엡1:17-19).
3원리-하나님의 영광과 하나님께 기쁨을 드리는 교육이다.
　　　하나님의 뜻을 이루어 하나님을 기쁘시게 하며 여호와 하나님을 영화롭게 하는 교육이다(빌1:20-21,고전 10:31).
4원리-하나님이 창조한 세계를 아름답게 하는 교육이다.
　　　하나님이 보시기에 아름다운 창조질서를 보존하는 교육이다(창1:31). 인간의 욕심에 의한 세계의 정복과 착취가 아니라 하나님의 질서에 따라 더불어 살아가는 교육이다.
5원리-세계의 현장을 경험하며 알아가는 교육이다.
　　　세계의 역사, 문화, 철학, 과학, 예술, 기술… 등에 관하여 지식과 정보는 물론 이해, 분석, 해석을 할 수 있는 힘을 기르며,

세계의 여러 상황을 경험하여 실제적 능력과 실력을 키우는 교육이다(다니엘 1:17).

6원리-세계를 섬기고 봉사하고 무너진 데를 세우는 교육이다.

우리에게 주어진 세계는 그 속에서 성공하고 군림하는 대상이 아니라, 세계를 섬기고 봉사 하고 더불어 살아가는 교육이다. 곳곳마다 황폐된 곳을 수축하며, 문제와 위기의 속에서 빛과 소금이 되는 변혁자로 살아가게 하기 위함이다(마 5:13-14, 이사야 58:12).

7원리-하나님으로 부여받은 생명과 은사를 존중히 여기는 교육이다.

많고 많은 사람 중에 한 사람이 아니라, 태어날 때 하나님으로부터 고귀한 생명을 받았으며, 특별하고 독특하게 부여받은 은사가 있음을 인정하고 자신의 자아를 발견하고 VISION과 연결하며 살아가야 할 목적의 교육이다(딤전 4:14-16, 고전12:31, 벧전2:9).

8원리-하나님 형상을 회복하며, 통전적인 한 인간의 가치를 높이는 교육이다.(창1:26-27, 창2:7).

경영적인 마인드를 가지고 투쟁적이고 경쟁적 우위를 갖기 위한 교육이 아니라, 타락하여 이지러지고 파괴된 하나님 형상을 회복하며, 인간 구성 요소의 7 개의 가치를 높이는 가치교육이며, 기독교세계관을 가진 전인적인 한 인간을 올바로 세우는 통전적인 교육이다.

9원리-doing 중심에서 being 중심의 교육이며 becoming의 교육이다.

사랑, 정직, 신실… 등의 일을 하는 사람이 아니라, 사랑, 정

직, 신실한… 사람이 되는 것이다. 그리스도의 인격을 바라보
며 계속 되어져 가는 것이다(엡 4:13-15).
10원리-자기중심 교육이 아니라, 관계중심 교육이다(엡4:16).
자기 개발, 자기만족, 자기중심적인 교육이 아니라, "(나-너-
우리)-세계-하나님"의 더불어 관계 중심을 우선으로 하는
교육이다. "All for one, One for all"
11원리-하나님의 뜻을 이루고 하나님나라를 이루어가는 교육이다.
개인이나 집단의 성공이나 성취 그리고 소유나 지배 지향적
인 교육이 아니라 궁극적으로 하나님의 뜻의 실현이며, 하
님나라의 확장 교육이다(마태 6:33, 막 10:45).
12원리-교육적인 한계는 1/3 설을 고백하는 것이다.
모든 능력을 발휘하고 최선을 다하여 학생을 변화와 성숙을
시킨다 할지라도, 인간이 할 수 있는 교육적 한계는 1/3임을
겸손히 고백하는 교육이다. 오직 하나님만이 인간을 인간답
게 할 수 있다는 고백이다.

위의 내용을 통해 볼 때, 사사교육원리는 인간의 일곱 가치인 성(聖), 애(愛), 덕(德), 지(知), 정(情), 미(美), 체(體)가 "하나님-세계-인간"의 관계 속에서 하나님(1-3원리), 세계(4-6원리), 인간(7-10원리), 사명과 고백(11-12원리)으로 연결되어 잘 진술되고 있음을 볼 수 있다. 교육원리가 체계적으로 잘 조직되어 있는 것과 개인 구원의 차원을 넘어 세계로 확대되고 있으며, 특히 관계적으로 원리를 풀어가고 있음이 이 학교의 특징이자 훌륭한 점이라고 평가할 수 있다.

e. 교육의 목적과 목표

사사학교의 교육목적은 하나님이 이 시대에 사사와 같이 보낸 하나님의 사람들을 찾고, 이들을 7개 가치관 교육을 통해 기독교세계관을 갖게 하여, 미래 각 분야의 지도자로 키우고 세워서, 세상에 파송하여 각 분야에 참 지도자로 활동케 함으로서 하나님의 뜻을 이루며 하나님나라를 세우기 위함이다

사사학교의 교육목표는 인간 요소의 일곱 가지의 가치를 통해 다음과 같은 4개의 목표를 가진다.[199] 첫째, 영적인 사람으로 하나님과 교통하며 하나님께 합한 사람. 둘째, 인격적인 사람으로 바른 사람, 지도자의 덕목을 갖춘 사람. 셋째, 지도자의 능력을 갖춘 사람. 넷째, 헌신적이며 사명을 감당하는 사람 등이 그것이다.

위의 내용을 바탕으로 교육목적과 목표를 살펴보면, 성(聖), 애(愛), 덕(德), 지(知), 정(情), 미(美), 체(體)의 일곱 가치가 교육의 12원리를 토대로 신앙의 형성과 신앙의 성숙을 통한 하나님나라의 확장으로 진술되고 있음을 볼 수 있다. 교육목표가 개인적으로는 영적 체험을 통한 인격의 변화에까지 두고 있으며, 더 나아가 지도자의 능력을 갖추고 세계를 향한 사명감을 감당하는 사람으로 양육하는데 목적을 두고 있다.

f. 사사교육내용

사사학교의 교육내용은 하나님이 창조하신 인간 구성요소의 일곱 가치인 성(聖), 애(愛), 덕(德), 지(知), 정(情), 미(美), 체(體)를 기본으로 전제하고 있다. 일곱 가치를 이 세상을 살아갈 수 있게 하는 힘 곧 능력이라고 믿고 있다.

---

199) 사사학교,「2008-2009 사사학교요람」, 44-45.

인간의 일곱 가지 구성요소와 그에 따른 교육내용을 설명하면 다음과 같다.[200]

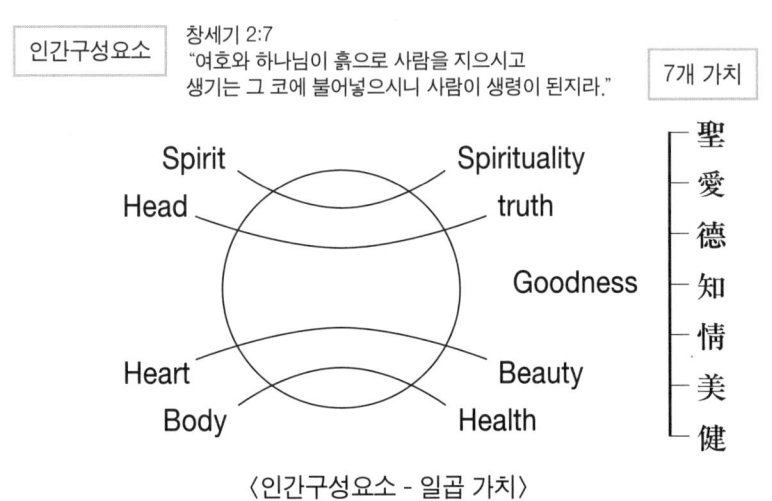

〈인간구성요소 - 일곱 가치〉

성(聖) - 영성이 있다는 말은 영적인 힘이 있다는 말이며 엘리야, 예레미야, 느헤미야, 바울 같은 사람들이 이러한 영적인 힘이 있었던 사람이라고 할 수 있다. 영적인 힘을 통해 나오는 가치는 거룩(聖)이다. 그러나 거룩은 인간의 도야(陶冶)를 통해 이를 수 있는 경지가 아니다. 하나님으로부터 인간에게 온 영적인 것으로부터 나오는 가치이다. 가치로서의 거룩과 영성은 사사학교가 나아가야 할 방향으로 보고 디자인 된 것이다.

---

200) 사사학교, 「2007사사학교요람」(2007), 13-20.

애(愛) - 사사학습에서 이야기하는 가치로서의 사랑은 신적(神的) 요소인 아가페적 사랑을 지향하고 있다. 이러한 사랑은 인간이 아무리 노력하고 애써도 도달하지 못하는 경지의 사랑이다. 이 사랑 또한 하나님으로부터 온 영적인 것으로부터 나오는 가치이다. 이러한 사랑의 가치가 있는 사람에게는 사랑의 힘이 있다. 사사학교의 교육과정은 이러한 사랑의 힘이 우리의 삶 속에 나타나도록 지원한다.

덕(德) - 덕은 인간이 스스로 쌓으며 얻을 수 있는 가치이다. 신앙인이 아니라도 인류의 많은 성인들이 가지고 있었던 가치이다. 이 덕의 가치는 사랑, 자비, 선, 절제, 용서, 관용, 인내, 온유… 등을 포함하고 있다. 그러나 영적인 힘으로 나오는 가치와는 차이가 있다. 예컨대 요셉이 자기를 팔았던 형들을 용서할 수 있었던 것은 그가 덕스러운 사람이었기 때문이라기보다는 믿음의 행위였다. 그러나 인간의 덕도 큰 위력을 발휘한다. 싸움을 하는 장수들은 크게 용장, 지장, 덕장으로 나눌 수 있다. 용장에는 항우, 장비… 등을 꼽을 수 있고, 지장으로는 제갈공명과 을지문덕을, 덕장으로서는 유비, 조지 워싱턴 같은 사람을 꼽을 수 있다. 그 중에서도 덕장들은 내재된 덕을 가지고 용장보다 더 큰 힘을 발휘하여 전쟁을 승리로 이끌었다.

지(知) - "아는 것이 힘이다"라는 말이 있듯이 아는 것 자체가 힘이다. 여기서 아는 것이란 단순한 지식이나 정보를 아는 것만이 아닌 종합적인 사고 능력을 말한다. 7가지 가치에서 추구하는 지적 힘은 언어(verbal) 독서(reading) 쓰기(writing) 기억력(memory), 집중력(concentration), 분석력(analysis), 조직력

(organization), 통찰력(insight), 기획력(planning), 창의력(creativity), 지도력(leadership), 주의력(attention) 등을 포괄하는 능력이다.

정(情) - 인간의 심리는 성격, 정서, 인지의 세 가지 영역으로 분류하여 사용하는 것이 기본이다. 그 동안 인간의 인지, 성격에 대하여는 많은 연구가 이루어져 왔으나 정서는 상대적으로 관심이 많이 떨어졌다고 볼 수 있다. 그러나 요즈음 정서에 관한 연구가 활발하게 이루어지고 정서가 인간에 미치는 영향이 크다는 사실이 점차 인정받고 있다. 정서는 우리의 삶에 올바로 그려내기 위해 설계된 하나님의 마음이다

미(美) - 아름다움이란 창조 질서의 법칙이다. 혼돈과 무질서에서 질서와 조화의 세상으로 바뀐 것이다. 예술의 궁극적 목적은 아름다움을 표현하는 것이다. 아름다움은 많은 사람들에게 감동과 영향력을 전하는 힘이 있기 때문이다. 인간의 제일 되는 목적은 하나님을 영원히 즐거워하며 기쁘시게 하는 것인데 인간존재는 영혼에서 울려나오는 것을 온갖 예술로 이를 이루기도 한다. 이러한 것들은 아름다움의 극치들이다. 이러한 아름다움은 개인의 삶이나 사회, 공동체에서 끊이지 않아야 한다

체(體) - 인간은 사는 날 동안 하나님이 주신 육체를 가지고 살아간다. 이 육체는 모든 것을 담는 그릇과 같다. "건강한 육체에 건강한 정신이 깃든다"는 말이 있듯이 건강한 육체가 건강한 정신, 마음, 생각, 영을 담고 살아갈 수 있다. 사사학습의 나머지 여섯 개의 가치는 건강한 육체를 통해 활동하고 실현

되고 표현되어진다. 따라서 우리 인간은 사는 날 동안 건강함을 유지시켜 나가는 힘이 있어야 한다.

위의 내용을 통해 알 수 있듯이 사사학교가 추구하는 일곱 가치는 교육과정의 원리로 사용되고 있다. 이 원리가 구체적으로 실현될 수 있도록 각 가치마다 교과과정을 편성하여 운영하는 것이다. 그렇다면 왜 꼭 가치는 일곱 가치여야 하는가, 또한 이 일곱 가치는 어디에서 왔는가하는 의문을 가질 수 있으나 전겸도 목사는 이것은 성경에서 말하고 있는 인간의 구성요소인 동시에 동양과 서양 그리고 고전과 현대를 아울러 교육학에서 말하는 가치들이라고 정리하였다.[201] 7개의 가치는 모두 중요하고 필요하며, 개별 가치마다 힘(power)이 실려 있다고 한다. 영적인 힘을 영력(靈力)이라 하고, 지적인 힘을 지력(知力)이라 하며, 육체적인 힘을 체력(體力)이라고 하는 것이 바로 그것이다. 따라서 사사학교는 한 가지 내지 몇 가지 가치에만 중점을 두지 않고 일곱 가치 모두를 아우르는 인간상을 그려내고 있다.

g. 사사강령

사사강령은 사사학교의 교육과 훈련에 있어 선서문과 같은 10가지의 서약문으로 아래와 같이 되어 있다.[202] 따라서 학생들은 모일 때마다 가슴에 손을 얹고 사사강령을 암송으로 서약하며 이를 위해 기도하고 있다.

1. 나는 내가 맡은 일에 열심을 다하는 사람이 되겠습니다(삼상16:11)

---

201) 2008년 5월 1일, 전겸도 교장과의 면담 중에서
202) 사사학교,「2008-2009 사사학교요람」, 3.

2. 나는 여호와의 신에 감동되어 사는 사람이 되겠습니다(삼상16:13)
3. 나는 나의 가정과 민족과 교회와 세계를 사랑하는 사람이 되겠습니다(삼상17:35)
4. 나는 여호와를 기쁘시게 하는 사람이 되겠습니다(삼상17:26)
5. 나는 사사훈련의 형제를 나의 생명같이 사랑하겠습니다(삼상18:3)
6. 나는 만군의 여호와의 이름을 의지하겠습니다(삼상17:45)
7. 나는 나의 잘못을 정직하게 시인하고, 회개하는 용기 있는 사람이 되겠습니다(삼하12:13)
8. 나는 여호와의 말씀을 따라 살겠습니다(삼하22:23)
9. 나는 여호와께 감사하며 여호와를 찬양하는 사람이 되겠습니다(삼하22:50)
10. 나는 하나님 마음에 합한 사람이 되겠습니다(삼상13:14, 행13:22)

사사강령이 만들어지게 된 동기는 1996년 2월 26일 1기 사사리더들의 동계훈련에서라고 한다. 당시 초등학생으로 구성된 사사리더들은 동계훈련 중 사무엘상/하에 소개되는 다윗을 중심으로 말씀을 묵상하게 되었고 곧 이어 이 말씀으로 강해할 때에 은혜에 감동되어 눈물을 흘리기도 하며 결단을 보였다고 한다. 동계훈련을 마치는 날, 사사리더들이 가장 감동 받은 10가지의 말씀을 선택하여 만든 것이 바로 오늘의 사사강령이 되었다고 한다. 이 사사강령 속에는 사사학교가 추구하는 인간상이 잘 표현되어 있고, 특히 현대에 있어서 사사(士師)의 의미를 잘 드러내고 있다.

② 교사임용과 복지
a. 교사선발 및 임용기준

사사학교는 교사의 90%가 학교에서 학생들과 숙식을 같이하고 있다. 주소까지 학교로 옮겨 놓았다고 한다. 교사들은 학교에서 숙식을 같이하면서 당직을 서게 되는데, 당직은 남교사와 여교사가 각각 1인씩 편성되며 주로 주번교사의 역할과 사감의 역할을 담당한다. 따라서 사사학교 교사가 되기 원하는 사람은 우선 이러한 공동체 생활을 같이할 수 있어야 한다. 일단 교사로 선발되면 1년의 인턴교사로 근무하면서 사사학교의 교사로서 적절한지를 점검받게 된다. 또한 사사학교 교사는 필수적으로 독서지도사교육을 받아야 한다. 홈페이지에서 소개하고 있는 2007년 인턴교사 모집 공고는 다음과 같다.[203]

07학년도 사사(士師)학교 인턴교사 모집

기독교 인재 양성의 요람 사사학교에서는 훌륭한 사람을 키우고 함께 세워나갈 2007학년도 〈인턴교사〉를 아래와 같이 모집합니다.

- 아 래 -

1. 모집기간 : 채용시까지

2. 모집대상 : 4년제 정규대학을 졸업한 신실한 기독교인
   - 〈사사독서지도사〉 과정 이수자
   - 〈중등교사 2급정교사〉 자격증소지자 우대.

3. 모집인원 : 분야별 00명(전공 관련 없이 지원 가능)
   ① 전공과목 교사(과목 시간만 근무 가능)
   ② 학습지도 교사(토요일 제외한 전일제 근무나 일부 인원 조정 근무 가능)
      - 모든 학습점검 및 동기부여 등의 학습관리/지도

---

203) 사사학교 홈페이지(http://www.sasaschool.net)- 인턴교사모집

4. 급여 : 1차 서류심사 후 2차 면접 시 안내해 드립니다.

5. 제출서류 : 각1부
 - 이력서
 - 자기소개서(지원동기 및 교육철학 포함)
 - 추천서(출석교회 담임목사님 혹은 대학교 지도교수님)
 - 반명함 사진2장
   ※ 이력서와 자기소개서를 이메일로 우선 접수 하시고, 사진 첨부가 가능하신 분은 이력서에 사진을 올려 주세요.(합격 시에 실제 사진을 제출합니다.)

6. 접수방법 : 우편접수 및 인터넷 접수
 - E-mail 주소 : hk81@nate.com
 - 우편주소 : (312-853) 충남 금산군 남일면 신정리 407-2.
   ※ 사사학교 교무행정실 행정담당 앞(전화 041-751-4491, 행정담당:황호경)

7. 선발절차
   ① 1차 서류심사(1차 합격자는 면담일정 개별 통화 후 결정)
   ② 2차 면접심사(가치관, 교육철학, 신앙정도, 경력, 달란트, 인성 등 평가)
   ③ 1차, 2차 심사 후 분야별 최종선발 발표(최종합격자는 개별통보 합니다.)

※ 사사학교 홈페이지를 방문하셔서 학교와 사사학교학생들의 학습과 생활을 둘러보시고 사사학교 교사로서 헌신하고 섬기기를 희망하는 분들의 많은 지원바랍니다.
   (*지원관련문의 : 018-408-1123 이천희 교감)

2006. 12. 4

기독인재 양성의 요람 사사학교장

b. 학교 구성원 수

2008.5.1일 현재 학생 123명, 상근교사30명, 강사14명, 행정요원5명, 식

당요원6명 등 총178명으로 구성되어 있다.[204] 외부강사는 예체능에 관한 18기, 피아노, 바이올린, 비올라, 첼로, 플롯, 클라리넷, 기타 등을 가르치는 선생님들이 한 주에 한 번씩 교내로 와서 학생들을 가르치고 있다. 악기레슨은 1인 1악기 연주를 목표로 하고 있기 때문에 모든 학생들이 악기레슨을 받아야하는데, 악기레슨은 매주 화요일 오후 7-9:30분까지 대전시립교향악단 단원들이 강사로 와서 레슨을 해주고 있다고 한다. 이렇게 배운 연주 솜씨는 한 학기에 한번 연주회를 가지며, 또한 외부에서 초청이 있는 경우에 가서 연주를 하는데, 이것은 학교 홍보차원에서라도 적극 참여하고 있다고 한다.

c. 학교의 재정

현재 사사학교는 정부의 지원 없이 학부모의 교육비로 운영되고 있다. 따라서 학부모의 재정 부담이 크다고 할 수 있다. 이것은 현재 우리나라의 대안학교들의 똑같은 상황이다. 그러나 현재까지 학교에 낼 돈이 없어서 학교를 그만둔 사례는 없다고 한다. 이것은 재정이 허락될 때 언제라도 낼 수 있도록 하는 학교 측의 배려가 있기 때문이다. 학교의 재정은 또한 후원자들을 통해 도움을 받는다. 매년 10월 말에서 11월 초에 사사의 밤을 개최하는데 이것은 일명 후원회의 밤이다. 서울과 대전에서 열리는 데 대략 1000여명이 참가하고 있으며, 이 후원회의 밤에는 기존후원자, 학부모, 학교교사, 학생들이 참여하게 되며 새롭게 후원회에 가입할 사람도 함께 참석한다. 그러나 아직 한국적 상황이 학교에 후원금을 낼 정도가 아니기에 현실적으로 후원금을 모금하는 것에 어려움이 있다고 한다.

---

204) 사사학교, 「2008-2009 사사학교요람」, 25-32.

또한 사사조각모음이라는 후원을 받고 있다.[205] 사사조각모음이란 사사장학 조각모음(사사학교 장학활동), 사사물품 조각모음(교육기자재 및 시설물 구입지원), 사사부지 조각모음(사사학교와 사사청소년문화원 부지지원), 사사건축 조각모음(사사학교와 사사청소년문화원 건축지원), 사사선교 조각모음(사회적 취약계층 사사교육활동 지원), 이삭줍기(저금통을 활용하여 사사교육 지원) 등과 같은 방법으로 후원을 받고 있는데 좋은 아이디어라고 생각하며 이렇게 모아진 후원금들이 현재 사사학교의 든든한 버팀목이 되고 있다고 한다.

d. 교사교육

사사교육의 이해를 위하고 학생들에게 새로운 학습원리인 독서교육법을 교육방법으로 활용하기 위하여 교사를 위한 '독서지도사 과정'이 개설되어 있다. 이 과정은 현재 사사학교의 교사 중에서 아직 이 과정을 이수하지 못한 자, 목회자, 교사, 학부모 그리고 방과후학교나 홈스쿨을 준비하고 있는 사람들을 대상으로 확대하여 운영되고 있다. 이 과정은 사사학교가 2020년까지 기독인재를 양성할 영성과 헌신 그리고 실력과 덕을 겸비한 1만 명의 교사를 양성할 계획 속에 진행되고 있다. 매주 월요일 오전 10시부터 오후 1시까지 진행되는 출석수업 과정과 인터넷을 활용한 온라인 과정이 있는데, 총 24강좌로 구성되어 있으며 6개월 과정이다.

독서지도사(사사교육이해과정) - 사사빌더의 24강좌 교육내용은 아래와 같다.[206]

---

205) 사사학교 홈페이지(http://www.sasaleader.org/)-사사후원회
206) 사사입체통전적 성경해석연구원, 85. 또한 사사학교 홈페이지(http:// www.sasaleader.org/)-공지사항의 "독서지도사 과정 안내" 참조.

〈표10〉 사사빌더의 24강좌 교육내용

	강좌 명		강좌 명
1강	공개강좌	13강	문단이란?
2강	교육의 위기와 대안1,2	14강	글쓰기의 목적1,2
3강	독서교육의 원리1,2	15강	글쓰기의 실제1,2
4강	독서계획1,2	16강	사설 상황 분석1,2
5강	독서감상문의 쓰기와 실제1,2	17강	마인드맵1,2
6강	시대별 패러다임1,2	18강	교사 부모론1,2
7강	지도자론1,2	19강	T.E.T1,2
8강	언어와 독서교육1,2	20강	독서기술1,2
9강	아동문학1	21강	소아독서법1,2,3
10강	아동문학2	22강	질문법과 교육1,2
11강	발달이론1	23강	소아질문법1
12강	발달이론2	24강	소아질문법2

24강좌가 다 끝나면 감상문 적기를 제출해야 한다. 이렇게 코스를 다 마친 사람에게 검정 시험을 실시하여 독서지도사 자격증을 자체적으로 수여하고 있다.

③ 학생선발

a. 입학을 위한 절차

사사학교는 현재 중·고등학교 과정을 운영하고 있으며, 예비과정으로 초등학교 과정을 운영하고 있다. 사사학교 초등과정은 사사리더스쿨이라는 이름으로 운영되고 있으며 인터넷으로 하는 온라인 과정이다. 리더스쿨은 년 2회 2기수씩 5월과 10월에 서류접수를 통해 선발하는데, 신실한 기독교인의 가정에서 자라 기독교적인 가치관으로 교육받기를 희망하는 3-6학년 학생을 대상으로 한다. 리더스쿨은 인터넷교육을 통해 말씀묵상,

독서, 삶, 영어라는 4가지 학습을 하며, 이들을 대상으로 방학을 이용하여 사사QT캠프, 사사리더십캠프, 사사글로벌비전캠프 등이 진행된다. 이 과정은 사사학교의 중학교를 입학할 수 있는 자격이 주어지기 때문에 사사학교를 들어가기 위해서는 반드시 이수해야 하는 과정이다.

또한 사사SBC과정을 운영하고 있는데, 이 과정은 사사리더스쿨은 수료하지 않았으나 중학교 입학을 원하는 학생들을 위한 사전 교육과정이다.[207] 이 과정은 방학을 이용하여 3주간 집중교육을 실시하고 수료한 학생들에게 편입학 자격을 수여하는 것이다. 그러나 이 과정으로 편입학한 학생들은 정상적으로 사사리더스쿨을 졸업하고 입학한 학생들보다 학교의 이해도나 적응력이 떨어지는 것으로 결과가 나타나고 있다고 한다.

사사학교의 입학을 위해서는 신앙의 가정에서 성장한 것이 매우 중요한 근거가 된다. 그 이유로 전겸도 목사는 기독교교육은 교회-학교-가정의 연계에서 출발하기 때문이라고 말한다. 그 다음 중요한 요건은 사사교육을 받기를 진정 원하고 있는가이다. 이것은 사사교육의 성패의 출발점이기 때문에 지원자와 학부모 모두가 구체적으로 지원동기로 밝혀야 한다.[208] 또한 부모는 자녀가 사사학교에 입학하는 것이 소위 자녀의 출세를 위함이 아닌 진정 이 시대에 하나님의 사사로 양육되기를 바라고 있는가의 문제이다. 어떤 부모는 자녀가 학년이 올라갈수록 불안하여 대학입시를 위한 교육을 해주었으면 하는 바램을 갖기도 하고, 심지어는 학교를 중퇴하고 일반 학교로 옮겨가거나 검정고시를 통해 대학을 준비한다고도 한다.

최종적으로는 지원자와 학부모를 함께 교장이 직접 면접을 실시하여 입

---

207) 사사입체통-전적 성경해석연구원, 45.
208) 사사학교, 「2008-2009 사사학교요람」, 142-147.

학을 결정한다고 한다. 학교 지원자가 소문을 듣고 최근 늘어나는 추세이나 전겸도 교장은 학교가 숫자적으로 팽창되는 것을 바라고 있지 않다. 그 같은 이유는 다수(majority)를 위한 교육이 아닌 소수집단(minority)을 위한 교육이 참교육이라는 그의 신념이 반영되고 있기 때문이다.

사사학교의 입학이 허가된 학생은 학교가 마련한 사사학교 선발캠프에 참여해야 한다. 학생과 학부모의 입학서약서와 2005년 사사학교 선발캠프는 아래와 같다.[209] 캠프를 통해서 강조하는 교육은 공동체훈련을 통해 공동체의식을 함양하고, 영어와 수학의 수준별 테스트와, 사사교육의 학습방법인 질문법에 대한 오리엔테이션을 하며, 사사학교의 일원으로서 학교생활을 어떻게 할 것인가에 대한 안내가 주를 이루고 있다.

입학서약서(학생)

1. 나는 사사학교의 학생이 된 것을 감사하게 생각합니다.
2. 나는 사사학교의 학생이 된 것을 자랑스럽게 생각합니다.
3. 나는 하나님의 사람으로 쓰임 받도록 준비하겠습니다.
4. 나는 나의 주어진 일에 성실함과 최선을 다하겠습니다.
5. 나는 오늘의 할 일을 내일로 미루지 않겠습니다.
6. 나는 인내하며 힘든 과정을 꾸준히 하겠습니다.
7. 나는 미래의 지도자로서의 꿈을 꾸겠습니다.
8. 나는 사사학교의 규칙과 질서를 따르겠습니다.
9. 나는 사사학교의 교장과 교사의 명령에 절대 복종하겠습니다.
10. 나는 사사리더로서의 신앙과 품격을 유지하겠습니다.

---

209) 사사학교, 「2008-2009 사사학교요람」, 118-119.

입학서약서(학부모)

1. 사사학교는 하나님을 인정하고 하나님 믿음으로 시작하는 교육임을 알고 자녀를 맡기겠습니다.
2. 사사학교는 하나님의 뜻을 이루어 하나님을 기쁘시게 하며, 여호와 하나님을 영화롭게 하는 교육임을 알고 자녀를 맡기겠습니다.
3. 사사학교는 세상 속에서 성공하고 군림하는 것을 가르치는 것이 아니라, 세계를 섬기고 봉사하는 데 목적이 있음을 알고 자녀를 맡기겠습니다.
4. 사사학교는 성, 애, 덕, 지, 정, 미, 체의 일곱 가지 가치를 높이는 가치교육이며, 기독교세계관을 가진 전인적인 한 인간을 올바로 세우는 통전적인 교육임을 알고 자녀를 맡기겠습니다.
5. 자기개발, 자기만족, 자기중심적인 교육이 아니라, '(나-너-우리)-세계-하나님'과 함께하는 관계중심적인 교육임을 알고 자녀를 맡기겠습니다.
6. 사사학교는 이 시대의 '사사'로 살아가게 하는데 목적이 있음을 알고 자녀를 맡기겠습니다.

나는 사사학교에서 행하는 모든 교육과정을 신뢰하고 적극적으로 협력하기를 서약합니다.

2005년 사사학교 선발캠프

시간 \ 구분	월(1/31)	화(2/1)	수(2/2)	목(2/3)	금(2/4)
7:00	자리에서 일어나 기대되고 설레는 마음으로 하루를 시작				
7:00-7:30	기본적·규칙적 체조 및 세면을 통해 건강한 몸을 유지합니다.				
7:30-8:30	감사히 먹고, 골고루 먹고, 적합한 것 먹고, 적당히 먹고				
8:30-9:00	영성학습-말씀과 기도로 하루를 시작합니다.				
9:00-10:30		사사학교 오리엔테이션	예측-질문 학습의 실제	예측-질문 학습의 실제	정리,결단 (세부적으로)
10:40-12:30		예측-질문 학습의 실제	가치관 분석	현장탐방학습 사전준비	
12:30-1:30	감사히 먹고, 골고루 먹고, 적합한 것 먹고, 적당히 먹고				
2:00-3:00	개강예배	예측학습 실제	가치관분석 실제	현장 탐방 학습	폐회예배
3:00-3:50	수학 테스트 레벨별	예측학습 실제			
4:00-6:00	영어테스트 (레벨별) 및 영어 리딩OT	금산사사학교 탐방	공동체 훈련		
6:00-7:20	감사히 먹고, 골고루 먹고, 적합한 것 먹고, 적당히 먹고				
7:30-9:00	사사질문법및 예측질문법	사사교육 헌장	7개 가치론	사사학교 역사	
9:00-10:00	학습정리 발표	학습정리 발표	학습정리 발표	학습정리 발표	
10:00-10:30	하루를 감사하며, 반성하며, 정리합니다.				

b. 학제

사사학교의 학제로는 중등과정으로 5학기(SPB과정/ 4학기 본 과정)와 고등과정으로 5학기(SPB과정/ 4학기 본 과정)가 있으며, 12학년과정으로 2학기가 운용되고 있다.

c. 학생 납입금

현재 재학생들은 한 달에 기숙사비로 40만원과 교육후원금으로 60만원을 납부하고 있다. 그리고 학교입학 시 예탁금으로 1000만원을 내고 있는데 이 중 500만원은 졸업할 때 돌려준다고 한다. 이러한 교육비는 분명 적은 액수는 아니다. 학부모의 부담으로 작용할 수 있다. 따라서 사사학교는 보통의 기독교인 자녀들도 사사학교에 입학이 가능하도록 여러 가지 대안을 마련하고 있다.

(2) 사사학교의 교육활동

① 학사일정

2008년 사사학교의 학사 일정표는 아래와 같다.[210]

〈표11〉 2008년 학사 일정표

월	세부일정(행사명, 기간, 장소, 참여자 등)
1월	- 5기 SBC : 1.2-18 - '07학년도 2학기 종강 : 1.11(금) - 성적표 발송, 성적정정기간 : 1.18, 1.22-25(화-금) - '08학년도 입학선발캠프 : 1.21-25 - '08학년도 신입생 합격자발표 : 1.29(화) - 1·1학년 합숙 : 1.2-2.1, 2.18-22
2월	- '08학년도 1학기 개강, 개강예배 : 2. 25(월) - 제9차 성경통독 : 2. 25-29 - 1회 졸업식 : 2.29

---

210) 사사학교 홈페이지(http://www.sasaleader.org/) - 공지사항

3월	- 영어 집중학습 : 3.3-7 - 1차 정기외박 : 3.8-10(토-월) - 영어 스피치 대회 : 3.26(수) - 2차 정기외박 : 3.22-23(토-월)	- 사랑 · 섬김 : - 논문 제목, 목차 마감 : 3.28(금)
4월	- '08학년도 신입생 입학식, 사사데이 : 4.4(금) - 1차 믿음의 유산 : 4.4(금) - 체육대회 : 4.18(금) - 3차 정기외박 : 4.12-14(토-월) - 국내 사사여행 : 4.21-4.26	- 사랑 · 섬김 : - 사사입교세례식 : 4.20
5월	- 중간방학 : 5.7-13 - 전교생 건강 검진 : - 4차 정기외박 : 5.31-6.2(토-월)	- 1차 탐방학습 : - 사랑 · 섬김 :
6월	- 논문 예비심사 : 6.2-5 - 2차 믿음의 유산 : 6.9 - 체격검사 : - 5차 정기외박 : 6.21- 23(토-월) - 2차 탐방학습 :	- 사랑 · 섬김 : - 논문 본심사 : 6.30-7.4
7월	- 편입학 설명회 : - 학습정리 및 기말고사 : 7.7-11, 7.14-16(월-수) - '08학년도 1학기 종강, 종강예배 : 7.17(목) - 6기 SBC : 7.21-8.8 - 성적표 발송, 성적정정기간 : 7.24, 7.28-31(월-목)	- 성인식, 사사음악회 : 7.3((목)
8월	- '08학년도 2학기 개강, 개강예배 : 8.25(월) - 제10차 성경통독 : 8.25-29	- 독서스쿨캠프 : 8.4-8
9월	- 영어집중학습 : 9.1-4 - 추석휴가 : 9.11-16(목-화) - 체력검사 : - 1차 믿음의 유산 :	- 여호수아 걷기대회 : 9.5(금) - 사랑 · 섬김 : - 영어 스피치 대회 : - 논문 제목, 목차 마감 : 9.26
10월	- 1차 정기외박 : 10.4-6(토-월) - 국내 사사여행 : 10. - 2차 정기외박 : 10.18-20(토-월) - 5회 사사의 밤 : 10.28(화)	- 사랑 · 섬김 :

11월	- 3차 정기외박 : 11.8-10(토-월) - 체육대회 : - 1차 탐방학습 : - 2차 믿음의 유산 : - '09학년도 입학설명회 : 11. - 4차 정기외박 : 11.29-12.1(토-월)	- 사랑·섬김 :
12월	- 2차 탐방학습 : - 성인식 및 사사음악회 : - 논문 예비 심사 : 12. 1-5	- 사랑·섬김 : - 성탄휴가 : 12.24-1.5
1월	- 논문 본 심사 : 1.5-9 - 학습 마무리 및 기말고사 : 1.5-9, 1.12-15(월-목) - '08학년도 2학기 종강, 종강예배 : 1.16(금) - 입학선발캠프 : 1.19-23(월-금) - 성적 발송 및 정정기간 : 1.28-30	
2월	- '09학년도 1학기 개강, 개강예배 : 2.23	

학사 일정의 특징으로는 여러 가지가 있다. 우선 2학기 종강은 일반학교들에서는 보통 12월 밑에 하는데 반하여 사사학교는 1월 15일 경에 한다는 것이다. 성탄절 휴가를 13일간 가진 후 1월 5-9일은 학습을 마무리하고 곧 시험을 치른 후 2학기를 종강하게 되는 것이다. 또한 여름방학과 겨울방학 사이에 중간방학이 있다. 5월 7-13일(7일간)과 성탄절 휴가(12월 24일부터 이듬 해 1월 5일까지 13일간)가 그것이다. 학사운영은 탄력적으로 운영되고 있음을 볼 수 있다.

학생들은 전원 기숙사를 이용하기 때문에 매월 2번 씩 격주로 토요일부터 월요일 오후까지 외박을 허락하고 있다. 이때는 대부분 가정으로 돌아가며 혹시 외박을 하지 않는 학생들은 학교 안에 있는 학교교회에서 주일을 지킨다고 한다.

영어스피치대회는 한 학기 당 한번씩 개최되고 있다. 주제는 자유로 하되 영작하여 A4용지 1면 정도의 분량을 외워서 친구들 앞에서 말하는 것이다. 영작을 할 때 부족한 표현들은 영어교사가 교정을 해준다. 본인이 사사학교를 방문했을 때 마침 영어스피치대회를 위해 학생들이 자유롭게 준비하고 있었다. 야외 의자에 앉아 영문을 외우고 있는 한 학생에게 물으니 자신은 감명 깊게 읽었던 책 내용을 사사학교의 이념적 관점에서 준비했다며 열심히 외우고 있었다. 자유롭게 영어를 익히도록 한 좋은 아이디어라고 생각했다.

또한 논문을 써서 제출한다. 논문은 모든 학생들이 1년에 1편씩 쓰는 것을 원칙으로 하고 있다. 논문의 목적은 어떤 훌륭한 연구물을 발표하는데 있기보다는 자기 글을 쓰는 훈련에 목적이 있다. 전겸도 교장은 학교에서 함께 숙식을 하며 학생들과 생활하면서 학생들을 지도하고 있다. 학생들은 언제나 그런 교장과 스스럼없이 대화하면서 고민과 공부에 대해 상담을 한다. 연구자가 방문했던 날도 점심식사 중임에도 여러 명의 학생들과 논문에 대해 자연스럽게 상담을 하셨다.

믿음의 유산이라는 시간은 봄과 가을에 한 차례씩 실시되는데, 외부인사를 초청하여 강의를 듣고 대표학생이 그 강사의 전공에 관련된 궁금한 점들을 미리 준비했다가 질문하는 형식으로 진행된다. 질문을 위해서 많은 자료를 참고한다고 한다. 지금까지는 전문직에 종사하는 학부모 중에서 많이 초청되었다고 한다. 앞으로는 지역사회 인사와 덕망있는 신앙인들을 초청할 계획이라고 한다. 이 프로그램은 학교 밖과 소통할 수 있는 시간이며, 믿음의 선배들을 통해 삶과 지혜를 배우고, 하나님의 비전을 발견하여 미래를 준비할 수 있는 시간으로 바람직하다고 생각된다.

그리고 독서스쿨 캠프는 그동안 학교에서만 배워오던 독서 교육의 노하우를 현장 참여를 통해 확인함으로 독서력을 키우는 것은 물론 종합적인 사고력을 키우기 위한 목적으로 실시되고 있다.[211]

② 교육과정
a. 교육과정의 요소

사사학교의 가장 큰 자랑거리는 체계적이고 목표지향적인 사사교육시스템의 우수성에 있다. 사사학교는 전 과목이 수준별 학습으로 이루어진다. 진도에 연연하지 않고, 학생들의 개인차에 눈높이를 맞춘 수준별 맞춤식 교육방법은 자신의 부진한 과목에 대한 스트레스를 줄여주고, 학습효과를 높여준다. 연구자가 학교를 방문했을 때도 모든 학생들의 얼굴이 환하게 살아있음과 밝은 모습으로 낯선 이방인에게 먼저 다정하게 인사하는 모습을 보면서 학교가 생동감이 넘친다는 것을 느꼈다.

기본적인 교과과정 외에도 영어 원서와 교양서적을 보통 1년에 50권 이상 읽도록 권장하고 있다. 이는 사사학교의 교육방법이 독서법을 활용한 교육방법이기 때문이다. 또한 전교생이 과외를 하고 있지는 않지만 중.고등학교 과정 총 5년과 종합반인 12학년의 1년 과정을 마치면 영어를 비롯한 4개 국어를 말할 수 있도록 짜여 있다. 이 밖에도 최소 한 가지 이상의 악기를 연주하고, 전통무예18기 3단 등을 취득해야 한다.

전겸도 목사는 사사학교의 교육과정의 핵심을 다음과 같이 설명하고 있다.[212]

> 우리학교의 교육과정은 세 가지 핵심으로 되어 있습니다. 첫째, 제일 되는 핵심으로 하나님중심입니다. 모든 교육과정의 연결고리는 하나님입니다. 그 내용은 창세기 1장 1절 '하나님이 세상을 창조하셨다'에 있습니다. 곧 하나님의 창조성에 있습니다. 예컨대, 중국 만리장성에 가

---
211) 사사학교 홍보물, '사사레터- 8호 (제008호, 2008년 5월호)
212) 크리스찬투데이 라이프 - "기독교학교를 찾아3" (2007년 11월 18일자)

서 대부분의 사람들은 그 역사와 불가사의를 보고 감동을 합니다만, 우리는 하나님의 창조물을 보고 감동해야 한다는 것이지요.

둘째, 세계의 역사입니다. 세상의 역사는 어떤 면에서 전쟁의 역사요 피흘림의 역사였습니다. 그 결과는 불행이었다. 그러한 세상을 알아가는 것이 두 번째 교육과정의 핵심입니다. 그러나 이 역사를 아는 것에 끝나는 것이 아니라 이 세상역사를 통해 우리가 어떻게 세상을 섬길 것인가가 하는 것이 우리 사사학교의 교육과정의 핵심인 것입니다.

셋째, 인간입니다. 인간이란 무엇인가, 인간이 왜 타락했는가, 왜 인간은 살아가는가, 나와 너와의 관계는 무엇인가, 하나님과의 연결고리를 가지고 역사의 한 복판에서 나는 어떻게 살아갈 것인가? 이러한 고민의 해답으로 한 인간을 사사(士師)로 세우는 것이 우리학교의 교육과정의 세 번째 핵심인 것입니다. 한마디로 개인-가정-사회-국가-세계를 하나님과의 관계에서 알아가는 것, 그 가운데 내가 해야 할 사명을 찾는 것이라고 말씀드릴 수 있습니다.

위의 내용을 통해 살펴볼 때, 사사학교의 교육과정은 하나님-인간-세계라는 3요소를 바탕으로 하나님의 역사에 대한 인식과 그 역사 가운데에 있는 자신에게 주어진 사명을 깨달아 하나님의 사사로 양육하기 위한 과정임을 알 수 있다.

b. 교육과정 편성

교육과정은 하나님-인간-세계라는 3 요소가 일곱 가지 가치로 구체화하여 구성되어 있다. 교과과정표는 아래와 같다.[213]

---

213) 사사학교,「2008-2009 사사학교요람」, 50-55.

첫째, 성(聖)영역 교과과정

목적은 성숙한 거룩함과 영성을 기대하며 사사들이 기독인재로서 나가야할 방향을 추구하는 것이다.

〈표12〉 성(聖)영역 교과과정표

구분	중등				고등			
	학과명	학점	학기	계	학과명	학점	학기	계
구분	예배	2	5	10	예배	2	5	10
	성경개관	2	2	4	성경개관	2	3	6
	믿음의 유산	2	5	10	믿음의 유산	2	5	10
	말씀묵상(P)	2	5		말씀묵상(P)	2	5	
	성경통독(P)	2	5		성경통독(P)	2	5	
	신앙수련회(P)	2	5		신앙수련회(P)	2	4	
계				24				26

성영역의 교과과정에는 예배, 성경개관, 믿음의 유산, 말씀묵상, 성경통독, 신앙수련회가 있다. 예배는 주일 정해진 시간에 전교생이 예배를 드리는데, 출석, 태도, 감상문 적기를 통해 종합평가(100점) 형식으로 평가를 한다. 성경개관의 수업방법은 강의로 하며, 평가방법은 출석, 태도, 필기고사를 통해 종합평가(100점) 형식으로 한다. 믿음의 유산은 초청강연과 질의응답의 수업방식으로 출석, 태도, 감상문 적기를 통해 종합평가(100점) 형식으로 평가한다. 말씀묵상과 성경통독 그리고 신앙수련회는 점수화하지 않고 패스(Pass)로 평가한다. 또한 말씀묵상은 주어진 말씀을 일주일간 단계적으로 묵상하고 노트로 정리하고 있으며, 성경통독은 매학기 첫 주에 전교생이 함께 모여 통독을 하고 있다. 그리고 신앙수련회는 동, 하계 방학을 이용하여 외부캠프(교회나 선교단체)에 참여한 것을 인정하고 있는데, 인정이 가능한 경우는 소속교회와 학교가 추천한 단체에 한하여 참가를 인정하고 있다.

둘째, 애(愛)영역 교과과정

목적은 예수 그리스도의 사랑의 가치가 부여된 사람이 되게 하고 이 사랑의 힘이 삶 가운데 나타나도록 돕는 것이다.

〈표13〉 애(愛)영역 교과과정표

		중등			고등			
	학과명	학점	학기	계	학과명	학점	학기	계
구분	SEMT	6	2	12	SEMT	6	2	12
	자연과 섬김	2	4	8	자연과 섬김	2	2	4
	탐방학습	2	2	4	탐방학습	2	1	2
	방학탐방	2	4	8	방학탐방	2	1	2
	사랑섬김(P)	2	4		사랑섬김(P)	2	2	
계				32				20

SEMT(SASA Extending Mission Territory)는 역사와 문화의 현장을 탐방하는 것으로서 조별로 과제를 수행하여 책자를 작성하는 방법으로 준비하고 개인과제(10), 책자(30), 필기고사(30), 태도(30/성실성,적극성)의 방법으로 평가한다. 자연과 섬김의 과목은 이론 및 활동의 수업방법으로 출석, 태도, 필기고사를 통해 종합평가(100점) 형식으로 평가한다. 탐방학습은 조별로 과제를 수행하여 책자를 작성하는 방법으로 준비를 하고 개인과제(10), 조별 프리젠테이션(20), 탐방학습 보고서(20), 감상문(20), 태도(20)를 참고하여 평가한다. 방학탐방은 방학 중 한 곳을 자유롭게 선정하여 탐방하는 것으로서 평가방법은 기초조사자료(20), 탐방학습 보고서(80)로 한다. 사랑섬김은 학교 내외의 다양한 봉사활동을 장려하는 것으로서 봉사활동의 참여 여부로 평가(Pass)하게 된다.

셋째, 덕(德)영역 교과과정[214]

덕은 인간이 스스로 쌓으며 얻을 수 있는 가치이기에 하나님의 사람들인 사사들에게는 더더욱 갖추어야할 가치이다. 사사교육은 철저한 덕교육을 바탕으로 사랑, 자비, 선, 절제, 용서, 관용, 인내, 온유 등의 가치들을 갖추도록 한다.

〈표14〉 덕(德)영역 교과과정표

구분	중등				고등			
	학과명	학점	학기	계	학과명	학점	학기	계
구분	사사란(체크리스트)	2	5	10	사사란(체크리스트)	2	5	10
	생활예절	2	5	10	생활예절	2	5	10
	빌더쉽(P)	2	5		빌더쉽(P)	2	5	
	공동체생활(P)	2	5		공동체생활(P)	2	5	
					정체성(성인식)(P)	6	1	
계				20				20

사사란(체크리스트) 사사의 덕목에 대한 강의와 체크리스트 작성의 방법으로 수업을 진행하며 평가방법은 출석과 체크리스트로 한다. 생활예절은 강의와 실습으로 하며 평가방법은 출석, 실습, 태도, 필기시험, 품위유지 등을 종합평가(100점)한다. 빌더쉽은 공동체와 타인을 섬기는 훈련으로 학생 자치적으로 실천한 것을 평가(Pass)한다. 공동체 생활은 공동체의 인간관계에서 벌어지는 사건과 갈등들을 해결할 수 있는 선한방법을 훈련하는 것으로서 학교생활과 기숙사생활에서 잘 실천되었는지를 평가(Pass)한다.

넷째, 지(智, 知)영역 교과과정 - 국어과
모든 언어활동과 문학, 문법을 이해함의 목적은 하나님을 더 잘 알아갈

---
214) 사사학교,「2008-2009 사사학교요람」, 55-57.

수 있는 도구와 세상과 사람을 더 잘 이해함에 있다. 하나님은 우리에게 언어를 주시고 말씀도 주셨다. 국어 역시 하나님께서 베푸신 그 분의 뜻 가운데 한 영역이기 때문에 우리는 국어를 배움으로서 하나님에 대해 더 잘 알아가는 사사가 될 것이다. 아울러 문학 작품과 언어활동을 통해 세상과 사람을 섬기고 이해하고 배려하는 것에 기반을 다져갈 것이다.

〈표15〉 지(智, 知)영역 교과과정표 - 국어과

	중등				고등			
	학과명	학점	학기	계	학과명	학점	학기	계
구분	논문학습	2	1	2	논문학습	2	1	2
	논문	5	1	5	논문	5	1	5
	언어코스	2	1	2	가치관분석	2	2	4
	가치관분석	2	1	2	국어문법	2	1	2
	국어문법	2	1	2	문학	2	3	6
	문학	2	2	4	어휘학습	2	2	4
	어휘학습	2	3	6	한문	2	2	4
	한문	2	2	4	국어특강	2	2	4
	소아질문법	2	2	4				
계				31				31

논문학습과 논문은 특강과 실제를 통해 수업을 하며 평가방법은 논문심사와 과제로 평가한다. 언어코스는 언어의 구조를 익히고 훈련하는 워크숍과 강의로 수업을 하며 출석, 필기, 태도를 종합적으로 평가한다, 국어문법, 문학은 강의로서 수업을 진행하며 평가방법은 출석, 태도, 필기고사로서 종합평가한다. 가치관 분석은 글이나 사설에 대한 비평과 분석을 기독교세계관에 의거하여 훈련하는 것으로서 10개 이상의 글을 분석하고 발표하면서 제출한 5편의 과제로 평가한다. 어휘학습은 방학과제로서 필기고사를 통해 평가한다. 한문은 강의로 수업하며 필기고사, 과제, 태도, 출석으로 종합평가한다. 소아질문법은 책을 읽고 자발적으로 질문하도록

하여 사고능력을 향상시키는 학습방법으로 강의와 실제로 수업하며 필기고사, 과제, 태도, 출석으로 평가한다.

지(智, 知)영역 교과과정 - 수학과[215]

수학은 모든 학문의 원형으로 하나님의 천지를 창조하신 질서와 조화가 들어있는 학문이다. 따라서 수학을 통해 하나님의 창조의 위대함과 경이로움을 알게 하고 또한 자연과학, 인문과학, 사회과학 및 예술 등 타학문들과 유기적으로 연관성을 갖게 하여 장차 사사로서 사명을 감당하게 하는데 그 목적이 있다.

〈표16〉 지(智, 知)영역 교과과정표 - 수학과

	중등				고등			
	학과명	학점	학기	계	학과명	학점	학기	계
구분	기초수학	3	1	3	수학10-가(공통)	3	1	3
	수학7-가	3	1	3	수학10-나(공통)	3	1	3
	수학7-나	3	1	3	수학Ⅰ(상)	3	1	3
	수학8-가	3	1	3	수학Ⅰ(하)	3	1	3
	수학8-나	3	1	3	수학Ⅱ(상)	3	1	3
	수학9-가	3	1	3	수학Ⅱ(하)	3	1	3
	수학9-나	3	1	3	선택	미분과적분	3	1	3
						확률과통계	3	1	
						이산수학	3	1	
계				21				21

수학과의 수업은 큐인(Cu-in)[216] 질문법 위주로 수시평가를 통해 수업을

---

215) 사사학교, 「2008-2009 사사학교요람」, 60-62.
216) 큐인(Cu-in) 스터디는 학습능력을 향상시킬 목적으로 만들어진 것으로 교과서 질문법과 독서학습법을 가르친다.

진행하며 중간고사(30), 기말고사(30), 질문법(30), 출석 및 태도(10)로서 평가한다.

지(智, 知)영역 교과과정 - 영어과

바울이 헬라어를 구사함으로서 이방인들을 위한 하나님의 도구로 사용되었듯이 영어를 배움으로서 사역의 장을 넓혀 사사로서 사명을 감당하게 한다. 하나님이 우리에게 주신 언어구조를 통하여 각 단계별 주제에 따라 학습한다.

〈표17〉 지(智, 知)영역 교과과정표 - 영어과

	중등				고등			
	학과명	학점	학기	계	학과명	학점	학기	계
	Basic Reading	3	1	3	Debate	2	4	8
	Basic회화	3	1	3	Reading	3	4	12
	Phonics	2	1	2	Speaking	2	3	6
	Reading	3	4	12	Grammar	2	3	6
	Speaking	2	5	10	영문독해	2	3(단계)	6
	Grammar	2	3	6	Vocabulary	2	3	6
	Vocabulary	2	4(단계)	8	유형연구	2	2	4
	외국인회화	2	5	10				
계				54				48

영어의 읽기(Reading) 과목에서는 30-50권의 원서를 읽도록 지도하며, 어휘(Vocabulary) 과목에서는 시간에는 매학기 1000개 이상의 어휘를 습득하도록 교육한다. 보통 평가는 필기고사와 과제 그리고 수업태도를 통해 평가한다.

지(智, 知)영역 교과과정 - 사회과[217]

사회과는 하나님-세계-인간의 관계적인 사람을 키우는 교과로서 창조세계 속에서 사람과 사람, 사람과 자연의 관계를 아름답게 하고 하나님의 뜻을 세워나가는데 목적이 있다.

〈표18〉 지(智, 知)영역 교과과정표 - 사회과

구분	중등				고등			
	학과명	학점	학기	계	학과명	학점	학기	계
구분	지리Basic	2	1	2	시사용어	2	2	4
	역사Basic	2	1	2	한국지리	2	2	4
	사회	2	3	6	국사	3	2	6
	국사	2	2	4	세계사	2	2	4
	국사특강	2	1	2	선택과목	2	2	4
	사회용어	2	2	4	필독서질문법	2	4	8
	필독서질문법	2	4	8				
계				28				30

사회과는 교과서 질문법에 의한 수업방법으로 진행하며 필기고사, 노트, 수업태도, 과제, 출석에 의해 평가되고 있다.

다섯 째, 정·미·체(情·美·體)영역 교과과정[218]

정, 미 영역에서는 사람들에게 감동과 아름다움을 느끼게 하는 힘을 길러줌을 목적으로 하고 있으며, 체 영역에서는 육체를 건강하고 아름답게 가꾸어 다른 가치들을 실현할 수 있는 힘을 기른다는 목적이 있다.

---

217) 사사학교, 「2008-2009 사사학교요람」, 65-68.
218) 사사학교, 「2008-2009 사사학교요람」, 70-72.

〈표19〉 정·미·체(情·美·體)영역 교과과정표

구분	중등				고등			
	학과명	학점	학기	계	학과명	학점	학기	계
구분	음악	2	1	2	음악	2	1	2
	미술	2	2	4	미술	2	2	4
	기악	2	5	10	기악	2	5	10
	체육	2	3	6	체육	2	1	2
	창의활동(P)	2	5		창의활동(P)	2	5	
	정통무예(P)	2	5		정통무예(P)	2	5	
	기초체력(P)	2	5		기초체력(P)	2	5	
계				22				18

음악은 강의와 실기로 수업하며 평가방법은 출석, 태도, 필기, 청음으로서 종합평가(100점)하며, 미술은 강의와 실기로 수업하며 평가방법은 출석, 실기, 태도로 종합평가(100점)한다. 기악은 개인레슨과 실습으로 수업하며 평가방법은 출석, 개인연습, 태도로 종합평가(100점)한다. 체육은 강의와 실습으로 수업하며 평가방법은 출석, 실기, 태도로 종합평가(100점)한다. 창의활동은 개인의 취미활동 및 특기를 계발하고 공동체 안에서 공유할 목적으로 동아리활동 및 취미활동으로 하며 평가는 패스(Pass)로 한다. 정통무예는 정통무예인 18기의 수련을 통해 하나님께서 주신 신체의 능력을 이끌어낼 목적으로 실시하며 공인단증을 취득하도록 한다. 기초체력도 학점으로 취득해야하는데 아침운동과 같이 일상생활에서의 체육활동과 개인별 과제로 실시하며 평가는 패스(Pass)로 한다.

③ 교과서선택

현재 사사학교에서 사용되고 있는 교과서는 다양하다. 국가기관이나 교육기관에서 만든 일반교과서, 자체적으로 만든 참고 자료, 외국에서 만들어진 원서 교재, 그리고 시중의 참고서와 학원교재들도 사용되고 있다.[219] 이처럼 다양한 교과서와 교재들을 학교 안에서 사용하는 것은 모든 지식을 성경의 원리로 통합하려는 학교장의 철학에서 연유한다 하겠다. 문제는 기독교신앙을 담보하고 학교의 교육이념을 달성할 수 있는 기독교적 교과서가 필요하다는 것이다. 기독교 교과서는 무엇을 가르칠 것인가를 제시해주며, 가르치는 교사가 기독교적으로 가르쳐야 하는 부담을 줄여준다. 사사학교는 현재 이 일이 방대한 작업이기 때문에 장기적 계획을 가지고 해나가야 할 과제라고 인식하고 있다. 일반 교과서를 가지고 기독교적으로 접근할 수 있는 방법에 대한 교사모임이나 공동연구는 아직 이루어지고 있지 않고 있다.

교과서 선택은 전체적 영역에서는 교장이 담당하나 과목별로는 교과목 담당교사가 선택한다.

교과서를 가르친 후 학생평가는 중간고사와 기말고사 그리고 선생님마다 수시고사(쪽지시험 등)가 있다. 중간고사나 기말고사를 출제할 때는 담당선생님의 재량에 달려있으며, 기독교적인 평가 방법이나 평가 문제에 대한 어떤 지침은 없다. 학생평가는 보통 중간고사, 기말고사, 성실성, 과제, 태도 등을 중심으로 이루어지고 있다.

(3) 사사학교의 학교생활

① 생활지도

학교생활의 규정은 사사리더와 빌더로서의 신앙과 품위 규정으로 사품위(사사품위위원회)에 잘 나타나 있다.[220] 사품위 규정은 총 4장으로 되어있

---

219) 2008년 5월 26일, 사사학교 박혜정 교무담당 교사의 이메일 답변 중에서.

으며 이것을 요약하여 정리하면 다음과 같다.

사사리더/빌더로서의 신앙과 품위 규정

제1장 총칙

제1조(목적) - 본 규정은 사사중고등학교 학생이 사사로서의 신앙과 품위를 가질 수 있도록 함을 목적으로 한다

제2조(범위) - 학교 내의 모든 학습, 생활관 등의 활동과 학교 밖에서의 모든 삶과 활동을 포함하고 있다

제4조(신앙과 품위 원칙) - 가능한 규정과 징계를 적게 두며, 처벌보다는 사전 예방 지도에 중점을 둔다. 그러나 징계가 필요할 때는 학생의 인격이 존중되도록 하고 교육성, 타당성, 엄격성이 이루어지도록 한다. 또한 가급적 종류를 단계별로 적용하여 자성의 기회를 준다.

제2장 사사품위원회

제5조(구성) 2항-본 사품위는 교장, 생활지도 담당교사, 교무담당교사 및 교사 중에 추천하여 6인 이상 9인 이하로 구성한다.

제7조(사안설명) - 사품위는 징계의 타당성과 효율성을 높이기 위하여 생활지도 담당교사 및 담임교사와 기타 참고 학생으로부터 사안에 대한 설명과 의견을 들을 수 있다. 학생에게 징계를 가할 시는 학생 또는 학부모 등 보호자에게 의견을 진술할 기회를 주어야 한다.

제3장 징계

제8조(종류) - 징계의 종류에는 훈계 및 봉사, 학교내 봉사, 학교 외 사회봉사, 특별교육이수, 선도처분 등이 있다.

제9조(훈계 및 봉사) - 사사강령과 입학서약 그리고 기타 사항에 어긋난 언사 및 행동을 한 경우 학교장의 승인을 얻어 사품위에서 정한 규

---

220) 사사학교, 「2008-2009 사사학교요람」, 114-117.

정에 따라 훈계 처리할 수 있다

제10조(특별교육 및 과제이수) - 사사강령과 입학서약 그리고 기타 사항에 드러나게 위배된 언사 및 행동을 한 경우 학교장의 승인을 얻어 사품위에서 정한 규정에 따라 처리할 수 있다

제11조(선도처분-근신,정학,퇴학) - 사사강령과 입학서약 그리고 기타 사항에 현격하게 위배된 언사 및 행동을 한 경우와 9조 10조에 징계를 누적으로 받은 경우는 학교장의 승인을 얻어 사품위에서 정한 규정에 따라 선도처분을 할 수 있다.

제12조(방법) - 징계방법은 징계기간, 봉사활동일수(시간), 봉사 장소, 봉사내용, 특별교육 이수기관 및 이수시간 등은 사품위에서 심의하여 학교장의 승인을 받아 결정한다.

제13조(심의절차)

1항 - 훈계, 학교 내 봉사에 해당하는 징계사안에 대하여는 담임교사와 관련교사가 상의하여 결정한다.

2항 - 특별교육 및 과제이수 이상 징계사안에 대하여는 사품위의 심의를 거쳐 학교장의 승인을 받아 결정하다.

제14조(징계내용 통보) - 징계가 확정되면 본인과 보호자에게 징계내용을 통보하고 기도와 지도에 협조토록 요청한다(훈계, 학교내 봉사 제외).

제16조(징계경감) - 학교장은 징계만료 전이라도 개선의 가망이 뚜렷하다고 인정될 경우에는 처벌을 경감하거나 면제할 수 있다.

위의 사품위 내용은 처벌과 징계가 기독교 정신에 의하여 구성되어 있다.[221] 예컨대 문제가 있는 경우에 처벌보다는 이해와 기다림 그리고 개정

---

[221] 처벌과 징계에 대하여는 사품위 규정 제4조에 잘 나타나 있다.

의 시간을 사랑으로 허락하고 있다. 분명 공동체를 해치는 행위는 개선되어야 하고 징계를 받아야 마땅하지만 문제를 공동체가 함께 해결하려고 노력하는 것은 바람직하다고 판단된다. 학교장과 위원회에서 심사숙고하고 학생과 학부모가 함께 문제를 해결하려고 노력하는 것이다. 또한 기도와 같은 신앙으로 문제를 해결하려고 하는 점도 바람직하다고 할 수 있다. 그리고 징계 중이라도 학교행사나 각종 고사에는 참여시키므로 학생이 받는 충격을 최소화하려고 한다는 점도 바람직하다. 그러나 문제는 아주 구체적인 내용을 담고 있지 못하다는 것이다. 구체적 사례에 대한 징계조항들이 문서화 되는 것도 필요하다고 하겠다. 다행인 것은 아직까지 큰 문제가 발생하지는 않았다고 한다. 실제로 선생님들이 학교에서 숙식을 같이하며 사감역할과 함께 아이들과 수시로 만나 자연스럽게 상담을 하고 있는 것이 문제발생의 사전 예방에 효과가 있는 것으로 파악되고 있다.

교복은 입학할 때 모두 구입을 하나 평상시에는 자유복으로 입고 활동하며, 입학식이나 사사데이 그리고 사사의 밤 등과 같은 특별한 행사 때에만 교복을 입는다. 또는 대외봉사 혹은 초청받아 참석하는 곳에는 대외홍보가 되기 때문에 교복을 입고 가기도 한다. 두발에 대한 특별한 규정은 없으며, 학교에 들어오면 개인컴퓨터나 휴대폰 사용을 금하고 있다.

② 진로 및 진학지도

상급학교나 사회진출 현황은 아직 졸업생이 없기 때문에 파악할 수 없다. 현재 최초 사사학교 입학자들이 12학년에 10명이 재학하고 있다. 일반학교의 고3에 해당하는 이들은 현재 사사교육과 진로를 위한 수능대비 교육을 함께 받고 있다. 이들은 사사학교에서 6년 이상을 공부한 학생들로 첫 번째 졸업생들이 되기 때문에 학교 측에서도 많은 관심과 기대가 있다고 한다. 학교생활 중간에 대학 진학의 문제로 고민하면서 학교를 떠난 학생도 있었다고 하며, 어떤 학부모는 사사학교 졸업을 앞두고 자녀의 대학 진학문제로 불안해하면서 학교에 대책을 세워달라고 말하기도 한다고 한다. 이 때 교장은 초심을 가지라고 대답한다고 한다.

한국적 특수상황에서 졸업을 앞둔 학생들의 고민은 클 수밖에 없을 것이다. 따라서 학교도 여러 가지 지혜를 내고 있다고 한다. 예컨대 대학당국에 사사학교 출신에 대한 특례입학이 가능한지를 알아보고 있다고 한다. 몇 몇 대학에서 사사학교의 교육시스템을 긍정적으로 평가하면서 관심을 보이고 있다고 한다. 사사학교 교장은 우리학교 출신들은 어떤 테스트를 대학입학 담당관이 요구하더라도 충분히 통과할 수 있는 다방면의 실력을 쌓아가고 있다고 말한다.

③ 학부모참여

현재 사사학교에 다니는 학생들은 모두 기독교인이다. 비기독교인의 학교입학이 거부되는 것은 아니지만 입학할 때 학생만이 아니라 학부모의 신앙 상태도 참고가 되기 때문에 그렇다. 그러나 신앙을 가진 학부모들임에도 불구하고 학교 참여는 저조한 편이다. 등록금 책정, 교육과정 편성, 학생생활 지도, 교재 선택 등과 같은 분야에 학부모 참여가 이루어지고 있지 않다. 이 같은 이유로는 학부모들의 자녀에 대한 기독교교육의 인식 부족이나 혹은 바쁘다는 핑계로 자녀를 학교에 맡겨만 놓고 무관심한 결과일 것이다. 기독교대안학교의 성패의 요인 중에서 학부모를 빼놓을 수 없다. 왜냐하면 자녀교육의 일차적 책임이 성경적으로는 부모에게 있기 때문이다. 따라서 학교는 자녀에 대한 학부모의 교육적 책임을 일깨워야 할 과제를 갖게 된다. 학교는 학부모를 교육 파트너로 받아들이고 그들에게 학교 참여의 기회를 여러 방면으로 제공해야 한다.

현재 학생들이 전국 단위에서 모집되고 있기 때문에 학부모를 조직화하는 것은 쉽지 않다. 그래서 학교는 지역단위로 학부모회가 모임을 갖도록 지도한다고 한다. 이 모임은 학교를 위해 기도회를 갖기도 하며, 학교후원을 비롯해서 학교홍보를 담당하기도 한다. 이들 중에서 학교는 학교홍보대사로 위촉하여 활동할 수 있도록 지도하고 있다. 또한 학부모 세미나를 한 학기에 1회씩 어떤 특별한 행사일에 맞추어서 개최한다고 한다.

사사학교가 학부모를 교육 파트너로 세우기 위하여 시행하고 있는 학부모연계교육 프로그램에는 인터넷 강의로 진행하는 학부모교육과정이 있다. 학부모 교육과정은 사사교육 이해과정으로 개설되며, 교사/학부모가 함께 반드시 이수해야 하는 과정으로 독서지도사 과정이라고 할 수 있다. 이 과정을 통해 학부모는 자녀들에게 올바른 가치관을 심어줄 수 있는 멘토로 자리매김하게 될 것이다. 자녀를 이 시대를 이끌어갈 인격과 실력을 갖춘 사사로 세우기 위해서는 먼저 부모가 바로서야 하는데 이를 위해 기도로 준비하는 과정인 것이다. 이 과정의 설치목적은 첫째, 사사교육의 기본이해를 돕기 위함이다. 둘째, 사사교육의 목적과 목표를 이루기 위함이다. 셋째, 청소년교육 전문가가 되게 하기 위함이다. 넷째, 사회 각 분야에 지도자와 교사로 세워지기 위함이다.[222]

이 과정은 수업료가 20만원, 수업기간이 6개월, 수업방법이 인터넷 강의를 듣고 소감을 인터넷으로 탑재하는 방식으로 운영이 되고 있으며, 이러한 조건은 상당한 투자와 일정의 컴퓨터 수준을 요한다. 모든 학부모가 이 요구에 부응하기가 다소 어려운 점이 있을지라도 현대 학부모들 환경에서 적절한 교육방법이라고 판단된다. 과제는 학부모들이 이러한 과정에 모두 참여할 수 있도록 계속 격려하고 관심을 가져야 하는 것이다.

---

222) 사사학교,「2008-2009 사사학교요람」, 158.

2) 멋쟁이학교

(1) 멋쟁이학교의 학교운영
① 설립이념
a. 학교소개

전화번호	(031)544-1558
홈페이지	www.sarangbang.org
우편주소	경기도 포천시 소흘읍 무림리 348번지
설립주체	개인(정태일 목사)
운영주체	사랑방교회
설립년도	2002

b. 설립배경

오늘의 멋쟁이학교는 정태일 목사의 꿈으로부터 시작되었다. 1982년부터 장로회신학대와 서울장신대 강사로 출강하며 서울 새문안교회 부목사로 섬기던 때, 참된 교회는 무엇일까에 대한 고민을 하게 된다. 여기서 고민이란 현실적 교회가 본질적 교회와는 많은 차이가 있다는 것이었다.[223] 정태일 목사는 작금의 교육이 입시위주의 지식중심교육이라고 규명하고 그러한 교육을 받은 아이들은 기독교신앙을 부정하고 방해하고 있다는 생각에 위기감을 느끼면서 인성교육 부재, 창의성 결여, 신앙적 훈련 부재 등과 같은 위기에 빠진 한국 공교육과 주일학교교육의 대안은 무엇일까를 생각하게 되었다. 그에 대한 응답으로 '교회-가정-학교가 하나 된 신앙공동체 안에서 교육이 이뤄질 때 아이들은 참된 그리스도인으로 자라날

---
223) 두란노서원, "정태일 목사 대담",「목회와 신학」(2003년 4월호), 182.

수 있다'고 믿게 되었다.

공동체가 희망이라는 답을 찾은 그는 1984년 사랑방교회를 개척한다. 평소 교육목회의 비전을 가지고 있던 차에 공동체적 교육에 목적을 두고 하나님나라의 사랑을 나누는 공동체 삶을 실천하기 위하여 사랑방교회가 시작된 것이다. 교회의 미래를 교회-가정-학교가 통합된 공동체를 그리면서 교회 개척 8년 만인 1992년에 꾸러기학교(유치원 과정)를 우선 시작하였다. 유치원 설립 이후 2002년에는 어린이학교(초등학교 과정)와 멋쟁이학교(중·고등학교 과정)를 세웠다. 현재 경기도 포천시 소흘읍에 소재한 사랑방공동체는 교회와 학교, 그리고 가정이 하나를 이룬 신앙공동체의 삶을 살아가고 있다. 정태일 목사는 사랑방공동체 학교의 설립취지를 다음과 같이 4가지로 요약하고 있다.[224]

첫째, 사회교육의 보완 - 현재 공교육이 가지고 있는 문제는 크게 두 가지로 볼 수 있다. 하나는 지식중심의 교육, 입시위주의 교육, 획일화된 교육으로 인한 인성교육과 전인교육의 소홀로 인한 학교교육 붕괴 문제이고, 다른 하나는 공교육에서 기독교신앙교육을 기대할 수 없다는 점이다. 이러한 문제를 보완하기 위해 사랑방공동체의 학교들이 설립되었다.

둘째, 교회교육의 변화 - 현재 교회교육이 학교교육의 형태를 답습하여 지적교육에 치중하고 교회의 본질인 공동체의 삶이 강조되고 있지 못하다. 또한 교회교육의 시간이 너무 부족하다는 것이다. 이러한 문제해결의 대안으로 시작하였다.

셋째, 학원선교 - 현재 우리사회는 교육의 붕괴로 인한 실망과 교육의 변화에 대한 강한 요구를 가지고 있는데, 이것을 교회가 해결하는

---

[224] 정태일, 「코이노니아를 지향하는 교회」(경기: 사랑방, 2006), 88-90.

것은 선교의 좋은 기회가 된다. 학교교육을 통한 선교에 목적이 있다.

넷째, 사랑방교회의 소명 - 사랑방공동체에 부여된 교육선교에 대한 사명이다.

또한 사랑방공동체를 이끌어가고 있는 정태일 목사는 학교의 설립배경에 대해 다음과 같이 밝히고 있다.[225]

> 사랑방교회가 학교를 설립한 것은, 사랑방교회가 교육을 통해 선교하도록 교육에 대한 소명을 받았고, 우리 사회가 참 교육을 회복해야 할 필요가 있기 때문입니다. 이제 신앙을 바탕으로 하는 전인교육을 통해서 올바른 가치관을 갖게 하고, 조화로운 인격체가 되며, 다른 사람들과 함께 어울려 사는 삶을 살게하려 합니다. 나아가 민족과 인류를 위해 봉사할 기독교 지도자를 배출하려 합니다. 멋쟁이학교는 사춘기의 성장과 변화의 특징을 고려하여, 체력단련과 자아확립, 그리고, 생존에 필요한 능력과 지도력 준비를 도와주려고 합니다.

위의 내용을 통해서 멋쟁이학교는 정태일 목사의 목회비전으로부터 시작되었음을 알 수 있다. 즉, 이 세상에서 기독교인의 삶의 영역인 가정-교회-학교가 하나님나라여야 하며, 하나님나라의 사랑을 실천하는 삶의 현장이라는 깨달음으로부터 자연스럽게 교회와 학교와 가정이 통합된 공동체 삶을 실천해가고 있는 것이다. 기독교교육을 전공한 목사로서 이러한 교육목회의 꿈은 당연하고 아주 자연스러운 것이었다.

---

225) 정태일,「코이노니아를 지향하는 교회」, 291.

c. 교육원리

사랑방교회는 '코이노니아(공동체)를 지향하는 교회' 라는 신학적인 기초를 가지고 있다. 이러한 신학적인 기초를 교육에 적용하여 '코이노니아를 지향하는 교육' 이라는 교육신학을 사랑방공동체 안의 교회학교 교육은 물론 사랑방학교의 교육원리로 사용하고 있다. 코이노니아를 지향하는 교회의 신학적 기초는 예수 그리스도의 가르침으로부터 온다. 그리스도의 복음의 핵심은 하나님나라이기 때문에 교회의 본래적인 삶은 공동체 삶이요 하나님나라의 삶이 되어야 한다. 왜냐하면 보이지 않는 하나님나라의 모습으로 이 땅에 허락된 것이 교회이기 때문이다. 따라서 코이노니아의 삶은 예수 그리스도를 기초로 성령 안에서 이루는 공동체적인 삶이며, 공동체적인 삶은 기본적으로 하나 됨을 지향하는 삶과 삶을 나누는 과정이 동시에 있는 삶이다. 그리고 공동체적인 삶의 대표적인 모습은 섬김(디아코니아)이라고 할 수 있다.

이러한 신학적 기초를 교육에 적용하여 '코이노니아를 지향하는 교육' 이라고 말할 때, 학교는 공동체로서 하나됨을 지향하고 동시에 삶을 나누는 섬김의 장이 되어야 한다. 멋쟁이학교는 바로 이러한 교육, 곧 하나님나라의 가치인 정의, 평화, 기쁨, 사랑, 자유, 생명, 행복과 같은 삶을 실천하는 공동체를 지향하고 있으며 또한 그와 같은 가치들을 교육하는 장이 되고자 한다.[226]

d. 교육철학

멋쟁이학교 코이노니아를 지향하는 교회라는 신학적인 기초 위에 교육철학이 제시되고 있다. 멋쟁이학교의 교육목적은 예수 그리스도의 복음

---

226) 사랑방교회,「여름공동체생활」(포천: 사랑방교회, 2004), 61.

을 증거하여, 이 땅에서 하나님나라의 삶을 누리도록 하는 것이며, 교육목표는 그리스도를 닮아 조화로운 인격을 형성하고, 각자의 재능을 계발하여 자신의 고유한 삶을 보람 있게 살며, 지도력을 훈련하여 사회에서의 역할을 감당하도록 하는데 있다. 그리고 교육내용으로는 복음의 결과로 주어지는 하나님의 나라, 성령 안에서 이루는 공동체적인 삶 그 자체를 제시하고 있으며, 정의, 평화, 기쁨, 사랑, 행복한 삶의 경험 등도 교육내용으로 제시하고 있다. 또한 교육방법으로는 성령의 가르치심으로, 다른 사람들과의 차이를 극복하여 하나됨을 지향하고, 자신의 인격과 삶을 나누는 과정을 통해 교육한다고 말하고 있다. 멋쟁이학교가 추구하고 있는 인간상은 다른 사람에게 관심을 갖고, 관계를 형성하고, 함께 사는 공동체적인 존재, 그리고 다른 사람의 필요를 몸으로 돌보는 섬김의 사람이라고 할 수 있다.[227]

이것을 종합하면, 멋쟁이학교의 교육목적은 인격성숙과 신앙적인 삶, 개인의 내적인 조화, 다른 사람에 대한 관심과 배려, 누구와도 함께 어울리는 삶, 스스로의 생존능력과 학습능력 발휘, 책임있는 기독교지도자 양성 등과 같은 목적을 공동체생활 속에서, 놀이를 통해 그리고 자연과의 관계에서, 다양한 경험을 통해 달성하기 위해 노력하고 있음을 알 수 있다.

e. 학교의 특징

신앙이 우리의 전체 삶을 움직이는 기본적인 힘이라면 그것은 지적인 능력만으로는 파악이 불가능할 것이다. 감성적 능력, 신체적 능력, 예술적 능력 그리고 심지어는 인간관계 능력이나 자연에 대한 감각 능력까지 모두를 포함하는 전인적인 접근을 통해서만이 필요하다. 멋쟁이학교는 지

---

227) 사랑방학교 홈페이지(http://www.sarangbang.org)- 교육철학

적 능력을 중시하는 현대교육의 보완을 위해 이런 전인적 접근을 하고 있는 학교이다.

멋쟁이학교는 자신들의 학교의 특성을 첫째, 교회 안에 있는 학교 둘째, 작은 학교 셋째, 신앙교육을 바탕으로 하는 학교 넷째, 부모와 협력하는 구조의 학교 다섯째, 모든 학생과 교사가 공동체 생활을 하는 학교 여섯째, 노작 및 노동을 하는 학교 등이라고 말하고 있다.[228] 여기서 알 수 있듯이 멋쟁이학교는 기독교신앙의 가르침을 위해 결코 교육을 소홀히 하지 않는다는 사실을 엿볼 수 있다. 교육의 실천을 교회가 주체가 되어야함을 강조하면서 학부모와 더불어 협력하는 구조인 것을 알 수 있다. 또한 기독교교육의 효과를 위하여 교사의 선발조건을 세상적인 교사의 자격기준보다 신앙적 훈련을 더 중요하게 생각하고 있고, 작은 학교를 지향하여 교육의 효과를 극대화하고 있다. 교회가 중심이 되어 교회의 사명을 가정과 학교와의 관계 속에서 교육적으로 이루어내려는 신앙공동체로서의 학교임을 알 수 있다. 그러나 사랑방공동체 밖의 교육 수요자들에 대한 학교개방의 문제를 해결해가야 할 것이다.

② 교사임용과 복지
a. 교사선발 및 임용기준

멋쟁이학교는 교사모집에 대한 공고를 낸 적은 없다고 한다. 보통은 자체적으로 사랑방공동체를 통해 교사를 확보하고 특별한 경우에는 교사를 선발하는데, 그 자격으로는 기독교교육을 전공한자, 이곳의 사랑방공동체 생활을 같이 할 수 있는 자, 그리고 교사자격증이 있으면 좋다고 한다. 특별히 외국어 원어민교사를 선발하는 것이 어렵다고 한다. 그 이유는 낯선

---

[228] 사랑방공동체, 「공동체 삶을 꿈꾸는 땅에 있는 하늘나라」 (포천: 사랑방, 2000), 337.

외국인이라도 이곳 사랑방공동체에 와서 함께 생활해야 한다는 조건이 있기 때문이다. 현재 중국에서 온 유학생 부부 가정이 중국어 원어민교사로 이곳에서 생활하면서 교사로 수고하고 있다고 한다.

정태일 목사는 멋쟁이학교의 교사의 요건을 세 가지로 요약한다. 신앙인격자, 대안학교 교사로서의 자질과 준비가 된 자, 삶을 함께 할 수 있는 자 등이다.[229] 멋쟁이학교 교사의 자격 기준으로 첫 번째가 기독교교육을 전공한 신앙인격자임을 강조하는 것은 학교가 신앙적 접근을 우선시한다는 것을 알 수 있다. 그것은 코이노니아를 지향하는 공동체학교로서 당연한 것이라고 사료된다. 또한 학교교육의 주체로서 교회를 중심에 두고 있는 자연스런 조건이라 할 수 있다. 그럼에도 불구하고 학생들이 가지고 있는 지적욕구를 어떻게 충족시켜 나갈 것인가에 대한 고민이 요구된다. 높은 지적 수준의 지식이나 지식전달의 방법에 있어서 교사의 몫도 일정 부분 존재하기 때문이다. 현재 멋쟁이학교가 이러한 학생들의 지적욕구충족을 위하여 인터넷을 활용한다든지 혹은 독서를 활용한다든지 하는 방법에는 분명 한계가 있기 때문이다.

b. 학교 구성원 수

현재 학교에 재학하고 있는 학생은 1학년에 16명, 2학년에 7명, 3학년에 8명, 4학년에 6명, 5학년에 5명, 6학년에 9명 등 총 51명이다. 교사로는 교장 1명과 전임교사가 9명으로 모두 10명이다. 또한 각 부분의 외부강사로 16명이 봉사하고 있다.

---

229) 2008년 5월 24일, 정태일 목사와의 면담 중에서

c. 학교의 재정

현재 멋쟁이학교는 정부의 지원 없이 학부모의 교육비로 운영되고 있다. 따라서 사사학교와 마찬가지로 학부모의 재정 부담이 있을 수밖에 없다. 이것은 현재 우리나라의 대안학교들의 똑같은 상황이다. 하지만 멋쟁이학교는 다른 곳으로부터 후원을 받지 않는다. 멋쟁이학교가 사랑방공동체에 소속된 기관으로서 사랑방공동체가 해결해야 하는 문제이기 때문이다. 그러나 최근에는 학교로서의 더 좋은 교육을 위하여 후원을 받을 수 있는 방법도 모색할 필요를 느끼고 있다고 한다.

d. 교사교육

교사교육을 위한 프로그램은 방학을 이용하여 실시하며 내용은 그때 그때마다 적당한 주제로 한다. 교사교육은 특별한 것을 하고 있지는 않으며 어떤 프로그램을 진행하는 것도 아니다. 왜냐하면 사랑방공동체에서의 삶이 곧 교육과정이요 배움터기에 따로 무엇을 이론적으로 교육한다는 것이 좋은 것인가에 대한 의문이 있기 때문이다. 따라서 이론적인 교사교육보다는 공동체적인 삶을 어떻게 학생들과 나눌 것인가에 대한 논의를 자연스럽게 진행한다고 한다.

정태일 목사는 현재 멋쟁이학교의 가장 큰 문제가 준비된 교사를 선발하는 것과 임용한 후의 교사교육에 관한 것이라고 했다. 그는 우선 기독교대안학교의 교사가 되기 위해서는 개별적인 준비를 잘해야 한다고 지적한다. 대학에서 기독교교육을 전공하고 와도 현장에서는 재교육이 절실히 요구되기 때문이다. 현재는 이러한 교사교육의 필요성을 잘 알면서도 시간적으로 여유가 없어 시작을 못하고 있다고 한다. 정태일 목사는 멋쟁이학교의 마지막 목표는 교사들을 교육할 수 있는 교육기관을 세우는 것이라고 말한다.

③ 학생선발

a. 입학을 위한 절차
멋쟁이학교의 입학에 대한 절차는 비교적 간단하다. 사랑방공동체에 속한 초등학교 졸업자가 입학을 희망하면 모두 입학이 가능하다. 그래서 별도의 입학생 모집을 위한 대외광고는 하지 않는다. 그러나 처음에는 공동체 식구들에게만 입학을 허용했으나 현재는 공동체 밖의 학생이라도 입학을 원하면 정태일 교장의 상담 후 허락된다고 한다. 올 해 멋쟁이학교에 16명이 입학을 했는데 그들 중 원내 학생이 9명이고 원외 학생이 7명이다. 원외 학생들이란 멋쟁이학교를 소문에 듣고 입학을 희망해 왔지만 사랑방공동체가 비좁아 수용이 불가능하여 학교 가까운 동네로 이사를 와서 입학한 학생들이라고 한다. 이런 학생들 중에는 기독교인이 아니거나 또는 부모가 다른 종교를 가진 경우도 있다고 한다. 이처럼 멋쟁이학교는 학교의 교육철학에 동의하여 함께하기를 원하는 모든 학생들에게 개방되어 있다고 한다.

문제는 학교가 작은 학교를 지향하여 학년 당 최대 12명을 초과하지 않도록 하고 있는데 4명이 초과된 것이다. 교사 1인당 12명의 학생이 공동체의 삶을 통해 교육하기에 적당하다고 판단하고 있는 것이다. 더 많은 희망자를 수용하기 위해 사랑방공동체의 영역을 확대할 것인가를 두고 많은 논의가 있다고 하지만 아직까지 결정된 것은 없다. 학교가 본래부터 설정해 놓은 작은 학교 지향에 맞지 않기 때문이다.

b. 학제
멋쟁이학교의 학제는 중고등학교를 통합하여 1학년부터 6학년까지로 되어 있다

c. 학생 납입금

멋쟁이학교는 영리를 목적으로 하지 않는다. 사랑방교회가 교육적 사명으로 운영하고 있다. 따라서 학생들의 부담을 최소화하려는 노력을 하고 있다. 물론 학교의 재정은 학생들의 교육비로 충당하고 있다. 학교에 입학할 때 입학금으로 80만원을 납부하며 예치금은 없다. 학생들의 교육비는 매월 45만원을 내고 있는데, 학부모가 주일예배 때 교육을 위한 목적헌금 형식으로 헌금함에 드린다고 한다. 혹 형편이 안 되어 낼 수 없는 상황이면 매월 내지 않기도 하고 형편이 될 때 드린다고 한다. 경우에 따라서는 더 낼 수 있는 학부모는 더 내기도 한다. 교육비 사용이나 인상에 관한 사항은 학부모위원회에서 결정하며 교사회의에서 최종적으로 승인한다고 한다.

기숙사비는 받지 않고 있으며, 식비로 월 15만원을 납부한다. 기타 특별활동비, 교재비, 학습준비비는 받지 않고 있다. 학생들이 납부하는 교육비로 교사의 생활지원과 교육활동 및 교재비로 사용하고 있기 때문이다. 교육을 위한 시설은 사랑방공동체의 시설을 사용하고 있기 때문에 관리비는 교회가 부담하는 형태가 된다. 국가의 지원은 전혀 받고 있지 않다.

위의 내용을 살펴볼 때, 멋쟁이학교의 교육활동비는 비교적 저렴한 편이다. 최근 국가가 대안교육의 필요성에 공감하고 대안학교를 제도교육의 파트너로 인정하고 있는 추세에서 지원방침을 세우고 있지만 멋쟁이학교는 별로 관심이 없는 듯하며, 학교에 대한 정부인가에 대하여도 신경을 쓰지 않고 있다. 가장 큰 이유는 만약 지원을 받거나 정부인가를 허가받게 되면 국가의 간섭으로 인해 학교의 교육이념이 훼손되고 그에 따른 기독교교육을 보장받을 수 없을 것이라는 지난 역사에서의 교훈 때문이다. 그러나 학교가 좀 더 질적으로 우수한 효과를 거두기 위해서는 여유

있는 재정이 필요하다. 특히 적정한 학생들의 교육활동비 지원과 교사들의 사기에도 직결되는 적정한 보수가 보장되지 않으면 장기적으로 교육의 효과를 기대하기란 어렵다. 현재 사랑방공동체의 구성원들이 삶의 목표를 물질중심에 두지 않고 하나님 앞에서의 청빈과 믿음의 삶을 지향한다 할지라도 교육에는 재정적인 뒷받침이 충분하게 되어야 한다. 적정한 재정확보를 위한 멋쟁이학교의 다각도의 노력이 요청된다.

(2) 멋쟁이학교의 교육활동

① 학사일정

2008년 멋쟁이학교의 학사 일정표는 아래와 같다.[230]

〈표20〉 2008년 학사 일정표

월	세부일정(행사명, 기간, 장소, 참여자 등)
1월	-14-25일 계절학기: 6학년(1월 7일 자체평가) -21-25일 계절학기: 중국 어학연수 준비(4학년), 검정고시 준비(3, 5학년) -31-2.2일 멋쟁이 전체가족여행 (신입생 포함)
2월	-17(주일) : 사랑방공동체학교 연합 졸업식(꾸러기, 어린이, 멋쟁이) 11(월)-22(금) : 계절학기: 검정고시 준비(3, 5학년), 6학년 -11(월)-15(금) : 계절학기: 중국 어학연수 준비(4학년) -18(월) : 중국 어학연수 출발 (4학년) -18(월)-22(금) : 검정고시 원서 접수
3월	-2(주일) : 입학식 및 1학기 개강 -3(월) : 중세 한국 국제학교 개강 -3(월)-6(목) : 입학/ 개강 여행 -10일(월) : 1학기 수업 시작

---

230) 멋쟁이학교, "2008년 학사일정"(미간행물, 2008)

4월	-7(월) : 사랑방공동체학교 개교기념일 -10(목)-11(금) : 1,2학년 여행 - 남이섬 -13(주일) : 3, 5학년 검정고시(호원중학교, 의정부공고) -28(월)-5.1(목) : 도보여행
5월	-17(토) 14:00-16:30 : 중입검정고시 (어린이학교 졸업생-의정부중앙초등학교) -27(화)-6.29(목) : 5학년 유럽 여행
6월	-9(월)-12(목) : 1,2,3학년 여행
7월	-7(월) : 학생자율평가서 작성 -8(화)-11(금) : 기말 평가 학생 면담 -14(월)-17(목) : 1학기 종강여행 -14(월)-8.14(목) : 중국여행 (4학년) -18(금) : 1학기 종강발표회 및 종강 -18(금)-21(월) : 기말 평가 학부모 면담
8월	-8월 : 3학년 중국유학 출발 -31일(주일) : 2학기 개강
9월	-1(월)-4(목) : 지리산 종주 여행 (2학기 개강여행)
10월	-27(월)-10.30(목) : 학년별 여행
11월	-13(목) : 대학수학능력시험 -30(주일) : 2009년 사랑방공동체 학교 소개의 시간
12월	-5(금)-7(주일) : 2009년 멋쟁이 입학 면담 -8(월) : 학생자율평가서 작성 -9(화)-12.12(금) : 기말 평가 학생 면담 -15(월)-12.18(목) : 2학기 종강여행 -19(금) : 2학기 종강발표회 및 종강 -19(금)~12.22(월) : 기말 평가 학부모 면담

위의 학사일정 중에서 특별한 것은 졸업식과 입학식을 주일에 한다는 것이다. 주일예배를 통해서 같이 하기 때문에 학교는 교회의 중요한 기관이요 사랑방공동체의 한 영역임을 느끼게 한다. 신앙공동체로서 삶으로서 예배로서 하나의 과정으로서 표현되고 있는 것이다.

1월에 멋쟁이 전체가족여행이 있는 것도 의미 있는 일이라고 생각된다. 이때는 신입생 가족도 함께 여행에 동참하게 되어 새롭게 시작하는 학교에 미리 적응하고 하나의 공동체로 인정받게 되는 계기가 된다. 특히 이런 계기로 인해 입학식 후 학교생활에 소외되거나 부적응을 사전에 예방할 수 있는 효과가 기대되고 있다.

4월에는 도보여행과 9월에는 지리산 종주 여행이 계획되어 있다. 도보여행은 1학기 개학여행이고, 지리산 종주 여행은 2학기 개학여행이라고 할 수 있다. 우선 도보여행에 대하여 교무담당 이동환 교사는 다음과 같이 설명하고 있다.[231]

> 도보여행은 1학기 개강여행 성격으로 4일간의 120km 행군을 말합니다. 각자의 배낭에 쌀과 반찬 등을 짐과 함께 꾸리면 무거운 편이며 이것을 메고 하루에 30km 정도를 걷다보면 체력의 한계에 좌절하거나 낙오자도 생깁니다. 하지만 이럴 때 서로 도우며 함께 포기하지 않고 계속하게 되지요. 도보여행에 모든 학생은 의무로 참여해야 합니다. 정신적으로 자기 한계를 넘어 공동체로서의 삶을 훈련함으로 자신감을 심고 소속감과 자부심을 고취할 목적으로 이 여행이 시작되었습니다. 정말이지 모든 일정을 마치고 걸어서 교문을 들어서는 순간 모든 학생들은 해냈다는 자부심에 눈물을 흘린답니다.
>
> 도보여행 중에는 특별한 순서는 없습니다. 도보 그 자체로 잠재적 교육과정이 된다고 생각하기 때문이죠. 삶으로 피부로 경험으로 상황 속에서 배우는 교육과정이기에 굳이 교육 프로그램을 따로 갖지 않습니다.

9월에 있는 지리산 종주여행은 2학기 개학여행의 성격으로 목사님과 교

---

231) 2008년 5월 4일, 멋쟁이학교 교무담당 이동환 선생님과의 면담 중에서

사들이 함께 계획을 세워 실천하고 있다. 지난 2008년 9월 8일(월)~9월11일(목)까지 있었던 지리산 종주여행은 지리산 종주를 통해 자기 자신과 서로를 돌아보고 새로운 마음으로 새 학기를 시작한다는 목적을 가지고 실시되었는데 학교 홈페이지에 소개된 여행의 일정은 아래와 같았다.[232]

멋쟁이학교 2008년 2학기 개학여행 일정

시간	구분	8(월)	9(화)	10(수)	11(목)
오전		학교에서 출발	연하천 출발	세석대피소 출발	천왕봉 일출감상후 백무동으로 하산
오후		지리산도착 성삼재에서 출발	벽소령 (점심 식사)	장터목 대피소 (점심 식사)	백무동일대 식당에서 중식 후 학교로 출발(2:00)
저녁		연하천대피소 (저녁식사 및 취침)	세석대피소 (저녁식사 및 취침)	장터목대피소 (저녁식사 및 취침)	학교 도착 20시반쯤 도착 예정

이와 같이 개학여행은 학기를 시작하면서 신앙공동체로서의 공동체의식 함양을 위해 필요한 여행으로 진행되고 있다. 또한 여행의 일정에는 특별한 프로그램보다는 잠재적 교육과정으로서 공동체적으로 문제를 해결하고 공동체적인 삶 속에서 서로 섬기도록 하는 것 그 자체가 교육이 되도록 하고 있다. 그것은 멋쟁이학교가 코이노니아(공동체)를 지향하는 학교를 강조하고 있기 때문이며, 코이노니아의 삶이란 섬김으로 표현되기 때문이다.

다음은 도보여행에 참석한 학생이 학교 홈페이지에 올린 소감의 글 중에서 일부를 소개하겠다. 이 글에는 위와 같은 도보여행의 의미와 목적이

---

232) 멋쟁이학교 홈페이지(www.sarangbang.org) - 게시판

잘 드러나고 있다.

"누리가 생각하는 도보여행이란 뭐지?" 도보여행 중 이덕행선생님의 질문에 많은 생각을 해보게 되었다. 각자의 자리에서 최선을 다하는 것, 고생하는 것, 극한 상황에서 자신의 새로운 모습을 발견하는 것, 서로 돕고 도와주는 것... 모두 맞는 말이다. 이런 많은 것들을 좀 더 간결하고 명료하게 표현 할 수 없을까 생각했다. 그러다가 나는 이 모든 것들을 '사랑'이라는 단어로 정리했다. 결국 도보여행에 사랑이 없었다면 우리는 아무것도 못해냈을 것이다. 멋쟁이학교라는 공동체 안에 서로를 믿고 사랑하는 마음이 있었기에 우리는 해낼 수 있었다....2008. 5. 5 누리

내가 느낀 점은 하려고 하는 일에는 그것에 대한 노력이 필요하다는 것이다. 언제까지나 목표를 바라만 보고 있어서는 누구도 그것을 해낼 수 없는 것 같다. 우리가 완주하려고 마음을 먹었으면 그것에 필요한 노력이 필요하다. 그 후에는 완주한 것뿐 아니라 자기 자신에 따라 느낀 것도 더 얻을 수 있다. 이런 것들을 생각하게 해 주신 것에 대해 참 감사하다는 생각이 들었다. 이번에도 낙오하지 않았다. 하지만 도보여행은 나만 잘해서 되는 것이 아니기에 내년부터 다른 사람들을 돌아보며 함께 갈 수 있는 내가 되었으면 좋겠다...2008. 5. 3 유규은

② 교육과정
a. 교육과정의 구성
멋쟁이학교의 교육과정은 공통필수교과과정, 개인별교과과정, 진학준비과정으로 되어있다. 이 중에서 성서일기(성경 전체), 공동생활(전 과정 공동생활), 여행(전 과정), 독서(필독도서 완독), 무술과 철인3종, 악기(한 가지 이

상), 영어(공인된 시험 및 제2외국어), 해외봉사활동, 컴퓨터(조작 기술), 응급조치(인명 구조 기술 자격증), 재능계발 및 발표(미술, 놀이, 춤), 인문사회분야 논문제출 등은 졸업을 위해 반드시 패스(Pass)해야 할 과목으로 지정되어 있다. 멋쟁이학교의 교과과정은 다음과 같다.[233]

〈공통필수교과과정〉

공동필수 교과과정은 멋쟁이학교에 들어온 학생들이 기본적으로 이수해야하는 필수 교과과정이다. 이 교과과정은 입학 이후부터 졸업 때까지 전 과정에 걸쳐 계속된다.

- 성서일기 : 학생들 전원이 매일 성서일기로 하루 수업을 시작한다. 하나님의 말씀으로 매 순간을 살아가며 삶의 푯대로 삼는 것을 훈련하는 것이다. 또한 하나님의 말씀 뿐 아니라 각자의 삶을 돌아보는 시간이 되기도 한다. 교회의 성서일기 진도에 따라 진행하며 찬양과 기도로 시작하여 성경 말씀을 읽고 깊이 묵상한 후 함께 나눈다.
- 국어 교육 : 체계적인 독서를 지도하고 지속적으로 일기를 쓰게 하며 한자(漢字)를 교육한다.
- 외국어 교육 : 영어·불어·독어·중국어·일본어 중 3개 국어를 사용할 수 있도록 교육합니다. 영어는 외국인과 함께 생활하여 자연스러운 삶을 통해 학습하며 학생의 능력에 따라 반이 배정되어 일대일학습이 이루어진다.
- 인성 교육 : 모든 학생은 학교생활관에서 숙식을 하며 정기적으로 공동체 생활을 한다. 신앙교육을 위해 성서일기를 쓰고 저녁의 침

---

233) 멋쟁이학교, "교과과정 및 내용"(미간행물, 2008)

묵시간 등을 통해 내적 수련을 한다.
- 생활 교육 : 생존의 기본이 되는 의·식·주에 관한 능력(밥짓기, 옷짓기, 집짓기 등)을 교육하고, 생활에 필요한 교육(쟁기질, 다림질, 바느질, 일반 가전제품 사용법 및 수리, 전기 배선 등)을 한다.
- 예절 교육 : 멋쟁이 날을 중심으로 한국의 전통의례와 다도, 동서양의 식사예절 및 인사예절 등을 교육한다
- 환경과 생명교육 : 자연과 더불어 살아감으로 자연의 생태를 이해하고, 환경 친화적 삶을 살아가며 생명운동에 참여할 수 있도록 교육한다.
- 체육 교육 : 자신의 건강을 스스로 지킬 수 있도록 하는 기본방법(체조, 조깅, 수영), 자신감을 갖도록 하기 위한 무술(검도, 유도, 택견), 협동훈련을 위한 구기운동(탁구, 배구, 농구, 축구 등), 자연에서의 삶을 즐기도록 하는 레져 활동(등산, 산악자전거, 레프팅, 스키 등)을 교육한다.
- 예능 교육 : 악기 연주, 미술활동, 붓글씨 쓰기, 풍물, 연기(연극, 드라마)를 교육한다. 음악수업은 개인의 악기 선택에 따라 개인별로 이루어지며, 악기에 따라 음악 수업의 시간과 장소가 다양하게 이루어진다. 전 학생이 기본적으로 연주해야 하는 악기로서 학년과 상관없이 개인 악기 수업으로 진행되며 학생들은 필수적으로 한 가지 이상의 악기를 연주할 수 있어야 한다. 미술 수업은 전 학년이 함께 하는 통합수업으로 진행되며, 생활 주변의 다양한 소재와 주제로 미술을 통해 아름다운 삶을 살아가는 것이 무엇인지 배운다. 체육은 축구 탁구 농구 배구 등 학생 전체가 할 수 있는 체육을 중심으로 수업한다.
- 무술훈련 : 어린이학교에서는 택견, 멋쟁이학교에서는 유도를 배우고 있으나 승단 시험은 본 적 없다. 체력단련을 위하여 학생들은 기상과 함께 새 천년 국민 체조와 조깅으로 아침운동을 한다. 기초

체력 단련을 위해서 아침운동과 휴식 시간을 통해 달리기와 유산소 운동, 맨손 체조 등을 지속적으로 하게 함으로 기초적인 체력을 단련한다. 무술지도는 학생들의 기능적인 무술 뿐 아니라 정신 수양과 예에도 그 목적을 두며, 학생들은 한 가지씩 무술을 선택하여 졸업 전까지 승단을 해야한다. 태권도와 유도 검도 등이 있으며 학기와 학생에 따라 그 내용이 다르다.
- 여행 : 학교 개강을 여행으로 시작하여 학기를 마치는 종강을 여행으로 마무리한다. 학기 중에는 전교생이 함께 참여하는 여행과 연차별로 진행되는 여행이 있습니다. 교육목적에 따라 테마별 여행을 하며 학생 스스로가 여행을 기획하며 진행하는 여행도 있다.

〈개인별교과과정〉

이것은 각 개인의 교육 준비도에 따라 마련한 일대일 교육과정이다. 이 과정에는 개인별 특성에 따른 재능교육과 지도력 훈련을 포함한다.

- 개인선택 학습 : 이것은 학생 스스로가 자신의 학습능력과 진도를 고려하여 수업 내용을 결정하는 것으로서 교사의 도움이 필요할 경우에 과목을 담당하는 교사가 학생과 함께 수업한다.
- 공동선택 학습 : 이것은 학생 전체가 자신들의 수업내용을 결정하여 진행하는 수업으로서 영화감상, 장기대회, 운동 등 전체가 함께 할 수 있는 것을 가족회의 때 결정하여 진행합니다. 수업은 대부분 학생들이 주도적으로 진행합니다.

〈진학준비과정〉

이것은 상급학교 진학을 위한 과정으로서 검정고시와 수능을 대비한 교과과정이다. 중·고등 과정의 각 3년차에서 시행하며 본인과 학부모가 원할 경우 협의하여 조기준비도 가능하다.

② 교육과정 편성

멋쟁이학교는 교육과정이 6년차로 구성되어 있다. 2007년 멋쟁이 6년차 교육과정은 다음과 같다.[234]

〈표21〉 멋쟁이학교 2007년 교육과정

		1년차		2년차		3년차	
		1학기	2학기	1학기	2학기	1학기	2학기
중점 교육사항		공동생활훈련		기독교적 인격 확립		자율학습 능력 배양	
연차별 교육목표		-자립생활교육 -타인에 대한 이해와 배려 -예절과 책임교육		-기독교적 가치관 -그리스도인의 자유 -섬김과 나눔의 기쁨		-사고 -탐구 -발표	
학기별 주요학습		생활교육 예절교육 악기선택	컴퓨터 기초교육	성서일기 교육		철인3종 고입검정 고시	독서학습
여 행	국내	입학/개강, 도보,학년별, 종강	개강,학년별, 종강	입학/개강, 도보,학년별, 종강	개강,학년별, 종강	입학/개강, 도보,종강	개강,학년별, 종강
	국외					아시아	
열린수업							
계절학기			계절학습		계절학습		계절학습
제2외국어				제2외국어 시작			

---

234) 멋쟁이학교, "멋쟁이 6년차 교육과정" (미간행물, 2008).

특기학업	음식,의복	악기연습			과학	인문과과학과세미나
필수학과	국어(2) 영어회화(5) 수학(3) 과학(2) 사회(1) 한자(1) 독서토론(2) 열린수업(2) 악기( ) 수영( )		국어(2) 영어회화(5) 영어(2) 수학(3) 과학(2) 사회(1) 중국어(2) 독서토론(2) 열린수업(2) 악기( ) 수영( )		국어(2) 영어회화(5) 영어(2) 수학(3) 과학(2) 세미나(2) 중국어(2) 독서토론 스피치(1) 악기( )	

		4년차		5년차		6년차	
		1학기	2학기	1학기	2학기	1학기	2학기
중점 교육사항		선교와 섬김 실습		달란트와 지도력 계발		진로준비	
연차별 교육목표		-어학연수 및 문화체험 -사회복지시설 봉사 -다양한 현장학습		-개인별 달란트 계발 -지도력 계발 -대학입학 준비		-사회직장생활준비	
학기별 주요학습		인명구조 기술교육	해외봉사	논문작성, 재능계발 및 발표, 독서학습	영어시험	대입 검정고시	수학능력 시험
여행	국내			입학/개강, 도보,종강	개강,학년별, 종강	입학/개강, 도보,종강	개강,학년별, 종강
	국외		해외봉사	유럽			졸업여행
열린수업							
계절학기					계절학습		
제2외국어				제2외국어시작			
특기학업				인문학세미나	과학		
필수학과		영어( ) 중국어( )		국어(2) 영어회화(5) 영어(2) 수학(3) 과학(2) 세미나(2) 중국어(2) 개인별계획수업(2) 악기( )			

멋쟁이학교의 하루일과표는 다음과 같다.[235]

〈표22〉 멋쟁이학교 하루일과표

06 : 30 ~ 07 : 20	아침운동 및 세면
07 : 20 ~ 08 : 00	아침식사
08 : 10 ~ 08 : 50	성서일기
09 : 00 ~ 10 : 50	배움의 시간
10 : 50 ~ 11 : 10	간식시간
11 : 10 ~ 13 : 00	배움의 시간
13 : 10 ~ 14 : 30	점심시간
14 : 30 ~ 18 : 20	체육, 동아리, 열린 수업, 노작 등
18 : 45 ~ 19 : 20	저녁식사
19 : 30 ~ 21 : 45	개인별 학습&자유 시간
21 : 45 ~ 01 : 00	묵상 및 자유학습, 취침

위와 같은 하루일과표에 의하면 성서일기를 매일 하고 있으며, 단 같은 시간 수요일은 멋쟁이예배를 드린다. 배움의 시간은 오전에 두 번의 시간으로 나누어 실시되며, 이 시간에는 학과공부를 한다. 배움의 시간 중간에 20분을 잠시 쉬면서 간식의 시간을 갖는다. 오후는 주로 활동과 체험학습의 열린 수업으로 진행하고 있다. 저녁식사 후에는 저녁 10시에 취침 전 기도와 묵상을 마치면 자유롭게 시간을 갖는다. 잠을 자기도 하지만 독서실에 가서 책을 읽거나 컴퓨터를 이용하기도 한다. 이때 게임을 하는 학생은 별로 없다고 한다. 교내에서 휴대폰 소지나 사용을 허용하지만 학생들이 별로 사용하지 않는 편이다. TV도 자유롭게 시청할 수 있다. 반드시 언제까지 취침해야하는 규정은 없어서 새벽 1시 전까지 취침하면 된다. 이

---

235) 멋쟁이학교, "하루일과표" (미간행물, 2008).

같은 자유의 시간들은 교육적으로 매우 중요하다. 코이노니아를 지향한 다는 것은 그리스도 안에 자유가 있는 삶이다. 학생이라고 규제 일변도의 공동체 생활은 바람직하지 않다. 자신의 시간을 잘 활용하는 자유를 멋쟁이학교는 가르치고 있는 것이다. 물론 전체적으로 순번교사가 생활을 지도한다.

2006년 오후활동 별 주당 배당시간은 다음과 같다.[236]

〈표23〉 오후활동 학기별 주당 배당시간

활동내용	2006년	
	1학기	2학기
열린수업(체험학습)	3	3
수영(1-2학년)	4	4
나눔학습(3학년)	4	4
체육	5	2
노작	2	2
무술(유도)		3
동아리활동	2	2
미술	(2)	(2)
음악(합창)	1.5	1.5
개인악기	2(1)	2(1)
저녁묵상	1	1
멋쟁이가족회의	2	2
생활과학		
공동선택학습		
낮잠		
수요예배	2	2

---

236) 사랑방교회, "멋쟁이 6년차 교육과정"

한편 2002-2006년까지의 열린수업(체험학습)과 여행에 대한 분석 자료는 다음과 같다.[237]

〈표24〉 2002-2006년 열린수업(체험학습) 분석(학기별/내용별)

유형별 분류	세부내용분류	2002년 1학기	2002년 2학기	2003년 1학기	2003년 2학기	2004년 1학기	2004년 2학기	2005년 1학기	2005년 2학기	2006년 1학기	2006년 2학기	총시행 회수
문화/ 예술활동	영화	1		1				2		1	1	6
	연극	1	1			1	1					4
	미술관	1					1					2
	음악회(콘서트)		1				1					2
	오페라		1									1
	뮤지컬						1	2			1	4
	박물관/전시회	1				1		1			1	4
	초청공연										1	1
스포츠/ 레져활동	등산	1		1						1		3
	경기장		1									1
	놀이공원	1		2		1	1	1	1	1	1	9
	레포츠(자전거)				1	1					1	4
	소풍								1		1	2
노작/ 생산활동	노작	1	1				1	2	1	1		7
	도자기작업	1										1
생태학습	갯벌탐방			1								1
	광릉수목원								1			1
초청강연 훈련 토론	인터뷰											1
	강의									3		3
	공동체훈련							1				1
	춤(공동체댄스)								3			3
	토론								1	1		2
	영상물관람									2		2
봉사	수해복구				1							1
행사준비	도보여행연습			2						2		4
	해외여행준비						1					1
	종강발표준비					2	2	2		2		8
역사탐방	양화진/절두산									1		1

---

237) 사랑방교회, "멋쟁이 6년차 교육과정".

〈표25〉 2002-2006년 여행 분석(학기별/내용별)

	학기	여행종류	2002년	2003년	2004년	2005년	2006년	총시행회수
국내 여행	1학기	입학/개강	부산	속초		속초	남이섬	5
		도보여행	춘천 출발	승리전망대 출발	통일전망대 출발	화천붕어섬 출발	춘천 출발	5
		1-2학년 여행				강화도	강화도	2
		종강여행	속초	강릉	강원도 대기리	강원도 대기리	덕적도	5
		지리산등반여행	지리산					1
		종교테마여행	예수원					1
		특별여행				남이섬		1
		전체가족여행					대천 해수욕장	1
	2학기	개강여행	춘천	지리산	지리산	지리산	지리산	5
		학년별여행		인천, 전라도, 안동	안동,남이섬, 춘천, 롯데월드	안동, 춘천, 서울	에버랜드, 안면도,포항, 수안보	4
		종강여행		강원도 대기리	멋쟁이학교	학교/서울	속초,경포	4
		가을여행	경주					1
해외 여행	1학기	아시아			대만/싱가폴			1
	여름 방학	중국				북경/ 백두산	내몽골, 티벳	2
	2학기							
	겨울 방학	졸업여행					성지순례	1

위의 열린 수업과 여행에 대한 분석 자료를 통해 볼 때, 열린 체험학습이 다양하다는 것을 알 수 있다. 또한 여행도 그 횟수가 많음을 알 수 있다. 이것은 멋쟁이학교가 공동체의 삶을 통한 신앙성숙을 지향하고 있음을 볼 수 있는 것이다. 도시 밖 조용한 곳에 자리한 학교이지만 다양한 문화와 삶을 통해 세상과 소통하고 있으며, 그러한 체험을 통해 공동체 의식을 함양하고 그리스도인으로서 살아가는 태도를 배워가는 것이다. 뿐만

아니라 세상 속에서 하나님나라를 살아가도록 하기 위한 훈련의 장을 확대하고 있는 것이다.

(3) 멋쟁이학교의 학교생활

① 생활지도

학교에서 체벌은 없다. 심하게 문제가 있는 경우에는 가정학습을 명령한다. 숙제를 안 해 온 경우 운동장을 5바퀴 도는 정도의 훈육은 있다. 삶속에서 생활지도가 자연스레 이루어지고 있지만 그래도 문제가 발생하기는 한다. 예컨대, 지도교사와 진심으로 교제가 이뤄지지 않고 자신을 드러내지 않는 학생은 1년이 다가도록 힘들 때가 있다. 간혹 학교에 잘 적응하지 못하는 아이들도 있는데 그런 경우 본인의 의사를 살핀 후 다른 학교로 전학을 보내기도 한다. 또한 어떤 학생들 중에는 대학진학 같은 목적을 이루기 위해 전학을 가는 사례도 있다. 그러나 모든 전입학은 자유스럽고 허용적으로 진행된다. 하나님이 주시면 받고 사람들이 또 다른 목적으로 공동체를 벗어나려하면 자유롭게 보낸다.

대부분 학생의 문제는 부모의 문제이다. 부모가 대학진학이라는 뜻을 꺾지 않으면 자녀는 이곳 생활이 아무리 좋아도 부모를 따라 전학을 가야 한다. 하지만 멋쟁이학교는 설립이념의 본질을 벗어나지 않는다. 세상이 변하고 학부모가 변하고 학생들이 변해도 학교는 흔들림 없이 본질적 가치를 유지한다. 복장, 신발, 머리 등에 관하여는 어떤 제약이나 금기사항도 없다. 이것은 멋쟁이학교가 민주적공동체이기 때문이며 또한 학생에 대한 신뢰 때문이다. 교내에서 개인컴퓨터를 사용하거나 휴대폰 사용을 금하지도 않는다.

② 진로 및 진학지도

현재까지 멋쟁이학교를 졸업한 학생은 1기 - 4명, 2기 - 4명, 3기 - 5명으로 총 13명이다. 현재 졸업생 거의가 대학에 다니고 있다. 재수해서 대학을 들어간 학생도 있는데 이 학생은 서강대 법대를 들어갔다. 문제는 그가 1년 동안 집중해서 공부를 해보니 할 만했었다는 것이다. 별로 어렵지 않았다고 한다. 그 같은 이유는 혼자 문제를 해결해 가는 능력을 키워가는 멋쟁이학교에서 받은 교육의 효과일 것이다.

멋쟁이학교는 인가난 학교가 아니므로 검정고시를 통해 상급학교에 진학할 수 있다. 상급학교에 진학을 원하는 학생들은 방학을 이용하여 집중적으로 검정고시를 대비하는 교육을 받는다. 평상시 수업으로 국어, 영어, 수학, 과학 등을 공부하고 있으므로 그것으로 충분하고 암기과목은 방학을 이용하여 집중적으로 교육을 한다. 사실 이 학교 목표는 대입이 아니다. 진정한 인생의 가치를 신앙공동체 안에서 발견하고 그렇게 발견한대로 살아가는 데 있다. 하지만 대입을 준비하고자 하는 학생들을 위해 학교는 최대한 배려하고 있으며 시험을 대비하여 집중적으로 교육을 한다고 한다. 6학년(고3)을 마치면 졸업을 하여 멋쟁이학교를 나가야 하는데, 어떤 경우에는 1년을 더 다니겠다고 희망하여 몇 명이 다시 1년을 다니기도 했다고 한다. 그만큼 이 멋쟁이학교가 학생들이 머무르고 싶은 곳임을 알 수 있다.

③ 학부모참여

멋쟁이학교의 학부모들은 같은 공동체에서 살고 있기 때문에 모임이 비교적 잘되고 있다. 멋쟁이학부모회를 통해 학교의 교육활동에 학부모가 적극 참여하고 있다. 한 달에 1회 정도를 모이며, 모이는 장소는 교회의 시설이나 학부모집에서 모인다.[238] 학부모회의에서 결정되는 사항들은 학교장에게 전달되며 학교운영에 적극 반영되고 있다.

학부모들이 가장 활발하게 참여하는 것이 밥 짓기이다. 한 주에 한번 씩은 참여할 수 있도록 정해져 있으며, 주중에 시간을 못내는 학부모는 토요일에라도 와서 공동체식구들(토요일인 경우도 식사 인원이 200여 명이 됨)의 식사를 준비하는데 참여한다. 이 같은 규정은 학부모회의에서 결정한다. 대부분 우리 아이라는 개념으로 밥 짓기 봉사를 하고 있다.

학부모회에서는 또한 학생들의 교육비 액수를 정하기도 한다. 이러한 의견들은 교사회의 심의를 거쳐 결정된다고 한다. 수요자 중심으로 민주적으로 결정되는 이러한 구조는 멋쟁이학교의 특징이라고 할 수 있다.

학교 관련 시설보완이나 건립에 관한 모금활동, 기존 교육관의 옥상 활용방안, 학생들의 종강파티나 바자회준비 등도 학부모회의에서 안건으로 처리하고 활동에 참여한다. 학교운영에 교회-가정-학교의 공동체가 함께 참여하고 있음을 알 수 있다.

멋쟁이학교의 학부모들이 좀 더 교육활동에 참여하면서 자녀에 대한 신앙교육의 일차적 책임이 있음을 공유하기 위해서는 정기적인 교육이 이루어져야 할 것이다. 현재까지 사랑방교회가 공동체에 관한 신앙적 접근의 많은 강좌들을 전체 성도들을 대상으로 실시해오고 있는 것은 공동체 구성원들에게 많은 이해와 도전이 되었을 것이다. 그러나 더 나아가 학부모로서의 교육이 이들에게는 필요하다. 학교의 이념과 신앙교육에 관한 교육이론 뿐 아니라 일반 교육이론에 대해서도 다루어야 한다. 또한 학교의 교육과정 편성이라든지, 교재선택과 같은 항목에서도 학부모가 참여할 수 있도록 개방되어야 한다. 학교는 학부모의 적극적인 동참으로 쌍방통행적인 관계가 될 때 가장 좋은 결과를 얻을 수 있기 때문이다.

---

238) 학부모 모임을 위한 정보교환은 학교 홈페이지 게시판을 활발하게 이용하고 있다.

2. 국외 기독교학교 사례

1) 임마누엘 기독교학교(Immanuel Christian School)

(1) 임마누엘 기독교학교의 학교운영
① 설립이념
a. 학교소개

전화번호	(09)828-4545
홈페이지	http://www.immanuel.school.nz/
우편주소	63 St Georges Rd, Avondale, Auckland, New Zealand
설립주체	몇 몇 기독교인 가정들
운영주체	아본달 기독교학교연합회(The Christian Schools Association of Avondale)의 관리 하에 있음
설립년도	1986
교단소속	초교파적
정부와의 관계	독립적 운영

뉴질랜드 오클랜드의 아본데일(Avondale)에 위치한 임마누엘 기독교학교는 개교 당시 몇몇 기독교인 가정에 의해 시작되었으며, 현재 아본데일 기독교학교협회(The Christian Schools Association of Avondale)의 관리 하에 운영되고 있다. 이 협회는 학부모, 교사, 졸업생, 지역 유지들로 구성되어 있으며 인원은 약 80-90명이다. 2년에 한 번 모여서 8명의 학교이사(school board)를 뽑는데, 이사회에서는 교장을 선출하여 임명하고, 한 달에 한 번씩 모여서 학교 토지매매, 건물신축, 학업, 교육과정 등과 같은 중요한 사항에 대하여 결정을 한다. 아본데일 기독교학교협회는 뉴질랜드 기독교학교연합회(NZ Association for Christian Schools)에 가입이 되어 있어서 교재나

운영 방법, 교수-학습 방법 등의 지도를 받거나 협의를 하고 있고, 가끔 교장회의에도 참석하여 교류하고 있다.

임마누엘학교는 학교운영을 위한 아본데일 기독교학교협회가 운영하고 있으며, 이 협회가 8인으로 구성된 이사회를 선출하고, 이사회는 학교장을 임명한다. 임마누엘학교와 이사회는 아본데일 기독교학교협회의 권위 하에 존재하며 그 규정을 준수해야 한다. 또한 학교장은 전반적인 학교 행정을 수행함에 있어서 협회의 규정을 준수해야 할 책임이 있다.

임마누엘기독교학교의 중요한 목표 중에 하나는 재정적인 지원을 정부로부터 받지 않는다는 것이다. 이와 같은 재정적 독립은 기독교학교로서의 특성을 유지하고 기독교학교로서의 독립성을 보장받는다. 따라서 교육과정도 기독교적인 관점에서 구성할 수 있다. 성경에 기초하여 당당하고 확실하게 가르칠 수 있도록 해준다.

b. 설립배경

임마누엘학교는 자녀들이 기독교적 원리와 가치에 기초를 둔 교육을 받기 원하는 사람들의 오랜 기도의 결과로 시작되었다. 다음은 학교안내서에서 밝히고 있는 학교 설립배경에 관한 설명이다.[239]

> 1984년 후반, 하나님은 이일이 일어나도록 역사하셨다. 젊고 성숙한 신앙을 가진 몇몇 가족들을 중심으로 협회가 구성되었다. 그들은 재정 마련을 위해 저당을 잡히고 스스로 노동에 참여함으로 헌신했다. 매주 토요일마다 오클랜드병원협회로부터 사들인 두개의 포도수확 빌딩들을 교실로 개조하는 한 무리의 사람들이 목격되었다. 한 점

---

239) 임마누엘기독교학교, 「2006년 학교안내서」(2006), 4.

은 엄마는 그녀의 3개월 된 아기에게 첫 번째 건물을 보여주며 이것이 너의 교실이 될 것이라고 말하였다. 그렇게 하여 1986년 7명과 함께 학교가 개교하였다. 물론 그 아이는 그 교실에 오게 되었고, 11학년까지의 모든 교실들은 그 이후에 더 해졌다. 첫 교실이 거의 준비가 되었을 때 우리는 그 이름을 임마누엘(하나님이 우리와 함께하시다)이라고 부르기로 했다.

이렇게 개교를 하여 곧 재단이 설립되었으며 예수님 중심의 탁월한 교육과정이 개발되었다. 현재 임마누엘기독교학교는 13학년(한국의 고3에 해당함)으로 확장되었고, 생명력 있고 다문화적이며 계속적으로 발전하고 있는 여전히 학교의 기초가 되는 친밀한 공동체 정신을 유지하고 있다. 학생들이 하나님의 선하심을 경험하고 그리스도 중심의 교육을 받을 수 있도록 노력하고 있다.

c. 기독교교육의 필요성

아이들이 반드시 기독교교육을 받아야만 하는 이유에 대해 임마누엘기독교학교는 다음과 같이 설명하고 있다.[240]

> 첫째, 진실을 배워야 하기 때문이다. 임마누엘기독교학교는 신명기 6장 4-9절에서 명확하게 보여주고 있는 진실을 가르치기 원한다. 따라서 모든 교과목과 교육과정에 있어서 하나님이 존재한다는, 그리고 하나님이 창조했다는 세계관을 가지고 가르치고 있으며, 하나님은 우리가 이세상에서 그의 협력자로서 해야 할 과제를 주셨음을(창세기1:26)

---

240) 임마누엘기독교학교 홈페이지(http://www.immanuel.school.nz/) - 왜 기독교교육인가?

가르치고 있다.

둘째, 교육에는 중립이란 없기 때문이다. 모든 교사는 자신의 세계관을 가지고 기독교신앙을 가르치든가 아니면 자신의 또 다른 신앙을 가르치든가 한다. 만일 아이들이 성경에 기초를 둔 신앙을 배우지 않는다면 그들은 인간적인 신앙을 배우게 될 것이다. 따라서 임마누엘기독교학교는 하나님 편에 서서 교육을 통해 하나님을 경배하는 교육을 가르치기를 원한다.

셋째, 나쁜 것들이 좋은 것에 나쁜 영향을 주기 때문이다. 기독교 아이들이 비기독교 배경을 가진 아이들과 함께 배운다면 많은 위험과 위협으로부터 노출된다. 비기독교 아이들이 요절을 외우면서 집으로 향하지 않는 대신, 기독교 아이들은 새로운 욕을 배우고 집으로 향한다. 따라서 임마누엘기독교학교는 아이들을 세속적 위험으로부터 노출되지 않도록 지도하며, 그들의 학창생활을 하나님이 주권자이며 통치자이심을 배우는데 시간을 보낼 수 있도록 지도하기를 원한다.

위의 내용을 정리하면, 기독교교육을 받아야하는 이유가 진리인 하나님 말씀을 가르쳐야 하기 때문이며, 교육에는 중립이 없기 때문이고 또한 기독교적인 영향으로 무장하기 위함임을 알 수 있다. 임마누엘 기독교학교는 학생들이 이 세상에 "생존자"로 남기를 원하기 보다는 그들이 '지도자'가 되길 원한다. 그렇게 되기 위해서 학부모가 자녀를 학교에 "던져 넣고 달아나버리기(dump and run)" 식으로 생각하는 것은 잘못된 것이라고 지적한다. 원활한 학교 운영과 신앙교육을 위하여 할 수 있는 모든 참여를 독려하고 있다. 결국 기독교교육을 위해 학교와 가정은 긴밀한 관계를 유지해야 한다.

d. 교육이념과 교육목표

임마누엘학교의 교육이념은 임마누엘이라는 이름에 잘 나타나고 있다. '우리와 함께하시는 하나님'의 뜻을 가진 임마누엘은 누구든지 하나님을 경외하고 그분께 복종한다면 그는 항상 함께하신다는 말이다. 따라서 임마누엘학교가 추구하는 인간상은 하나님을 의지하는 인간, 삼위일체 하나님을 경외하는 인간을 양성하는데 있다.[241]

임마누엘이 추구하는 또 다른 가치들은 하나님만을 의지함(reliance), 하나님 말씀에 대한 권위에 순종함, 외부의 다른 것에 의존하지 않음, 존경과 보살핌과 신뢰, 섬김의 도, 탁월함, 통합, 재미 등이 있다.

교육의 최종 목표는 높은 학업성취가 아니다. 자신을 향한 하나님의 부르심의 목적을 깨달아 이웃과 세상을 섬기는 자가 되는 것이다. 이 목표를 달성하기 위하여 철저히 성경에 기초하고 있다. 다른 어떤 신학적 기초나 기독교교육에 기초를 두고 있는 것은 없으며 오직 성경을 기초로 모든 교육활동을 하고 있다고 한다.[242] 이것은 학교가 처음 시작할 때 어떤 신학적이거나 기독교교육적인 배경을 가지고 시작한 것이 아니고 자녀를 신앙인으로 키우겠다는 부모들의 열정에서 시작했기 때문이다.

정리하면 교육의 궁극적인 목적은 학생들이 재능과 능력을 발휘하여 모든 분야에서 하나님을 경외하고 헌신하며 예배하는 하나님의 사람으로 세상에 봉사하는 인간을 양성하는 것이라고 할 수 있다. 이러한 목적을 달성하기 위하여 학교는 그리스도중심의 교육과정과 공동체의식을 함양하는 교육과정을 운영하고 있다.

---

241) 2006년 2월 14일, 임마누엘기독교학교 교장 월터즈(Dianne Walters)와의 면담 중에서
242) 임마누엘기독교학교, 「2006년 학교안내서」, 3.

e. 비전선언문

학교 안내서에 나와 있는 임마누엘학교가 제시하는 비전선언은 다음과 같다.[243]

1. 모든 가르침과 운영과 훈계의 영역에서 그리스도중심의 교육과정을 통해 삼위일체 하나님을 경외하도록 한다.
2. 기독교신앙의 부모님과 공동체를 형성한다. 그리고 이들과 함께 협력자가 되는 것이며, 그들의 자녀가 하나님을 경외하고 순종하도록 양육한다.
3. 교육의 탁월성을 제공한다. 교육을 통해 전영역에서 성장이 이루어지도록 하며, 하나님이 우리에게 부여한 재능을 잘 인식하고 발전시킨다. 학생들을 향한 하나님의 뜻에 현재적으로 그리고 미래적으로 반응하게 한다.
4. 헌신적인 기독교사들과 협력하고, 직원들을 지지한다. 높은 재능이 있는 섬김의 자세를 가진 자들을 선발하며 그들과 함께 그들의 전문적 열망을 성취하도록 하는 파트너가 된다. 그들에게 만족스럽고 가치 있는 작업환경을 제공한다.
5. 안전하고 친근하며 탁월한 환경을 만들어 어떤 종류의 해를 당하지 않고 괴로움을 당하지 않고 비판들로부터 자유하는 환경을 제공한다.
6. 독립적인 학교를 유지시키며 그로인한 그리스도중심의 규칙을 세운다. 학교의 여러 가지 자원들이 계속적으로 학교에 투자될 수 있도록 관리하고 성장시킨다. 기독교공동체와 자매결연을 맺는 일을 한다.

---

243) 임마누엘기독교학교, 「2006년 7-13학년 학생안내서」(2006), 3.

위의 내용을 정리하면 비전선언문에는 기독교공동체를 통하여 그리스도중심의 교육으로서 하나님을 경외하고 순종하도록 교육하며, 어떤 해를 당하거나 괴로움을 당하지 않을 자유로운 환경을 제공한다는 것이 명시되어 있다. 또한 학부모와의 연대를 통한 공동체를 이루어 더욱 안전하고 친근하며 탁월한 환경을 제공한다는 것이다.

② 교사임용과 복지
a. 교사선발 및 임용기준

임마누엘학교 교장 월터즈(Dianne Walters)는 교사선발과 임용기준에 대하여 다음과 같이 말한다. 교사의 선발과 임용은 교장의 권한이며 교장은 학부모위원회와 학교이사회의 동의를 통해 교사를 선발한다. 우선 교사가 되어야겠다는 뜨거운 소명감이 있는지를 점검한다. 그리스도인이어야 함은 당연하다. 또한 적절한 교사자격이 있어야하며, 학교의 철학과도 맞아야 한다. 이런 자격을 갖춘 자가 선발되더라도 계속적으로 훌륭한 교사인가를 관찰한다. 만약 신앙과 자질이 모자란다고 판단되면 당장 해고할 수 있다고 한다.

지금까지 교사를 잘못 선발한 적이 한 번도 없었다고 한다. 임마누엘학교는 교사 자격의 제일 요건으로 철저하게 신앙적인 면을 강조하고 있다. 기독교인으로서 자격이 되는지 항상 곁에서 보면서 신앙 생활하는 것을 점검한다고 한다. 학교 개교 초기의 신앙적 열정을 잘 유지하고 있는 것으로 판단된다.

b. 학교 구성원 수

현재 임마누엘학교에 속한 구성원은 전임교사가 6명, 시간강사가 14명, 학생 151명, 행정요원 7(교사도우미,사서,사무원,재정담당,기술요원,청소담당,소

사)명으로 총 178명이 소속되어 있다.[244]

c. 학교의 재정

임마누엘학교는 정부의 지원을 받지 않고 완전히 기부금에 의해 운영되고 있는 사립학교이다. 학부모나 다양한 기독교공동체에 의존한다. 학생들이나 기부금으로 수납되는 입학금, 학교활동비, 기부금, 등록금 등으로 운영된다.

뉴질랜드의 학교들은 일반적으로 학교운영을 위하여 정부로부터 재정적 승인을 받아야만 한다. 따라서 임마누엘기독교학교도 재정적 승인을 잘 받을 때까지 학교의 재정적 구조를 안정적으로 유지하기 위하여 다양한 방면의 기부금 모금을 위해 노력하고 있다.

현재 뉴질랜드의 학교설립은 공립형(state school), 통합형(intergrated school), 사립형(Private school)으로 되어 있다. 공립형학교는 모든 보조를 정부로부터 받으며 교육활동도 정부의 지침을 따른다. 통합형학교는 학교운영비 중 50%-80%를 국가로부터 보조를 받고, 국가 교육과정을 따르나 교육철학은 국가의 간섭을 받지 않는다. 뉴질랜드의 모든 카톨릭계 학교가 여기에 속한다. 사립형학교는 교사 급여의 25%정도를 국가로부터 보조 받는다. 따라서 학생들의 교육비가 비싼 편이다. 학교운영과 교육철학은 거의 100% 설립자의 의지가 반영되며, 정부의 지도는 1년에 한번 정도 형식적으로 점검을 받는다. 임마누엘기독교학교는 사립형학교이다.

임마누엘학교의 교사에 대한 급여는 2006년 현재 교사자격 학위를 소지한 교사로서 받는 초봉의 연봉이 29,272$(뉴질랜드 달러)이고, 3년차 교사는 연봉 39,425$를 받는다고 한다. 이 같은 보수는 뉴질랜드의 일반 공립학

---

244) 임마누엘기독교학교, 「신입생 핸드북」(2008), 11.

교 교사들의 연봉 수준보다 약간 적은 액수라고 한다.[245]

d. 교사교육

교사에 대한 연수나 교육은 매일 아침 기도모임(30분)을 통해 크로스웨이 교재로 성경공부와 기도시간을 가지며, 주 1회 교사회의에서 연수하고 토론한다. 이외에 교내에서는 특정한 날을 정해 교육하거나 연수하는 계획은 없으며 이것으로 충분하다고 말한다. 그러나 교외의 기독교단체에서 실시하는 컨퍼런스나 코스웤에 참여하거나 기독교교사를 훈련시키는 대학의 프로그램에 참가를 권장하고 있다.

③ 학생선발

a. 입학을 위한 절차

이 학교에 입학하기를 원하는 학생은 모두 입학시키고 있다. 그러나 부모가 기독교인이어야 한다는 전제가 있다. 입학을 위해 이전 학교의 성적표 등이 참고가 되기는 하지만 충분한 상담을 통해 입학이 결정된다. 학교 입학을 원하는 부모는 학교를 방문하여 우선 교장과 상담을 한다. 학교의 교육철학과 규정들에 동의를 하여 신청서를 접수하면 학교관계자 2명이 그들의 집을 방문하여 지원자의 가족들과 만나 상담을 한 후 최후 입학 수락여부를 부모에게 통보한다.

입학절차가 매우 세밀함을 볼 수 있다. 특히 지원자의 가정을 방문하여 지원동기와 학교생활에 관한 적응 여부를 파악함은 물론 학교에 대한 소개도 해줌으로 입학 전부터 동기유발을 통해 하나의 공동체임을 확인하는 것이다. 임마누엘학교 교장은 이에 대해 '우리는 학생을 입학시키는

---

245) 2006년 2월 14일, 임마누엘기독교학교 교장 월터즈(Dianne Walters)와의 면담 중에서

것이 아니라 가족을 입학시킨다' 라고 말한다.

b. 학제편성

현재 취학 전 아동 반부터 13학년까지로 구성되어 있는데, 1-3학년 20명, 4-7학년 48명, 8-9학년 32명, 10-11학년 31명, 12학년 17명, 13학년 3명으로 총 151명의 재학생들이 다니고 있다.

보통 학생들은 학교에 8:15분까지 등교하도록 되어 있고, 1-6학년은 8:45분부터 오후3:5분까지 수업을 받으며, 7-8학년은 오전 8:45분부터 오후3:15분까지 수업을 받으며 점심시간은 오후12:30-오후1:30분까지이다. 그리고 9-13학년들은 오전8:30분부터 오후 3:15분까지 수업을 받는다. 오후 3:15분 이후에는 모든 학생들이 귀가해야 한다.[246]

c. 학생 납입금

임마누엘학교는 입학할 때 예치금을 내지는 않는다. 2008년 학교에 납부하는 7-13학년 학생들의 납입금 내역은 다음과 같다.[247]

〈표26〉 2008년 학생 납입금 내역(뉴질랜드 달러)

	학기당 총액(세금포함)	1년 총액(세금포함)
7-8학년		
첫째 자녀	$1248	$4992
둘째 자녀	$1061	$4244
셋째 자녀	$849	$3396
넷째 자녀	$569	$2276

---

246) 임마누엘기독교학교, 「학생 핸드북」(2006), 6.
247) 임마누엘기독교학교, 「2006년 학교안내서」, 14.

9-10학년		
첫째 자녀	$1328	$5312
둘째 자녀	$1162	$4648
셋째 자녀	$988	$3952
넷째 자녀	$815	$3265
11학년		
첫째 자녀	$1353	$5412
둘째 자녀	$1184	$4736
셋째 자녀	$1007	$4028
12-13학년		
첫째 자녀	$1507	$6028
둘째 자녀	$1394	$5576

위의 내용을 통해 볼 때 임마누엘기독교학교는 사립형학교로서 다른 일반 공립학교보다 수업료가 비싸다는 것을 알 수 있다. 또한 이 액수는 내국인을 위한 비용이며 외국 유학생은 이 보다 훨씬 더 많은 수업료를 지불해야 한다. 학교에 다니는 자녀가 한 명일 때와 자매나 형제가 같이 다니는 경우에 따라 납입금이 차이가 나고 있음을 알 수 있다. 나이가 많은 자녀를 첫째로 따지게 되며 다섯 번째 자녀가 있다면 그는 무료라고 한다.

또한 학년에 따라, 쏨쏨이에 따라 활동비를 지불하고 있는데, 문구류, 운동복, 반 여행/콘서트참석, 스포츠관람, 수학 짝꿍(math mate 수학경시대회)과 시험을 위한 비용들, 과외 활동들, 보충과 교외에서의 교습 등에 대해 교육비를 지불하고 있다.

(2) 임마누엘 기독교학교의 교육활동

① 교육과정

a. 교육과정 편성

교육과정에서 가장 기본이 되는 예배는 매주 수요일에 전체 예배로 드리며, 성경과목은 모든 학년이 필수과목으로 지정되어 있다. 제2외국어는 11학년까지 필수과목이며 11학년이 되면 필수과목보다는 선택과목이 더 많아지고 있다. 필수과목을 제외한 선택과목들은 통신과정으로 개설되어 있어서 자유롭게 공부할 수 있도록 개방되어 있다. 13학년에서는 캠브리지과정을 운영하고 있다. 체육활동으로는 스쿼시, 축구, 네트볼, 체조 등을 비롯해 높은 학년으로 올라갈수록 카약이나 암벽타기 또는 스키와 같은 운동을 실시하기도 한다. 교육과정을 편성할 때는 교사들, 학부모, 학생들의 의견을 반영하고 있으나 가장 큰 영향력을 행사하는 것은 학교의 비전과 학교장의 의지에 따라 결정된다. 또한 교육에 대한 국가정책을 살펴보고 동일한 영역을 포함하려고 노력한다고 한다.

다음은 학생안내서에 게시된 9-13학년의 교과과정은 다음과 같다.[248]

〈표27〉 9-13학년 교과과정 개관

학년	필수과목	언어	통신과정선택	캠브리지선택	운동
9&10	성경 영어 수학 역사 지리 미술 음악 체육 건강 멀티미디어	독일어 (필수)	농업 중국어 경제학 불어 가정 경제 일본어 라틴어 마오리어(Te Reo Maori) 스페인어 직물 기술 디자인&공예 그래픽(10학년) 원예 농업(10학년) Text Management(10학년)		축구 스쿼시 실내 축구 네트볼

---

248) 임마누엘기독교학교,「2006년 7-13학년 학생안내서」, 13.

11	성경 영어 수학 과학 체육		지질학 독어 역사 미술 회계학 경제학 정보 관리 생물학 인체 생물 원예 농업 물리학 기술학 그래픽 음식&영양 고용 기술 음악		스쿼시 축구 네트볼 스키여행 카약 체조 암벽타기
12&13 캠브 리지 과정	성경 영어운동		시각 예술 고용 기술 사회학 그래픽 고전주의 연구 원예학 가정 & 생활 과학 법률 연구 수학 미디어 연구 음악 독어	수학 역사 영어 경제학 지질학 물리학 생물학 화학 상업 연구 회계 컴퓨터 체육	스키 여행 스쿼시 카약 체조 암벽 타기

2008년 각 학기 구분과 학교공휴일

1학기	2월 4일 월요일 - 4월 18일 금요일까지
2학기	5월 5일 월요일 - 7월 4일 금요일까지
3학기	7월 21일 월요일 - 9월 26일 금요일까지
4학기	10월 13일 월요일 - 12월 12일 금요일까지

1학기	부활절	3월 21일 금요일 -3월 25일 화요일
2학기	여왕생일(Queens Birthday)	6월 2일 월요일
4학기	노동일	10월 27일 월요일

각 교과목의 교사들은 동료교사와 함께 수업자료들을 만들고 지도안을 만든다. 수업은 일반교과서를 참고하여 각자가 지도안을 구성하는데 이때 학교는 교사들이 참고할만한 그리스도중심의 교육과정을 위한 어떤 제시문이나 지침들을 제공하지는 않는다. 여러 가지 과목에 관련된 내용과 성경적 참고자료를 종합하여 성경적 관점에서 해석하여 지도안을 작성하는 데 교사들이 기독교교사로서 열정적으로 준비한다고 교장은 말한다.

교육과정을 통하여 표면적인 목표로는 각 학생들의 재능과 능력을 실현시키며 나아가 대학입학을 위한 학력인증제도인 NCEA(National Certificate of Educational Achievement)를 준비한다거나 혹은 더 높은 수준의 초급대학 과정(cambridge work)을 교육시키는 것에 있지만, 궁극적인 목적은 학생들의 재능과 능력을 발휘하여 모든 분야에서 하나님을 경외하고 헌신하며 예배하는 하나님의 사람으로 세상에 봉사하는 인간을 육성한다는 목표를 가지고 있음을 알 수 있다. 다음의 임마누엘기독교학교의 사회과 교사가 작성한 2008년도 1학기 사회과목의 교과과정에 그와 같은 사실이 잘 담겨있다.[249]

2008년도 6&7학년을 위한 공동체 생활 단원 계획
주제 : 공동체생활

"우리는 때때로 가난이 단지 배고픔, 헐벗음 그리고 집이 없는 것이라고 생각합니다. 그러나 사랑받지도 못하고 잘 보살펴지지도 않는 것이 가장 가난한 것입니다. 우리는 이런 종류의 가난을 우리자신의 가정에서부터 치료하기 시작해야만 합니다."

-테레사 수녀-

---

249) 임마누엘기독교학교, "2008년 사회과 교과과정" (미간행물, 2008). 4.

이론적 근거 :

　삼위일체는 가장 확실한 첫 번째 증거입니다. 그것은 하나님께서 우리가 공동체와 다른 사람들과의 관계 속에서 살도록 의도하신 것입니다. 분명히 기독교인으로서 우리는 하나님나라의 최초이자 최상의 시민이지만, 아버지께서 우리를 집으로 부르실 때까지 우리는 지구의 시민입니다. 성경은 그것을 명확하게 하고 있습니다. 우리는 사회에서 약한 자, 상처를 받기 쉬운 자, 그리고 가난한자를 향한 어떤 책임을 가지고 있습니다. 우리는 또한 우리가 속해있는 공동체, 우리의 학교, 우리 마을, 우리 교회 또는 우리의 교제의 무대에서 그들이 우리의 가족이 되도록 현명하게 그리고 사랑하면서 살아야 하는 어떤 책임을 가지고 있습니다. 이 단원의 공부를 위해 학생들은 다양한 공동체들에 노출될 것입니다. 즉, 우리의 지역 아본데일공동체, 우리 도시, 우리 가족들, 그리고 동물의 세계를 비롯한 각각의 활동 무대에 대해 하나님께서 무슨 말씀을 하고 계신지를 배울 것이며, 어떻게 각자가 이 세계에 드러나는 하나님 성품의 표현을 재연할 수 있는지 배울 것입니다.

학습목표 :
- 지역 사회의 필요를 확인한다.
- 우리 도시의 가난한 자들을 돕는다는 것은 무엇을 의미하는지를 경험한다.
- 소외된 이웃들과 함께 그들의 감정을 공유한다.
- 긍정적인 공동체 내어서 그 특징들을 분명히 진술한다.
- 지역 공동체에서의 생활의 질을 향상시킬 수 있는 해결책을 마련한다.

주	학습초점	제시된 활동
1	우리가족	☞ 가족이란 무엇인가? "심슨 가족"의 일화를 상영하여 기능 장애의 가족의 생활을 확인시킨다. ☞ 질적인 가정생활에 관하여 성경에서 말하는 것이 무엇인지를 탐구한다. ☞ 가족포스터를 만든다. ☞ 가족공동체를 위하여 무엇이 필요한지를 자신의 가족들에게 인터뷰 한다.
2-4	우리 지역사회	☞ 공동체란 무엇인가? 우리 지역공동체가 어떤 특징들을 가지고 있는지 조사한다. ☞ 아본데일지역의 상점들을 견학한다 - 무슨 종류의 상점들이 있고 어떤 설비들이 있으며, 그들이 우리 지역사회에 관하여 어떻게 말하고 있나를 조사한다. ☞ 아본데일공동체를 조사하여 그들이 그 공동체 속에서의 생활에 대한 인식이 어떤지를 조사한다 - 좋은 점, 나쁜 점, 필요들 등등.
5-6	우리도시	☞ 도시란 무엇인가? ☞ 지난해에 공부했던 '오클랜드' 단원을 복습한다. 오클랜드는 어떠한가? 이곳에 누가 사는가? 이 도시의 장점/단점은 무엇인가? ☞ 우리 도시의 노년층, 노숙자들, 고용되지 못한 자들과 같은 빈곤층을 누가 돕는가? 우리가 그들에게 도움을 주기 위해서는 어떤 일들을 할 수 있나? ☞ 오클랜드의 도시선교회를 탐방한다. 갈 때는 낡고 사용하지 않는 옷들을 가져간다.(45분-1시간 방문)
7-9	동물 공동체	☞ 하나님께서 공동체 속에서 어떻게 살아야하는지에 관하여 창조하신 창조물로부터 우리는 무엇을 배울 수 있는가? ☞ "지구의 가장 커다란 함정"을 시청 한다 - DVD책에 있는 다른 "공동체"에 관하여 기록된 것이 무엇인지를 공부한다. ☞ "야생 개", "말벌들", "황금 바분의 계곡" 그리고 "사자들과의 생활"을 시청한다. ☞ 9주에는 시험을 본다.

평가 과제들 :

   1. 개인 과제 - 가족 포스터

   2. 탐구 과제 - "공동체" 속에 살고 있는 어떤 동물들에 관한 그림. 그것이 공동체/무리/한 떼 등을 만드는 경향에 초점을 맞추어서 그리되 7-9주 시기에 제출한다.

준비자료들 :

동물에 관한 DVD, 사회봉사 단체들이나 지역공동체의 활동을 담은 DVD.

위의 내용을 통해 정리하면, 사회과목 수업은 학교 교실로부터 지역사회와 도시 그리고 자연의 세계에까지 확대하여 공동체란 무엇인지를 배우고 있음을 알 수 있다. 앎에 대한 인식을 삶의 현장을 통해 확인하고 그 공동체를 위해 자신이 해야 할 일에 대해 표현하도록 과제를 부여한다. 특히 기독교신앙에 근거한 공동체의 학습이 되기 위하여 지역사회에서 봉사하는 선교단체와 연결하여 학습을 진행하고 있는 것은 바람직한 방법이라고 생각한다.

교육과정이 교사와 학생들에 의해 얼마나 잘 운영되고 있는지에 대한 평가는 종합적으로 이루어지고 있다. 교사에 대한 수업평가는 종종 교장이 교실에 들어가 수업을 참관하는 정도로 이루어지며, 교사의 신앙(기독관)은 수시로 점검하지만 승진이나 포상을 위해 점수화하는 평가는 없다. 다음은 사정 과정에 나와 있는 교사의 자체평가 양식이다.[250]

〈표28〉 2008년 교사평가와 사정 과정

평가의 기준	T1,2	T3,4	담당자의 평가	종합평가의 말
커리큘럼 전달				
학습 프로그램 -1년의 프로그램들을 계획 -학기 프로그램들을 계획 -학생들에게 기대되는 행동들과 성취도				

---

250) 임마누엘기독교학교, "교사평가와 사정 과정" (미간행물, 2008). 2.

학생의 성장				
-배치 평가 전략을 갖는다				
-학생 성장을 기록한다				
-학생의 필요를 알기위해 평가를 사용한다				
전문적인 발달				
-전문적인 발달 활동들에 충분히 참여한다				
교수 자료				
-효과적으로 교수자료의 범위를 사용한다				
교수 기술				
-교수 기술의 범주를 사용할 수 있는 능력을 보여준다				
-주제 내용을 효과적으로 알려준다.				
-자신의 지도를 반영하고 향상할 수 있는 행동을 한다				
환경				
-교실은 정돈되어있고 깔끔하다				
-교실은 학습에 도움이 되고 안전한 곳이다. 일상의 과정은 적절하고 잘 설비되어있다.				
-최대한의 사용은 학습시간에 만들어진다.				
-학생행동은 효과적으로 관리된다.				
-의도된 학습 분위기를 유지한다.				
커리큘럼 내용				
커리큘럼 계획				
-모든 교과과정 영역은 숨겨져 있다				
-커리큘럼의 소리지식을 설명한다.				
문화적인 다양성				
-문화의 다양성에 대한 중요성을 이해한다.				
태도, 가치, 본질적인 기술				
-프로그램은 태도와 가치의 중요성을 반영한다.				
-프로그램은 본질적 기술을 격려하고 발전시킨다.				
학생 업적				

-효과적인 기술을 학생들의 동기유발을 위해 사용한다				
-그들 자신의 학습을 위한 책임을 지도록 학생을 격려한다				
-적절한 피드백을 학생들에게 제공한다.				
학습평가 측정				
-목표에 대한 학생 발달을 평가한다				
-평가 전략의 범위를 사용한다				
-지도와 학습의 향상에 대한 평가를 사용한다.				
기록과 보고				
-정확한 학생의 성적을 보관한다				
-보고는 적절하게 그리고 요구되어질 때				
-효과적인 대화의 기술을 보여준다				
-가족에게 정확한 정보를 제공한다				
일반적인 기여				
동료간의 협력				
-전문적으로 그리고 지지하고자 하는 태도로 행동한다				
-효과적인 작업관계를 세우고 유지시킨다				
-다른 이들을 격려하고 전문적인 발달에 참여시킨다.				
학교 활동들				
-폭넓은 학교 활동들에 참여하고 지지한다.				

교사의 교육활동에 대한 자체평가는 동료교사들의 평가와 본인의 평가 그리고 각 부장의 종합평가로 이루어져 있다. 평가의 항목에는 학습의 내용이 학생들과의 관계에서 효과적이었는지, 목표에 도달했는지, 환경은 준비가 되어있는지, 동료와 협력했는지, 교수방법은 적절했는지 등의 여부를 평가하도록 되어있다. 이 같은 평가는 교사의 기독교적인 교수-학습의 발전을 위함이지 승진이나 비판을 위한 평가는 아니다. 평가에 대한 결과물은 교사 당사자에게 제공되며 자신을 성찰하는 계기로 삼고 있다.

② 교과서선택

교과서는 기독교세계관에 의해 만들어진 정규 교과서는 없다. 일반학교의 교과서는 NCEA(학력인증제도)를 위해서 사용하고 있으며, 무엇보다 중요한 것은 하나의 교과서에 의존하지 않고 일반교과서, 기독교 자료, 외국의 교육자료 등을 종합하여 성경의 관점에서 해석하여 담당교사가 가르칠 교과의 지도안을 구성하여 가르친다. 학문적으로 그리고 기독교육적으로 가르칠 수 있는 수준 있는 교과서를 찾는 것은 어려운 일이나 교육을 위한 기독교적 자료는 많이 보유하고 있다고 한다.[251]

학생들은 대부분 교과서 없이 공부를 한다. 교사가 나누어준 학습자료를 가지고 매시간 공부를 한다. 그래서 노트를 가지고 다니기는 하지만 기록하는 내용들이 별반 없다. 교사가 나누어준 자료에 기록하고 그것으로 공부하고 그것을 모아놓는 것이 교실수업의 풍경이다.

교과서 부분에서 가장 큰 문제는 교사들의 개인차에 따라 수업의 질이 결정된다는 점이다. 그렇게 되면 전체 교사와 전체 교육과정의 방향성을 통일하기가 어렵다. 교사가 지도안을 자성할 때 학교 교육이념을 담은 안내문이나 지침이 없기 때문에 비록 성경적 관점에서 해석한다 할지라도 교사가 자신의 취향에 맞는 것을 취사선택할 가능성이 있다. 따라서 학교는 학교교육의 정체성을 담보할 지침을 마련할 과제를 안고 있다.

(3) 임마누엘 기독교학교의 학교생활

① 생활지도

학교와 가정의 대화 통로로서 학교신문과 숙제를 활용하고 있다. 학교

---

[251] 2008년 5월 17일, 임마누엘기독교학교 교장의 설문조사 답변자료 중에서

신문을 통해서는 기도요청, 선교기금모금 동참방법, 각종 모임공지, 자녀를 교육하는 방법 등 한 주간의 학교소식을 목요일마다 각 가정에 전달된다.[252] 학교홈페이지에 탑재해 놓으며 메일로도 가정에 전달되기도 한다. 이 학교신문은 학생들이 반드시 읽고 기억해야 할 의무라고 학교는 강조하고 있다.

숙제 역시 가정과 학교사이의 대화의 통로로서 자녀들의 숙제를 정기적으로 확인할 것을 부모에게 강조하고 있다. 9-13학년 학생들은 숙제장에 개요를 기입하고 기일을 반드시 기입해야 한다고 가르치고 있다. 학교에서 학과목에 대한 지도를 숙제를 통해 가정과 소통하는 것이다.

복장이나 두발을 비롯한 학교규칙들은 엄격하게 규정되어 있다. 학교안내서에 나와 있는 규정들은 다음과 같다.[253]

- 학생들은 학교의 안뜰에서 오후 3시 15분경에 적절히 픽업되어져야한다. 7-13학년 학생들은 만일 스스로 집에 갈 수 있도록 책임이 주어졌다면 개별적으로 학교를 떠나도 좋다. 단 하교시 인도를 사용해야하며 초등학생들의 하교를 방해해서는 안 된다.
- 자녀가 결석할 때에는 학교에 오전 9시까지 연락해야 하며, 만일 연락을 하지 않는다면, 당신의 자녀가 안전한지를 확인하기위하여 전화를 걸 수 있다. 결석사유를 학교의 자동응답기에 메시지를 저장해 놓아도 된다. 장기 결석(2일 이상)시에나 또는 여행을 하게 될 경우는 사전에 담임선생님과 의논을 하고 교장에게 통보를 해야만 한다.
- 1학기와 4학기에는 실외에서 모자를 써야한다.

---

252) 임마누엘기독교학교, 「2006년 학교안내서」, 20.
253) 임마누엘기독교학교, 「2006년 학교안내서」, 12.

- 검소한 옷차림은 규칙이다 : 매니큐어 금지, 화장금지, 시계를 제외한 보석류 금지, 장식이 없는 귀걸이는 1쪽에 1개만 허용, 머리는 깔끔하고 단정하게 자연스런 모양으로 관리해야 함, 긴 머리는 얼굴을 가리지 말아야 함, 남자의 머리는 옷 칼라 길이보다 짧아야 함, 불쾌감을 주는 스타일 금지.
- 귀중품, 위험한 물건, 거액의 돈을 가져와서는 안 된다.
- 학교에서는 휴대전화를 사용할 수 없다. 휴대폰이 꺼진 상태로 가방 속에 보관되어야 함. 만일 전화를 사용하는 것이 목격되는 경우에는 하루 동안 학교가 보관함.
- 비상시라 할지라도 부모의 픽업의뢰가 없다면 학생은 학교 밖으로 나갈 수 없다.
- 머리는 자연적 머리색의 염색만이 가능하고 다른 색의 염색은 불가하다. 또한 머리는 얼굴을 가리지 않게, 리본, 머리핀 등은 반드시 군청색 또는 검정색의 모양 없는 것이어야만 한다.
- 남학생 교복은 1년 내내 착용한다. 이 때 구두는 완전히 검은 구두, 양말은 발목까지의 하얀색 또는 군청색 양말. 반바지 착용 시에는 양말 없이 신는 것이 허락된 샌달, 세 가지 스타일의 군청색 모자가 이용가능하다.
- 여학생 교복도 연중 내내 착용한다. 이 때 구두는 완전히 검은 구두, 양말은 발목까지 덮는 하얀색 또는 군청색 양말. 군청색 타이즈는 치마를 입을 경우. 양말 없이 샌달이 허락됨, 군청색의 세 가지 스타일의 모자가 이용 가능하다. 하얀 폴로셔츠를 입을 경우 속내의는 신중하게 선택하여 입어야 한다.

위의 생활규칙들을 보면 매우 엄격한 느낌을 받는다. 머리나 복장 그리고 각종 상황에 따라 규정을 자세하게 제시하고 있다. 이처럼 엄격한 규제 하의 학생들은 일사불란하며 통제하기가 쉬운 반면, 창의력이 떨어질 수 있다. 학교는 이러한 엄격한 규정이 신앙훈련을 위함인지 교육적 소신 때문인지 명확한 설명을 하고 있지 않다. 이에 대한 성경적이고 기독교교육적인 방법은 무엇인지 진지한 고민이 필요하다. 아직 학교는 기독교적 방법에 의한 상벌규정이나 체벌규정은 없다고 한다.

학교 규정을 위반한 경우의 처벌은 우선 교사가 관리를 하고, 그래도 개선되지 않으면 부서의 부장이 개입하며, 그래도 개선되지 않으면 부모를 소환하여 부모와 함께 협력하여 개선하도록 지도한다고 한다.

② 진로 및 진학지도

임마누엘학교를 졸업한 후 70% 정도의 학생들은 대학을 비롯하여 공부를 계속해 나가고 있고, 30% 정도의 학생들은 직업을 선택한다고 한다. 일반적으로 졸업생들은 대학에 진학하여 신뢰할만하게 잘 생활하고 있다고 하지만 여기에 대한 실질적인 자료나 데이터는 없다. 임마누엘을 졸업한 사람들이 졸업 후의 자신이 처한 상황에서 과연 임마누엘기독교학교 출신답게 배운 바대로 훌륭한 삶을 살아가고 있는지를 파악하기는 쉽지 않다. 그렇지만 분명한 것은 평가의 부분이 반드시 필요하다는 것이다. 수년간 임마누엘에서 받아온 교육을 졸업 후 현장에서 얼마나 생활화하면서 살아가고 있는지에 대해 분명한 연구가 있어야 한다.

③ 학부모참여

임마누엘학교는 근본적으로 자녀교육의 일차적 책임은 부모에게 있음을 밝히고 있다. 따라서 학부모의 위치를 중요하게 생각하고 있으며, 협력과 참여를 통해 교육의 파트너로 인정하고 있다. 그래서 현재 학부모들은 학생 납입금 책정, 교육활동에 관한 정책, 학교운영 등에 참여하여 협력하고 있다. 또한 학부모들은 학교청소, 사역모임, 기도모임, 학교운영위에 참여하고 있다. 그러나 학부모 교육이 현재 이루어지고 있지 못하다. 학부모가 기독교적인 자녀교육관에 대해 잘 교육받아야 하지만 그것은 학교의 몫이 아니고 교회가 감당해야할 몫이라고 한다. 그래서 교회가 그 일을 감당하도록 남겨둔다고 한다.[254]

모든 학부모는 학교를 청소하는 일에 참여해야 하는데, 다음은 학교 청소 안내문에 소개된 2008년 1학기 학부모들의 청소에 대한 안내문을 정리하면 아래와 같다.[255]

1. 금요일 방과 후 직후는 청소 시간이며, 그 일을 완수하는 데는 1시간 30분정도가 소요된다.
2. 청소할 구역은 교실, 미술실, 자료실, 현관, 복도, 컴퓨터실 등 교내 전역이다.
3. 무슨 일을 해야 할지는 각 교실들마다 붙어있는 게시물을 읽어보라.
4. 학부모의 각 가정 당 1년에 최소한 4시간 정도를 봉사해야 한다.
5. 만약 사정이 있어서 청소에 침식이 불가능 한 가정은 내 학기에 $65(뉴질랜드 달러)를 학교에 납부하여야 한다.

학부모들이 청소를 할 때에는 매우 구체적으로 할 수 있도록 청소요령을 안내하고 있다. 각 청소구역마다 청소요령이 부착되어 있는데, 그 중에서 교실에 붙어있는 교실의 청소 요령은 다음과 같다.[256]

---

254) 2008년 5월 17일, 임마누엘학교 교장의 설문조사에 대한 답변 중에서
255) 임마누엘기독교학교 홈페이지(http://www.immanuel.school.nz/) - 청소안내
256) 임마누엘기독교학교 홈페이지(http://www.immanuel.school.nz/) - 청소안내

1. 당신은 진공청소 후에 의자들을 책상위에 남겨둘 수 있다.
2. 책 선반, 창문턱과 걸레받이들의 먼지를 턴다
3. 모든 책상과 탁자의 위는 뜨거운 비눗물로 깨끗이 한다.
2. 모든 의자 윗부분은 간단하게 청소한다.
3. 분필 선반과 칠판은 젖은 걸레질을 하라. 단 하얀 칠판은 어떤 것으로도 걸레질을 하지마라.
4. 칠판 앞의 바닥은 대걸레질하라.
5. 쓰레기통이 비어있는지 확인하고 지저분할 경우에는 비워야 한다.
6. 바닥은 진공청소기로 청소하라.
7. 모든 창문들이 닫혀있는지 확실히 살펴보라.
8. 중학교 사무실은 12번 방을 청소하시는 분이 반드시 청소해야하며, 11번 방과 12번 방 사이의 창고 공간도 청소가 되어야 한다.

2) 웨스트민스터기독교학교
(Westminster Christian School)

(1) 웨스트민스터기독교학교의 학교운영

① 설립이념
a. 학교소개

전화번호	(09) 444 1983
홈페이지	http://www.westminster.school.nz/
우편주소	31 Westminster Gardens, Albany, Auckland
설립주체	학교법인 웨스트민스터
운영주체	이사회 구조
설립년도	1981
교단소속	초교파적
정부와의 관계	통합적(integrated) 운영

뉴질랜드의 오클랜드 알바니에 위치한 웨스트민스터기독교학교는 학교운영비 중 60%를 국가로부터 보조를 받고 있는 통합형학교로서 국가의 교육과정을 따르고 있다. 그러나 교육철학은 보장되어 있어서 기독교학교로서 운영에 어려움은 없다고 한다. 다만 학생들에게 복음을 소개하지만 전도는 하지 않는다고 한다.

학교 운영은 12명의 이사회(Board of trustees)를 중심으로 하고 있으며, 이사회는 교장과 모든 교사를 임명하고 직원들을 일을 돕는다. 그들은 교과과정을 효율적으로 전달하고 학교공동체와 지속적인 대화를 확실히 함으로써 교장이 학교의 매일업무를 잘 관리하도록 협조한다. 이사회는 5명의 학부모 대표들, 학교 교장, 4명의 경영자 대표들, 그리고 교사 대표들로 구성된다. 이사회는 매 3년마다 선출하고 있다.

b. 설립배경

웨스트민스터학교는 영국의 웨스트민스터 신앙고백을 배경으로 설립되었으며, 현재는 정부와의 관계에서 통합 형태로 운영되는 학교이다. 1-8학년까지, 학급 규모는 28명을 넘지 않게 구성되어 있고, 1학년인 경우는 20명 내로 구성한다. 이 학교의 설립배경은 뉴질랜드의 전통적 유대/기독교의 신앙적 유산을 가지고 있는 가족들의 교육적 요구에 의해 1981년 세워졌다. 학교 안내문에 나와있는 웨스트민스터의 가장 중요한 특징과 사명은 다음과 같다.[257]

1. 부모들을 도와서 그들의 자녀들이 세상과 자신들의 위치에서 하나님의 청지기와 일군이 되어 어떤 일을 해야 하는지를 알게 한다.
2. 창조된 세상의 모든 영역에서 예수 그리스도가 주되심을 찬양하도록 도전을 준다.
3. 학생들로 하여금 하나님은 창조자요 구원자이시며, 온 우주를 존재케 하시는 분이심을 이해하고 의심 없이 받아들이도록 격려한다.
4. 성경말씀에 따라서 현재와 영원한 삶에 대한 소망 가운데 자신의 삶을 변화시켜가도록 동기를 부여한다.

c. 설립이념과 특징

설립이념은 우리 마을 공동체(North shore)에게 웨스트민스터 신앙고백

---

257) 웨스트민스터기독교학교, 「2008년 학교 안내서」(2008), 2.

에 기초한 기독교교육에 대하여 알리고 우리의 공동체로 하여금 모든 면에서 예수님을 닮아가게 하기 위하여 학교가 설립되었다. 즉, 모든 학생에게서 찾을 수 있는 예수님의 성품을 깨닫고 닮아가는 것이다. 웨스트민스터기독교학교의 특징과 사명을 구체적으로 열거하면 다음과 같다.[258]

- 가정에서 아동들이 하나님의 책임 있는 청지기이자 세계에 대한 꿈을 품은 자들로서 그들의 삶의 현장에서 맡겨진 과제들을 잘 이루어가는 것을 도와준다.
- 학생들이 예수님이 모든 것의 주인 되시며 그리고 창조의 모든 현상들을 기뻐하도록 도와준다.
- 창조주이자 구세주로서의 하나님을 알고 싶어 하는 마음이 자라게 하는 결과를 갖게 함으로써 목적 있는 삶을 성실하게 살도록 용기를 준다.
- 학생들의 마음속에 하나님의 세계 속에서의 그들의 운명, 시민의식 그리고 목적에 대한 열정적인 감각을 개발시키도록 도와준다.

위와 같이 웨스트민스터학교는 모든 교육의 배경을 성경으로 하고 있으며, 웨스트민스터의 신앙고백을 기초로 하여 그들의 마을공동체에 그리스도의 정신을 전파하기 위한 목적으로 설립되었음을 알 수 있다.

d. 교육 목표

웨스트민스터학교의 교육목표는 학교장의 설명에 잘 나타나있다. 그 내용은 다음과 같다.[259]

---

258) 웨스트민스터기독교학교, "학교 설립 배경" (미간행물, 2008), 3-4.
259) 2006년 2월 16일, 웨스트민스터기독교학교 교장 윌슨(Kent Wilson)과의 면담 중에서

웨스트민스터기독교학교는 기독교 가정의 아이들을 예수님 중심의 커리큘럼으로 교육하기 위하여 노력하고 있습니다. 나의 목표는 학생들이 성경적 세계관에 기초하여 그들이 개발시킬 수 있는 모든 분야에 걸쳐 탁월성을 실현하도록 동기를 부여하는 것입니다. 그들의 잠재력을 가능한 현실로 만들어 그들로 하여금 하나님이 주신 재능을 책임감 있게 사용할 준비를 하도록 역점을 두고 있습니다.

웨스트민스터기독교학교의 교육목표를 정리하면 학생들을 위한 창의적 환경을 풍성하게 해줌으로 인해 그들의 잠재력을 가능한 것으로 만들게 하고, 하나님이 각자에게 주신 재능을 책임감 있게 사용할 준비를 하도록 하는 것에 두고 있음을 알 수 있다. 다시 말해서 성경적 세계관에 기초를 둔 그리스도 중심의 교육을 통해서 학생들의 잠재성을 실현시킬 수 있도록 하는 데에 초점이 맞추어져 있다고 할 수 있다.

e. 비전 선언

학교의 2008년 학교안내서에는 학교의 비전을 다음과 같이 간결하게 제시하고 있다.[260]

웨스트민스터기독교학교는 성령님을 통하여, 성경적인 세계관에 기초를 둔 예수님 중심의 교육과정을 제공함으로써 우리의 현재적 삶과 다가올 영원한 삶까지의 여정 속에서 기독교 학부모의 자녀들을 교육하는데 있다.

---

260) 웨스트민스터기독교학교,「2008년 학교 안내서」, 6.

② 교사임용과 복지
a. 교사선발 및 임용기준
웨스트민스터기독교학교에서 교사가 되려면 일정한 자격을 갖추어야 한다. 대학졸업학위인 bachelor 또는 edu degree 그리고 teaching diploma를 소지하여야 한다. 이러한 국가의 자격 이외에 중요한 것은 그리스도인이어야 한다. 또한 기독교적인 생활을 잘 하고 있는가 하는 것이 교사가 되기 위한 아주 중요한 요건이 된다.

b. 학교 구성원 수
학교 구성원은 전담교사가 8명, 시간 강사가 10명, 행정요원이 2명 도합 20명이며, 학생들은 취학 전 아동부터 8학년까지 도합 213명의 학생이 재학하고 있다. 따라서 총 구성원은 233명으로 구성되어 있다.

c. 학교의 재정
학교운영을 위한 재정 구조는 웨스트민스터학교가 주정부와 통합된 학교로서 주정부로부터 전체 운영비 중 60%를 보조받고 있다. 주정부의 교육당국은 학교에 있는 학생의 수에 기초하여 운영허가를 허락했으며 그에 준하는 보조금을 지급하고 있는 것이다. 또한 출석 상황에 따라 공과금이 적립되고 그에 따른 보조금도 받게 된다. 따라서 재학생 수는 교육당국의 승인 하에 항상 관리가 되고 있다.

학교의 재정은 정부보조 60%, 후원금 5%, 학생등록금 30%, 기타 5%의 구조로 되어 있다. 교사들의 연봉은 학위에 따라 차등 지급되는데, 초봉으로 산정했을 때 뉴질랜드 달러로 30,000$(bachelor), 34,000$(teaching diploma), 36,000$(edu degree)과 같은 차이를 보이고 있다. 이 연봉은 공립학교 수준과 같다고 한다. 이 학교에 재직하고 있는 교사들은 교사로서 모든 부분에서 아주 만족하고 있으며, 자부심도 대단하여 근무만족도가 매우 높은 편이다. 교사들은 오랜 시간을 교육계획을 짜는데 사용하고 있다고 한다.[261]

그러나 더 좋은 시설을 설치하고 교육환경을 개선하기 위하여 학교는 후원금 모금을 적극적으로 하고 있고, 재정위원회를 두어 모금활동을 하고 있다고 한다. 재정위원회는 모금한 후원금과 사용내역서를 공개하고 있는데, 재정위원회의 업적이라 하여 공개되고 있는 내용은 다음과 같다.[262]

> 재정위원회의 업적(Achievements of Fundraising Committee)
> - 새로 설비된 도서실을 위한 책들을 구매함
> - 학생 캠프를 위한 재정적 지원
> - 선생님들이 맡고 있는 학급의 과외 경비를 위하여 선생님들에게 할당된 특별한 재정지원
> - 탁구대들을 구입함
> - 학급에서 사용되는 컴퓨터 소프트웨어의 구매
> - 새로운 학년들을 위한 수학 자료 구입

학교는 학부모들과 지역민들이 학교의 재정지원팀에 합류하길 기대하면서 재정후원은 학교 내의 다른 가정들을 가장 빨리 파악하는 방법 중 하나이며, 당신의 자녀를 후원하는 효율적인 방법이라고 소개하고 있다. 또한 그러한 후원으로 자녀들이 학교에 대한 자부심을 갖게 될 것이라고 말하고 있다.

---

261) 2006년 3월 15일, 웨스트민스터기독교학교 교장의 설문조사에 대한 답변 중에서
262) 웨스트민스터기독교학교, "재정위원회" (미간행물, 2008), 5.

d. 교사교육

교육을 주제로 한 교사연수는 1년에 방학기간을 이용하여 10회 정도 개최된다고 한다. 교육 내용으로는 성경적 세계관에 입각한 접근 방법에 관한 것이다. 또한 오클랜드나 다른 뉴질랜드의 교육기관에서 자율적으로 교육을 받는다. 이때는 각 커리큘럼 영역마다 선택된 훈련을 받는다고 한다.

③ 학생선발

a. 입학을 위한 절차

학교에 입학하기를 원하는 학생은 누구나 입학이 가능하다. 한 학년에 25명을 기준으로 빈자리가 있으면 입학을 허락하고 있다. 단, 기독교적 배경을 확인한다고 한다. 이와 같이 기독교가정 출신의 자녀인가의 문제는 편,입학에 가장 중요한 요건이 된다고 하며, 또한 학교의 교육방침을 수용해야 한다고 한다.[263] 부가적으로 면접할 때 공부하는 습관들과 행동에 대해서 질문을 하며 전학교의 성적도 제출하도록 하여 종합적으로 판단하여 편,입학을 허락하고 있다.

b. 학제

학제는 총 8학년까지로 되어 있고, 재학 학생은 총 213명이며, 학제는 학령 전 아동 40명, 1학년부터 3학년까지의 학생이 77명, 4학년부터 5학년까지의 학생이 50명, 6학년 학생이 23명, 7학년 학생이 12명, 8학년 학생이 11명이 재학하고 있다.

---

263) 웨스트민스터기독교학교,「2008년 학교 안내서」, 12.

c. 학생 납입금

학교에 입학할 때 납부하는 입학금이나 예치금 등은 없다. 모든 학생들은 동일하게 1년 4학기로 4회 교육비를 납입하고 있다. 한 학기 납입금은 총 571.5$(뉴질랜드 달러)을 납부하고 있다. 납입금은 크게 두 가지로 나누어지는데, 교육비(등록금과 학교발전기금)와 특별활동비(수업자료준비비와 각종 재료구입비 그리고 신앙헌금)가 그것이다. 한 학기에 교육비로 420.5$, 특별활동비로 151$을 납부하고 있다. 따라서 1년에 총 학생들이 납입해야 하는 교육비는 2,286$이 된다.[264] 이 납입금에는 점심식사비가 포함되어 있지 않은 금액이다.

학생 납입금은 자동 납부하도록 하고 있으며, 지불 기일은 각 학기 첫 주로 삼고 있다.

(2) 웨스트민스터 기독교학교의 교육활동

① 교육과정
a. 교육과정 편성

1년 365일 중에서 수업일은 197일이며, 공휴일은 제외한 순수 방학일은 12주(84일)로 운영하고 있다. 학생들은 매일 5시간씩(주당 25시간), 매 수업마다 45분의 수업을 하고 있다. 교육과정 편성은 주정부의 요구에 따라야 한다. 그러나 웨스트민스터기독교학교는 성경적 교육과정을 더 첨가할 수 있다. 즉, 주정부의 교육과정 요구에 학교의 철학이 담긴 교육과정을 구성하는 것이다. 이때는 교장과 교사들은 교육과정에 관한 것들에 대해 책임을 공유하면서 함께 만들어간다. 주정부가 요구하는 교육과정인 읽

---

264) 웨스트민스터기독교학교, "학생 교육비" (미간행물, 2008), 3.

기, 창의력 탐구, 영어, 외국어, 예술, 기술, 음악과 합창, 신체활동, 그리고 캠프나 여행과 같은 교외활동들 외에 기독교적 서비스 즉, 뮤지컬 관람, 월드비전 콘서트 참가, 시내의 미션행사에 참여 등을 제공하고 있으며, 또한 아래와 같은 특별활동들을 제공하고 있다.[265]

- 수영팀 운영 : 1학기 중 수영에 재능이 있는 학생을 선발하여 수영 기술과 경기 절차들을 교육한다. 훈련은 오클랜드 내 기독교학교들의 수영대회에 참여하기 위해서 밀레니엄위원회 수영장에서 주마다 점심시간에 연습한다. 수영대회는 보통 3월 하순 또는 4월 초순에 열린다. 2004년에는 각기 종목에서 일등, 이등, 삼등의 성적을 차지했다.
- WCS 네트볼 : 네트볼 팀은 겨울학기동안 주마다 훈련을 하며 다른 기독교학교와 시합을 한다.
- WCS 탁구 : 2005년부터 시작된 이 활동은 연습 후에 다음 시합에 참가할 목표를 가지고 있다.

그밖의 골프, 스쿼시, 배드민턴, 하키, 터치 럭비, 체조, 요트경기, 수영 프로그램 등과 같은 다양한 운동들이 제공되고 있으며, 미술과 음악교과 과정에는 시각미술, 드라마, 춤, 뮤지컬 등이 제공되고 있다. 이 학교의 시각미술전공 선생님은 우리 학생들이 예술의 모든 면에서 창의성을 개발시키는데 헌신하고 있다. 학생들은 또한 관현악단에서 학교교육 수준에 맞는 연주를 할 기회가 있으며 관현악단이 운영되고 있다. 피아노와 플루트는 개인지도를 학교에서 하고 있다. 또한 4-8학년 학생들은 학교 합창

---

265) 웨스트민스터기독교학교, 「2006년 학교 안내서」(2006), 3.

단원이 되기 위한 오디션을 볼 수 있다. 그 합창단은 정기적으로 기독교선교활동에 참여하고 있다. 이들은 노인 방문과 북쪽 해변 지역 학교들과의 해마다 열리는 월드비전 콘서트에 참가하고 있다.[266]

여러 교육과정을 통해 배우고 익힌 재능들은 지역사회를 섬기는 사역에 사용된다. 해마다 발표회나 문화의 밤 행사를 통해 학생들은 자신들의 춤, 연극 그리고 음악적 기술을 보여주는 기회를 가지며, 2004년에는 천로역정(pilgrims progress)을 개작하여 연극을 하였으며 학생 모두가 출현하여 더 넓은 지역사회와 학교공동체에 선을 보였다.

② 교과서선택

학교에서 사용하고 있는 교과서들은 일반학교에서 사용하고 있는 교과서, 기독교적으로 만들어진 교과서, 외국원서 등을 사용하고 있다. 중요한 것은 교과서를 교사가 재편집하여 지도안을 작성한다는 점이다. 일반교과서를 참고하나 다른 폭넓은 기독교적 부교재들을 참고하기 때문에 항상 내용은 90%의 기독교적인 내용으로 구성된다고 한다.[267] 교재를 선택할 때는 교장과 교과목 교사가 함께 결정한다. 웨스트민스터기독교학교에서 사용하고 있는 기독교적 교과서는 뉴질랜드에서 발간하는 Interactive Education 출판사의 교재를 사용하고 있다.

---

266) 웨스트민스터기독교학교, 「2008년 학교 안내서」, 17.
267) 2007년 7월 25일, 웨스트민스터기독교학교 2차 방문 시 교장 Kent Wilson과의 면담중에서

(3) 웨스트민스터 기독교학교의 학교생활

① 생활지도

학교에서의 생활지도는 매우 엄격한 편이다. 또한 기독교적 방법으로 지도하려고 노력한다. 학생들로 하여금 성경적 세계관에 의해 실천하도록 지도하고 있다고 한다. 예컨대, 교칙을 위반했거나 남을 못살게 굴거나 혹은 남을 위협하거나 별명 부르기 등과 같은 문제를 일으키는 학생은 잠언6:16-19절에 나오는 행동들로 3단계를 거쳐 치료하게 된다.[268] 1단계는 학급담임이나 담당선생님께 반성문을 작성한다. 그래도 똑 같은 것을 4번 위반하면 2단계인 부장선생님께 가서 반성문을 쓴다. 이 단계에서 2회 또 다시 위반하면 좀 더 권위적인 3단계인 교장에게 간다. 교장은 그동안 쓴 반성문을 토대로 학부모에게 연락하며 학생에게 레드카드를 주고 집으로 보내 부모의 사인을 받아 오도록 한다. 계속된 지도에도 변화가 없으면 등교정지를 통해 가정에서 부모의 지도를 받게 한다. 이 같은 방법은 부모가 중심이 되어 자녀가 지도받도록 배려하고 있는 것이다.

2006년 학교 안내서에 소개된 개인 복장에 대한 규정은 다음과 같다.[269]

- 모든 머리끈과 악세사리들은 짙은 감색, 빨강, 흰색, 검정색으로만 한다.
- 은이나 금과 같은 귀금속을 손목이나 귀 장식으로 해서는 안 된다. 귀걸이는 5센트 동전보다 크면 안 된다.
- 머리 스타일은 눈에 띠거나 요상한 색으로 염색해서는 안 된다.
- 규정에 어긋난 외투는 특별히 추운 날만 허용된다.
- 비옷은 학교 규정의 색이 아니면 안 된다.
- 모자는 여름에는 의무적으로 써야한다. 학교모자 외에는 로고가 새겨지

---

268) 웨스트민스터기독교학교, 「2006년 학교 안내서」, 14.
269) 웨스트민스터기독교학교, 「2006년 학교 안내서」, 15.

지 않은 진한 감색, 빨강, 흰색으로만 가능하다.
- 각자 소유물에는 이름을 써 넣어라. 분실 시에는 학교에서는 책임을 지지 않는다.

웨스트민스터학교에서 성경적인 방법으로 지도한다고 하는 것은 인내와 사랑을 가지고 오래 참음과 같은 방법을 사용한다는 의미이다. 끝까지 사랑으로 인내하며 최종적으로는 교사와 가정의 학부모가 함께 문제를 치료하고 생활지도를 해 가고 있는 것이다.

② 학부모참여

웨스트민스터기독교학교의 학부모 중 기독교인은 90% 정도가 된다. 학부모의 학교 참여는 보통 수준이며, 학교와 연관된 기도모임에 참여하기, 학교 재정 후원금에 동참하기, 여행이나 캠프 활동 때에 참여하는 정도이다. 학부모들은 학교회의에 참석하고 경우에 따라서는 학교의 운영위원으로 선출되어 한 달에 한 번의 모임을 통해 학교를 돕는다. 학교의 교육과정도 모니터하면서 발언권을 행사하고 있다.

웨스트민스터기독교학교는 통합형 학교로서 성경적인 것에 근거를 두고 있기 때문에 일반 공교육의 좋은 대안이 될 수 있다. 현재 학생들에게 받는 교육비는 일반 사립형학교보다 저렴하기 때문에 학교 운영상 재정적인 어려움이 발생하고 있다. 학교 재정상 시급하게 구비해야 할 것은 도서실이며, 읽을 만한 많은 도서가 필요하다. 그러나 이러한 어려움은 재정적 후원으로 채우려고 노력하고 있다. 웨스트민스터학교는 부모들이 기독교교육에 대한 이해와 자녀들에게 왜 기독교교육이 필요한지를 계속적으로 알려주고 있다. 그러므로 기독교학교가 일반학교와 다른 점을 잘 인식하고 있으며 재정에 대한 학교의 후원자로 나서고 있다.

3. 기독교대안학교 사례 연구에 대한 분석

앞에서 사사학교, 멋쟁이학교, 임마누엘기독교학교, 웨스트민스터기독 교학교 등의 교육 사례와 더불어 그 특징들을 간략하게 소개하였다. 여기에서는 위에서 소개한 네 곳의 학교에 대하여 1장 3절에서 제시하였던 기독교대안학교의 신앙공동체성을 기초로 하여 신앙공동체성별, 교육목표별, 교육내용별, 교육방법별로 분석하고자 한다. 이러한 분석을 통해 사례 연구 학교들의 신앙공동체성의 현황과 문제점들이 보다 분명하게 드러날 것이며, 이것을 기초로 하여 3장에서는 기독교대안학교 발전 방안을 모색하고자 한다.

1) 신앙공동체성에 대한 분석

기독교대안학교에서의 신앙공동체성이란 그리스도를 머리로 모든 학교 구성원들이 지체들로서 서로 유기적 관계를 맺고 있는 신앙공동체인가, 학교 구성원 간의 지속적인 교제와 공동체의 활동에 적극적으로 참여하여 상호작용하며 협력하는 회중중심의 공동체인가, 모든 학교 교육활동을 통해 그리스도를 경험하고 자신에게 주어진 사명을 완수하기 위해 대화하는 인격공동체인가, 완전한 하나님나라를 지향하여 가는 공동체로서 비평적 성찰과 변증적 해석을 통한 나눔의 프락시스가 일어나는 신앙공동체인가, 하나님의 부르심에 응답함으로 세계적 공동체에 참여하여 하나님나라의 가치로 세상을 변형시킬 수 있는 사람들로 준비시키는 공동체인가 하는 질문들과 관련되어 있다.

이러한 신앙공동체성의 관점에서 사례 학교들을 분석하면 국내의 사사학교와 멋쟁이학교는 전반적으로 일치함을 확인할 수 있으나, 뉴질랜드의 임마누엘학교와 웨스트민스터학교는 일치하고 있지 않음을 확인할 수 있다. 우선 사사학교는 학교의 설립이념이나 설립배경이 어떤 신앙공동체 교육론에 근거하고 있다고 볼 수는 없지만 신앙공동체로서의 삶을 통한 교육의 의지가 잘 드러나고 있는데, 교장을 비롯해 90%의 교사와 학생들이 함께 기숙하며 예배와 교육과 삶을 함께하는 공동체를 이루고 있는 것이 그것을 증명하고 있다. 이러한 공동생활을 통해 수시로 상호작용하고 있으며, 학교의 교육원리 중 제11원리에도 하나님나라를 이루어 가는 교육을 천명하고 있고, 이 시대의 사사(士師)로서 세계적 공동체에 참여하여 세상을 변형시키는 인재를 양성하는 학교의 목표에도 공동체성은 잘 드러나고 있다.

멋쟁이학교 역시 신앙공동체성이 잘 드러나고 있다. 특별히 교회와 교육의 본질을 회복하기 위하여 교회와 학교와 가정이 통합된 공동체 삶을 실천하고자 한다는 학교의 설립배경에 그 의지가 잘 드러나고 있다. 또한 이러한 철학들은 학교의 교육활동에도 잘 반영되고 있다. 즉, 공동체적 삶을 강조하면서 그 삶 속에서 함께 삶을 나누는 교육 프로그램들로 채워져 있다. 이러한 공동체적 삶을 위해 교사 모집의 제일 중요한 요소 가운데 하나가 바로 사랑방공동체에 와서 함께 공동생활을 할 수 있는가 하는 점이 강조되고 있다. 사랑방공동체 안에 교회, 유치원, 중고등학교, 가정 집 등이 함께 존재하면서 유기적이며, 상호작용과 상호 협력적으로 운영되고 있다는 것이 이 학교의 특징이라고 할 수 있다. 또한 멋쟁이학교의 목표는 궁극적 하나님나라를 지향하고 있다.

뉴질랜드의 임마누엘학교와 웨스트민스터학교는 자녀를 기독교신앙으로 양육하기를 원하는 독실한 기독교인 부모들로부터 시작되었다. 따라서 학교가 신학적이거나 기독교교육적인 신앙공동체 교육론을 배경으로 하고 있지는 않다. 하지만 이들 학교는 학교가 지역사회와 가정이 함께 교육공동체가 되어 협력해 가는 것을 기본으로 하고 있다. 다시 말하면 학교가 교육의 영역에서 가정과 협력적 관계를 모색하고 나아가 지역사회를 섬기는데 공헌하기를 바라는 것이라고 할 수 있다. 특별히 임마누엘학교는 정부의 재정적 지원이 빈약하여 학교운영을 위한 재정 마련을 위해 지역사회와 가정의 연계를 위해 더욱 노력하고 있으며, 이러한 노력이 기독교공동체를 형성하는데 유익을 가져다 주고 있다. 이들 학교는 교과목 수업에 있어서도 지역사회와 연계하여 교육활동을 실시하고 있다. 또한 학생들의 생활지도에 있어서도 가정과 연계하여 지도할 수 있도록 가정에서의 지침을 제공하고 있다.

그럼에도 불구하고 사례 연구 학교들에서 드러나고 있는 문제점들은 다음과 같다.

첫째, 멋쟁이학교를 제외한 나머지 학교들은 뚜렷하게 신앙공동체성을 배경으로 하는 학교이념이나 설립배경을 갖고 있지 않다는 것이다. 이것을 학교의 설립과 운영이 일반 공교육에 대한 대안으로 학교를 설립하였다든가, 혹은 기독교교육의 배경이 없이 보통의 신앙과 교회론적 접근에 의해서 학교를 설립하고 운영하고 있기 때문이라고 평가할 수 있다. 이들 학교들이 지역사회와 가정을 연계하고 공동체의 삶을 진술한다고 해서 그것이 곧 본 연구에서 말하고 있는 신앙공동체의 의미와 같다고 볼 수는 없다.

둘째, 현재의 학교운영에 있어서 가장 큰 문제점으로 지적할 수 있는 것은 교사들이 학교의 신앙공동체성을 유지 발전시킬 수 있는 역량이 있는가 하는 점이다. 이들 네 학교 중 유일하게 신앙공동체 교육론을 배경으로 학교를 설립하고 운영하고 있는 멋쟁이학교의 정태일 목사도 학교의 앞으로의 과제는 교사훈련과 교육에 있다고 말하고 있다. 이것은 설립자의 철학을 담아낼 수 있고 현장에서 실천 적용할 수 있는 것은 역시 교사들의 많이기 때문에 결국 학교의 성패는 교사들에게 달려있다는 지적인 것이다.

따라서 무엇보다 신앙은 신앙공동체 안에서 상호작용을 통하여 형성되고 성숙되어 간다는 신앙공동체성을 명확하게 설정하고 나아가 이러한 설정이 이루어져야만 그 안에서 비평적 성찰과 변증적 해석을 통해 구성원들의 현재적 신앙이 의미 있게 된다는 것을 모든 교사들이 인식해야 할 것이다.

2) 교육목표에 대한 분석

신앙공동체로서의 기독교대안학교의 교육목표는 신앙이란 학교공동체 내에서 학교구성원 간의 상호관계를 통한 사회화 과정을 통하여 전달되고 성숙되기 때문에 학교교육의 초점은 학교를 통한 신앙공동체를 세우고, 그 신앙공동체 안에서 기독교적 삶의 스타일을 공유하며, 학교공동체로부터 세계공동체에 참여하여 자신과 이웃과 세상을 하나님나라로 변형시켜 가는 것에 두어야 한다.

이러한 교육목표의 관점에서 사례 학교들을 분석하면, 멋쟁이학교를 제외한 나머지 세 학교는 전반적으로 학교교육의 이념이나 교육목표에 있어서 위의 내용을 잘 반영하고 있지 못함을 알 수 있다. 우선 사사학교의 교육목표는 개인적인 영적 체험을 통한 인격의 변화를 통하여 시대의 지도자인 사사 양성을 목표로 하고 있으며 궁극적으로는 하나님나라 확장에 두고 있다.

멋쟁이학교는 교육의 목적과 목표를 신앙적 인격을 형성하여 이 땅에서 하나님나라의 삶을 누리도록 하는데 두고 있다. 이러한 진술로는 신앙공동체로서의 학교 모습을 파악하기가 곤란하지만, 멋쟁이학교가 코이노니아(공동체)를 지향하고 있다는 사실은 학교의 설립배경이나 사랑방공동체에서 발간된 그동안의 각종 자료를 통해서 분명하고 확실하게 잘 드러나고 있다. 학교의 설립자 정태일 목사의 목회와 교육의 비전은 교회와 교육의 본질인 공동체성을 우선 회복하고, 그러한 공동체적 환경 속에서 공동생활을 통한 신앙생활을 하는 것에 두고 있다.

임마누엘기독교학교의 교육목표는 하나님을 경외하는 자가 되어 이웃과 세상을 섬기는 사람을 양성하는 데에 두고 있다. 웨스트민스터학교의 교육목표는 각자가 가지고 있는 재능을 신앙적으로 실현하여 현실에서 책임감 있게 발휘할 줄 아는 사람으로 육성하는데 있다. 이 두 학교는 전통적이고 교회론적인 신앙을 바탕으로 세워졌기에 신앙공동체적인 진술이 되고 있지 못하다.

이상에서 살펴 본 사례학교들의 교육목표에는 다음과 같은 문제점들이 발견되고 있다. 사사학교, 임마누엘학교, 웨스트민스터학교는 비록 교육목표에서 하나님나라를 지향한다고 진술하고 있고, 또한 교회와 가정과 지역사회와 협력하고 있다고 진술하고 있지만 그들의 교육목표에서는 구체적으로 신앙공동체성을 찾기가 어려웠다. 따라서 교육목표는 기독교세계관에 의거한 아주 정교한 작업이기 때문에 신앙공동체를 세우고 공동체적 삶을 나누는 학교가 되기 위해서는 교육목표에 대한 진지한 성찰과 연구가 더욱 요청된다고 하겠다.

3) 교육내용에 대한 분석

신앙공동체로서의 기독교대안학교의 교육내용에는 다음과 같은 요소들이 포함되어야 한다. 즉, 기독교대안학교의 교육내용에는 종교의식과 종교경험 그리고 종교적 행동의 요소들이 포함되어야 한다. 여기서 종교의식이란 예배와 성례전 그리고 절기 의식 등을 말하며, 학교공동체 구성원들은 이러한 종교의식에 참여함으로 종교적 경험을 체험하게 되고 이러한 종교적 경험을 통해 신앙 성숙을 이루게 되어 종교적 행동으로 나아가게 된다. 여기서 종교적 행동이란 이웃과 세계공동체에 참여하여 하나님의 부르심에 응답적인 삶을 살아가는 것을 말한다. 또한 성경을 비롯한 과거의 기독교이야기와 현재의 이야기들, 기독교 전통과 유산들 그리고 기독교 상징물들, 공통된 정신인 그리스도의 사랑, 하나님의 용서하심에 대한 공통된 충성들이 교육내용에 포함되어야 한다.

이러한 교육내용의 관점에서 사례 학교들을 분석하면, 사사학교의 교육과정은 성(聖), 애(愛), 덕(德), 지(知), 정(情), 미(美), 체(體) 등의 일곱 가치를 토대로 교육의 12원리를 제시하고 있다. 교육의 12원리란 인간의 일곱 가치가 "하나님-세계-인간"의 관계 속에서 하나님(1-3원리), 세계(4-6원리), 인간(7-10원리), 사명과 고백(11-12원리)으로 연결되어 상호 관계적으로 원리를 풀어가고 있음을 볼 수 있다. 이러한 교육원리는 하나님나라 확장을 지향하고 있는바 이것은 개인 구원의 차원을 넘어 세계로 확대되고 있음을 알 수 있다. 사사학교에서 실시하고 있는 여러 가지 교육활동 중에서 영어스피치대회, 논문작성, 그리고 믿음의 유산이라는 시간은 믿음의 선배들을 통해 삶과 지혜를 배우고, 하나님의 비전을 발견하여 미래를 준비할 수 있는 시간으로 바람직하다고 생각된다. 이것은 신앙공동체 교육에서 중요하게 여기고 있는 신앙의 전통과 믿음의 유산을 오늘날의 시대에 유지하고 보존하는 역할을 하는 것으로 평가할 수 있다. 사사학교의 교육내용을 정리하면, 오늘날과 같은 영적 위기의 시대를 구할 사사를 찾아내어 사사교육을 통해 영성과 실력과 섬김의 리더십을 지닌 하나님의 인재를 양성할 수 있는 내용들로 구성되어 있음을 알 수 있다.

멋쟁이학교는 코이노니아를 지향하는 교회를 모토로, 모든 구성원들이 공동체를 이루어 하나님나라의 삶을 살아가도록 교육하고 있다. 또한 하나님나라의 삶이란 공동체적 삶이요 나눔과 섬김의 삶임을 모든 교육활동을 통해 증명해가고 있다. 공동체적인 삶 그 자체로서의 교육과정이 강조되고 있는 것이다. 따라서 많은 교육시간을 공동적으로 체험하고 실천하고 여행을 하는 삶으로 구성함으로 기독교적 삶의 스타일을 형성해 가고 있다. 모든 수업의 방법과 평가 그리고 교육활동에 대하여 신앙공동체적인 접근이 이루어지고 있다는 점은 멋쟁이학교의 가장 큰 특징이라고 말할 수 있다. 특별히 사랑방공동체 전체가 공동적으로 실천하고 있는 성서일기 쓰기는 멋쟁이학교에서도 가장 중요하게 추진되고 있는 신앙훈련[270]으로서 성서일기 쓰기 역시 혼자서 하는 것이 아니라 전체가 모여서 함께 쓰고 나누는 공동체성을 띠고 있다. 그 밖에 가족이 함께 참여하는 '아빠와 함께하는 캠프', 학생이 교사의 집에서 숙박하는 '베게의 날', 취침하기 전에 진행하는 30분간 침묵과 성경낭독의 시간, 매 학기마다 4박 5일간 실시되는 '공동체생활', 3박 4일의 '도보여행', 한복을 입고 등교하는 복장을 갖추는 날, 환경과 생명교육, 그리고 수많은 공동학습과 공동직업 등은 멋쟁이학교가 신앙적 삶을 강조하고 실천하는 공동체임을 잘 보여주고 있다.

임마누엘기독교학교는 모든 교육과정의 목표가 하나님을 경외하고 세상에 봉사하는 인간 육성에 있기 때문에 모든 교육활동에 있어서 이와 같은 관점이 접목되고 있다. 예를 들어 사회과목의 공동체생활 단원에서는 학습 목표가 지역사회의 필요를 파악하고 소외된 이웃을 배려하며 지역 공동체의 삶의 질을 향상시킬 수 있는 방법을 마련하도록 진행된다. 학교는 또한 가정을 교육 파트너로 매우 중요하게 생각하고 협력한다. 학부모

---

270) 정태일,「코이노니아를 지향하는 교회」, 380.

들은 교육과정의 편성에도 나름대로의 역할을 행사하며 자녀의 숙제를 돕는 일과 학교의 청소에도 참여하여 교육을 위한 공동체를 이루어 간다.

웨스트민스터기독교학교는 주정부의 재정지원을 비교적 많이 받고 있는 입장이어서 교육과정 편성에 대한 주정부의 지침을 따라야 하지만, 기독교적인 내용들을 자유롭게 편성할 수 있는 권한이 있다. 이 학교 교장은 목사로서 교사들과 함께 학부모를 도와 그들의 자녀들이 그리스도를 주로 고백하는 하나님의 청지기로 가르치는 일에 열정을 다하고 있다. 예를 들어 교장은 자신이 만든 성경교재를 교사와 함께 나누고 그것으로 교사들이 맡은 자신의 학급에서 교육이 이루어지도록 지도하고 있다. 또한 학교가 세워진 마을(North Shore)을 도와 마을이 예수님의 성품을 닮아가도록 섬기는 것이 학교가 설립된 배경이라고 했듯이 해마다 발표회나 문학의 밤을 통하여 지역사회에서 공연을 하고 있다. 특별히 기도모임에서는 세계지도에 한 나라씩 표시하면서 그 나라를 위해 기도하면서 세계공동체에 참여하고 있는 것이 인상적이었다.

그럼에도 불구하고 사례학교들의 교육내용에는 신앙공동체 교육론에 근거하여 볼 때 다음과 같은 문제점들이 발견된다.

첫째, 네 학교들은 주 1회 예배를 드리고 성경을 교육과정에 편성하여 배우고 있었지만 멋쟁이학교를 제외한 나머지 학교들은 예배와 성경교육의 목표가 신앙공동체성에 두고 있지 못하다는 점이다. 멋쟁이학교는 성서일기를 쓰는 목적이 성령 안에서 공동체적인 삶을 이루는데 꼭 필요하기 때문이라고 밝히고 있다.[271]

둘째, 성례전이나 절기의식이 교육과정에 포함되어 있지 않다는 점이다. 이것은 신앙공동체를 통한 신앙을 위한 종교의식으로서 학교의 교육

---

271) 사랑방교회,「성서일기, 사무엘상하·사도행전」,(포천: 사랑방, 2008), 2.

과정에 포함되는 것이 바람직하다.

셋째, 신앙의 유산이나 기독교이야기 혹은 구성원들의 현재적 이야기들이 풍부하게 제공되지 못하고 있다는 점이다. 예를 들어 학교를 설립한 설립자의 신앙이나 정신을 교육내용에 포함한다든가 혹은 학교와 직간접으로 관련된 신앙의 선배들이 경험한 기독교이야기들과 접할 수 있는 시간이 부족하다는 것이다.

기독교대안학교에서는 이러한 종교의식이나 기독교이야기들이 풍부하게 제공되어야 하며, 신앙공동체 그 자체로서의 교육내용이 더욱 강조되어야 할 것이다.

4) 교육방법에 대한 분석

신앙공동체로서의 기독교대안학교의 교육방법에는 다음과 같은 요소들이 포함되어야 한다. 즉, 상호작용의 과정과 종교 사회화 과정이 중요한 요소가 된다. 따라서 예배, 친교, 성경탐구, 봉사 그리고 모든 공동체의 삶 그 자체에서 상호작용과 종교 사회화 과정이 긴밀하게 이루어지도록 해야 한다. 또한 이러한 과정에 모든 학교 구성원들이 적극 참여하여 나눔의 프락시스가 활발하게 이루어지도록 해야 한다. 그리고 나아가 이야기 나누기와 이야기의 생활화가 실천되도록 해야 한다.

이러한 교육방법의 관점에서 사례 학교들을 분석하면, 우선 사사학교는 하나님이 창조하신 본래적인 인간의 일곱 가지 구조인 성(聖), 애(愛), 덕(德), 지(知), 정(情), 미(美), 체(體) 등을 토대로 교육의 12원리를 제시하고 있으며, 이 12원리를 다시 "하나님-세계-인간"의 관계로 연결하는 교육원리를 제시하고 있다. 다시 말해서 위의 세 구조, 즉 7가치와 12원리 그리고 하나님-세계-인간 구조가 서로 관계적이며 상호작용하는 독특한 구조를 가지고 있다. 이 같은 원리에 근거하여 하나님과 교통하는 영적인 사람, 더불어 살아가는 지도자라는 교육목표를 설정하고 있다. 다시 말해 하나님 그리고 이웃과의 관계를 중요시하고 있는 것이다. 이러한 교육목표를 달성하기 위하여 교장과 교사들은 학교공동체 안에서 학생들과 함께 기숙을 하면서 상호교류를 통한 지도를 하고 있다. 예를 들어 믿음의 유산이라는 시간에는 신앙의 선배들을 초청하여 그들의 신앙경험들을 나누면서 함께 참여하게 되는데 이 때 상호간에 이야기 나누기를 시도하며, 논문 작성을 위해서는 수시로 학교공동체 안에서 교장과 교사들과 만나 논문의 방향을 수정하고 보완하고 있다. 이러한 과정들을 통해 비평적 성찰과 변증적 해석이 일어나는 나눔의 프락시스가 가능하게 된다. 사사학교는 덕(德) 영역의 교육과정에 공동생활과 성인식 참여를 pass과목으로 편성하고 있다. 즉, 학교생활과 기숙사생활의 공동생활을 통해 섬김의 삶을 살도록 지도하고 있고, 성인식에 참여함으로 사사 빌더로서의 삶을 살도록 지도하고 있다. 이 과정에서도 끊임없이 상호작용과 대화가 이루어지게 된다. 그밖에 자연과 섬김, 탐방학습, 독서스쿨, 사랑섬김, 국내외 선교여행(SEMT) 등의 교육과정에서도 개별과제와 조별과제를 함께 수행하도록 하여 공동체를 섬기고 이웃과 함께하는 교육을 실천하고 있는바, 이런 과정에서 역시 신앙공동체를 이루도록 교육하고 있다.

멋쟁이학교는 설립배경이 하나님나라의 사랑을 나누는 공동체 삶을 실천하기 위하여 세워졌기 때문에 학교교육의 모든 원리는 코이노니아를 지향하고 있다. 따라서 모든 교육활동은 성령의 가르치심으로 다른 사람과의 차이를 극복하고 하나 됨을 지향하고 자신의 인격과 삶을 나누는 과정을 통해 교육이 이루어지고 있다. 이처럼 모든 교육활동의 목표가 섬김과 나눔의 공동체 삶을 살아가도록 실천되고 있기에 교육방법 역시 공동체적이다. 예를 들어 가정, 교회, 학교가 삼각 구조를 이루며 상호보완적 관계와 대화적 관계를 형성하고 있다. 그리고 교사를 선발할 때 중요한 기준 중에 하나가 공동체 삶을 함께 할 수 있는 기독교교육을 전공한 사람이어야 한다는 점, 학생을 선발할 때의 기준 중에 하나도 역시 공동체교육의 교육철학에 동의하는 자이어야 한다는 점이다. 이 같은 출발과 함께 공동작업, 동식물 기르기, 공동노작, 멋쟁이 전체가족 여행, 도보여행 등과 같은 교육과정을 통해 공동체중심의 삶은 더욱 강화되고 있다. 학생에 대한 평가에 있어서도 지식위주의 평가보다는 동료와 교사 그리고 가족이 상호 피드백을 통해 평가하고 서술하는 방법을 택함으로 상호관계를 중시하고 있다. 그러나 무엇보다 교육방법에 있어 멋쟁이학교의 가장 큰 자랑거리는 성서일기에 있다고 할 수 있다. 이것은 모든 사랑방공동체가 같은 말씀을 묵상하고 일기형식으로 큐티를 하고 삶을 나누는 방식이다. 그러나 이 성서일기의 특징은 그 진행을 개인적으로 혹은 학급 단위로 혹은 전체가 함께 등과 같은 방법으로 다양하게 운영한다는 점이다. 사랑방공동체는 성서일기가 성령 안에서의 공동체적인 삶을 이루는데 꼭 필요한 것으로서 강조하고 있다. 한 마디로 멋쟁이학교에는 글로벌 인재를 양성한다는 거창한 목표는 없을지라도 공동체의 삶 그 자체로서 이야기 나누기와 이야기 생활화가 자연스럽게 이루어지면서 신앙이 형성되고 성숙되어 가는 신앙공동체로서의 학교임을 알 수 있다.

임마누엘기독교학교와 웨스트민스터기독교학교는 신앙공동체 중심의 교육방법인 공동체 삶을 통한 여러 가지 방법들이 존재하지 않지만, 이들 학교는 학교설립 정신처럼 성경 중심의 신앙을 전수하려는 강한 의지를 엿볼 수 있다. 또한 신앙과 삶의 통합을 이루고자 하는 교육적 노력은 국내의 사례학교들보다 더 자연스럽게 이루어지고 있다. 예를 들어, 임마누엘학교는 모든 교과목 시간에 칠판에 학습목표를 진술하면서 성경의 관련 성구를 기록해 놓고 수업 진행을 관련 성구와의 상호관계 속에서 연결시키고 있다. 그리고 여기에서 그치는 것이 아니라 학생들로 하여금 직접 사회의 여러 기관들을 방문하고 문제를 수행하도록 수업이 구성되어 있어서 학생들은 이러한 방법을 통하여 신앙을 삶으로 실천할 수 있는 기회 즉, 지역사회와 하나의 공동체가 됨을 배우는 기회를 갖게 되며 나아가 지역공동체를 섬길 수 있는 대안을 모색하기도 한다. 이러한 방법들은 기독교이야기와 현재의 이야기가 대화와 참여를 통해 신앙의 현재적 의미를 발견하는 신앙공동체적 방법이 되는 것이다. 그리고 웨스트민스터학교에서는 교장이 직접 설계한 매월의 성경 주제를 모든 교과목 시간에 연결하여 수업을 진행하고 있다. 이러한 방법 역시 비평적 성찰과 변증적 해석이 가능한 구조이다. 이 두 학교는 공통적으로 가정을 교육의 파트너로 삼아 적극적으로 협력관계를 유지하고 있으며, 지역공동체를 섬기고자 하는 프로그램을 가지고 있다. 예를 들어, 지역공동체를 방문하여 협력한다든가 또는 문학의 밤 행사 같은 프로그램을 통해 지역사회에 복음을 전파하려는 선교 사역을 감당하고 있다. 이것은 참여를 통해 상호관계를 맺는 신앙공동체적 방법이 된다.

위와 같은 특징에도 불구하고 네 곳의 사례학교들에서 나타나고 있는 신앙공동체적 교육방법에 대한 문제점들은 다음과 같다.

첫째, 사사학교의 독특한 교육원리 구조는 이념적으로는 탁월하지만 이 원리들은 개인적 접근에 의존하고 있어서 공동체적으로 접근되지 못하고 있다는 한계를 가지고 있다. 즉, 사사학교의 교육원리는 성경중심과 하나님중심 그리고 인간의 잠재력과 능력을 계발하는 인간중심의 원리들을 충실하게 반영하고 있는 반면, 신앙공동체 중심의 접근 방법은 약화되어 있다. 또한 대부분의 사례학교에서 실시되고 있는 말씀묵상, 성경공부(해석), 예배 등에서는 성경의 진리, 흐름, 비전을 발견하도록 지도함으로 개인적 신앙 증진에 목표를 두기 때문에 과거의 신앙인들이 하나님과의 관계에서 어떠한 응답적인 삶을 살았으며, 그것이 오늘날을 살아가고 있는 우리에게 어떤 의미가 있는지를 발견하는 공동체적 접근이 잘 이루어지지 않고 있다.

둘째, 탐방이나 여행과 같은 교육활동에 있어서 신앙공동체로서의 인식을 가지고 상호관계를 통하여 함께 삶을 살아가도록 하는 공동체적 접근이 미약하다는 것이다. 따라서 멋쟁이학교를 제외한 나머지 학교들이 표면적으로는 공동체를 강조하는 듯 보이지만, 실제로는 신앙공동체로서의 특징이 있는 더 깊은 단계로까지 발전하지 못하고 있는 실정이다. 특히 뉴질랜드의 학교들은 학교 구조가 유기적이며 공동체적이기 보다는 교사와 학생 간의 간격을 유지하며, 교사는 교과목과 신앙에 대해 가르치고 학생은 배우기만 하는 권위적인 이중 구조를 가지고 있다.

지금까지 2장에서는 국내·외 기독교대안학교인 우리나라의 사사학교와 멋쟁이학교 그리고 뉴질랜드의 임마누엘학교와 웨스트민스터학교의 현황과 사례들을 소개하였다. 또한 이들 학교들의 교육사례를 신앙공동체 이론에 근거하여 분석하였는데, 신앙공동체성에 대하여 그리고 교육목표와 교육내용, 교육방법에 대해 분석하여 이들 학교들의 교육활동에 대한 장단점을 살펴보았다. 다음으로는 이러한 분석 자료들을 토대로 바람직한 기독교대안학교의 발전 방안을 모색하도록 하겠다.

3장. 기독교대안학교 발전방안 모색

examination

3장. 기독교대안학교 발전방안 모색

1. 신앙공동체로서의 기독교대안학교 성격

지금까지는 신앙공동체 교육론과 이러한 교육론에 기초하여 기독교대안학교들의 사례들을 소개하고 또한 분석하여 그 특징과 문제점 등은 무엇인가에 대해 논의하였다. 이에 본 장에서는 지금까지의 논의들을 근거하여 신앙공동체로서의 기독교대안학교의 성격에 대해 살펴보고자 한다. 신앙공동체로서의 기독교대안학교 성격으로는 교육목적과 기독교성, 대안성, 학교성의 3가지 성격에 대하여 살펴보고자 한다.

1) 교육목적

교육목적은 기독교대안학교의 정체성으로서 나아갈 방향을 제시하고 또한 학교운영 과정과 평가의 과정에 기준이 되기 때문에 무엇보다 중요하다. 신앙공동체로서 기독교대안학교의 목적은 다음과 같다.

"기독교성과 대안성 그리고 학교성을 온전히 갖춘 학교로서 모든 교육활동이 기독교세계관에 근거하여 통합적으로 운영되며, 특별히 신앙공동체로서의 학교 안에서 모든 학교 구성원들이 상호 인격적 관계와 상호작용을 통해 기독교신앙이 형성되고, 전달되며, 또한 성숙해져 감은 물론 하나님의 부르심에 응답하는 자로서 가정과 학교를 넘어 사회와 세계공동체를 향해 변형적 존재로 참여하여 궁극적으로 하나님나라를 실현하여 가도록 하는데 있다"

기독교교육의 핵심 과제가 앎(복음)을 삶(실천)으로 연결하여 신앙을 생활화하며 적극적으로 자신과 이웃과 세상을 변형시켜 하나님나라 완성의 길을 향해 나아갈 수 있는 방법을 모색하는데 있다면, 이와 같은 신앙공동체적 접근은 그 적절한 대안이 될 것이다. 또한 신앙이란 무엇이며, 기독교교육이란 누구를 위해 그리고 무엇 때문에 존재하는가의 물음에 대한 신앙공동체적 응답은 오늘날 심각한 개인주의의 문제를 안고 있는 학교교육의 대안으로 제시되기에 충분하다 하겠다.

신앙공동체로서의 기독교대안학교는 기독교대안학교로서 '기독교성'과 '대안성' 그리고 '학교성'이 분명하게 드러나야 한다. 신앙공동체로서의 기독교대안학교의 이러한 3가지 성격은 다음과 같다.

2) 신앙공동체로서 기독교대안학교의 3가지 성격

기독교성 대안성 학교성의 3가지 성격은 신앙공동체로서의 기독교대안학교의 성격을 규명하는 3요소로서 기독교대안학교의 정체성을 명료하게 해 줄 뿐만 아니라 그 방향을 제시해 주는 중요한 요소가 된다.

(1) 기독교성

기독교성은 학교교육에 있어서 기독교정신을 추구하는 것으로 기독교성은 학교교육의 기초를 제공한다. 기독교성은 학교교육의 기초를 일반학교에서처럼 인간중심에서 찾는 것이 아니라 영원불변하신 하나님의 말씀에 기초를 둔다. 그러나 여기서 이 '기독교성'은 다양한 신학과 기독교 교육학에서의 이론들 중 신앙공동체에 기초를 두고 있는 기독교성이다.

신앙공동체에 기초한 기독교성을 말할 때, 신앙이란 무엇인가를 우선 이해해야 한다. 신앙공동체론에서 신앙이란 하나님을 전적으로 신뢰하는 관계로부터 시작되며, 하나님과의 관계가 지속되어 감으로 더 나은 상태의 신앙, 곧 다른 사람들을 보호하고 하나님의 인도하심에 대한 기대와 하나님과의 긴밀한 영적관계로 변형해 가는 상태를 말한다. 즉, 신앙공동체의 신앙은 신앙공동체와의 관계성 속에서 이해된다고 할 수 있다. 따라서 신앙이란 전통적으로 인식되어 오던 회심과 개인적 구원에 초점이 맞추어져 있지 않으며 또한 교리적인 것에 의해 신앙이 형성되는 것이 아니라 공동체의 상호관계를 통해서 형성된다는 것이다. 즉, 한 개인의 신앙은 타인의 삶과 밀접한 관계를 가지며, 그가 속한 공동체 속에서 동반적으로 형성된다는 것이다. 뿐만 아니라 신앙 성숙으로의 변형 역시 공동체를 통하여 하나님께로 연결되기 때문에 공동체 구성원들과의 상호관계를 통한 공동체의 지지를 통해 가능하게 되는 것이다.

그러나 신앙공동체에 기초한 기독교성은 여기에서 한 걸음 더 나아간다. 공동체의 신앙이 사회화과정을 통해 답습하듯이 맹목적으로 전달되는 것만을 의미하지는 않는다. 토마스 그룸이나 도날드 밀러의 주장처럼 비평적 성찰을 통한 변증적 해석을 통해서 신앙성숙은 또한 이루어진다. 이러한 신앙성숙은 하나님과의 관계에서 응답적인 삶을 살도록 요청된다. 즉, 신앙성숙을 이루어 가는 사람들은 그 응답적인 삶을 하나님나라에서 책임있는 삶으로 살도록 요구받게 되는 것이다. 그 책임적 삶의 궁극적 목적은 하나님나라가 된다. 따라서 회심한 그리스도인은 개인적인 구원의 차원을 넘어 교회와 사회의 모든 현장으로 나아가 그곳에서 하나님의 통치가 이루어지는 하나님나라를 구현해야 할 책임을 가지게 된다. 다시 말해서 평화, 정의, 사랑, 자유, 평등, 생명에 대한 추구 등과 같은 하나님 나라의 가치들을 이 땅에서 구현하기 위하여 하나님 통치의 역사적 주체로 하나님의 통치에 적극 참여해야 한다는 것이다. 밀러에 의하면 신앙공동체의 범위는 더욱 넓다. 신앙공동체는 공통된 세 가지 요소, 즉 공통된 이야기, 공통된 정신, 공통된 충성이 있는 곳이면 모두 신앙공동체가 되며, 또한 예수 그리스도의 사랑과 용서가 있는 곳이라면 어디든 하나님나라가 된다고 했다.

따라서 신앙공동체에 기초한 기독교성은 신앙에 대한 공동체적 이해를 바탕으로 하고 있으며, 공동체의 상호관계를 통하여 신앙은 형성되고 성숙되며 변형을 이루어 가정과 학교를 넘어 사회와 세계공동체로 나아가 하나님나라를 이루기 위한 하나님 통치에 적극 참여하는 신앙을 말한다. 그러므로 기독교대안학교는 이러한 기독교성에 기초하여 세워진 학교를 일컫는다.

그러면 이러한 신앙공동체로서의 기독교대안학교가 오늘날 왜 필요한가하는 점이다. 우리나라 국민들의 교육열은 대단히 높다. 정치 사회 경제 문화 등 모든 영역의 중심에 교육의 문제가 자리하고 있을 정도로 전 국민적 관심사가 '교육의 문제'이다. 특히 언약의 자녀들에게 온전한 믿음의 유산을 계승해야 한다는 부모로서의 책무성을 인식하고 있는 학부모라면 자녀의 교육문제는 더욱 심각하게 다가온다. 그 이유는 요즘 공교육은 위기를 넘어 붕괴의 조짐들이 보이고 있어 더 이상 신뢰하기 힘들며, 미션스쿨이라고 불리우는 기독교학교도 역시 다원화된 사회에서 기독교적 정체성을 유지하기가 점점 더 어려워져 기독교학교이면서도 예배와 성경과목을 가르치는 것조차 많은 제약을 받게 되었다. 따라서 미션스쿨을 통한 신앙교육을 기대하기 어렵게 되었으며, 교회학교 교육 역시 시간적 제한으로 말미암아 신앙교육을 기대하기에 한계를 지니고 있다. 따라서 모든 교육활동을 기독교세계관에 의해 통합적으로 운영하는 전일제 기독교학교인 기독교대안학교를 요청하게 된 것이다. 그러나 신앙공동체로서의 기독교대안학교의 필요성은 이러한 이유 외에도 오늘날 교육현실이 경쟁을 유도하고 개인주의를 신봉하는 체제라는 점 때문이다. 따라서 이러한 문제를 극복하기 위해서는 공동체가 강조되는 교육이 필요한 것이다. 모든 교육활동을 공동체적인 접근에 의해 운영되는 것이 바로 신앙공동체로서의 기독교대안학교인 것이다.

신앙공동체로서의 기독교대안학교가 되기 위한 본질적 요소는 다음과 같다. 첫째, 공동체적이어야 한다. 신앙공동체로서의 기독교대안학교는 모든 구성원들이 그리스도를 머리로 하는 한 몸으로 이사장, 교장, 교목, 교사, 학생, 학부모 그리고 행정요원 등 모든 구성원들이 서로 유기적인 관계를 맺고 더불어 신앙공동체를 이루어가야 한다. 뿐만 아니라 모든 교육활동이 공동체적이어야 한다. 둘째, 복음적이어야 한다. 신앙공동체로서의 기독교대안학교가 되기 위해서는 우선 개인적인 회심의 경험이 필요하다. 즉, 하나님의 현현에 대한 개인적인 체험이 있어야 한다. 또한 모든 학교의 중심에 예수 그리스도의 복음이 자리잡아야 한다. 셋째, 연합적이어야 한다. 신앙공동체로서의 기독교대안학교는 복음에 기초하고 있는 한 모든 구성원들과 단체, 부서, 기관 들이 서로 연합적이어야 한다. 이것이 공동체를 만드는데 중요한 요소가 된다. 넷째, 삶이 곧 교육과정이 되어야 한다. 신앙공동체로서의 기독교대안학교는 삶 자체를 곧 교육과정으로 본다. 여기서 삶 그 자체에 대한 이야기는 곧 하나님의 이야기와 만나는 장소가 되며 이러한 만남이 하나님의 뜻을 인식하는 통로가 된다. 따라서 모든 구성원들의 삶은 서로에게 인정되고 수용되어져야 한다. 다섯째, 개혁적이어야 한다. 신앙공동체로서의 기독교대안학교는 성경에 바탕을 둔 교육을 실시해야 하지만 그 운영과정에서 불완전한 상태에 처할 수가 있다. 따라서 항상 말씀과 하나님의 기준으로 개혁하고 갱신해 나가도록 노력해야 한다.

(2) 대안성

신앙공동체로서의 기독교대안학교는 '기독교성' 과 함께 다음과 같은 '대안성' 을 가진 학교이다. 신앙공동체로서의 기독교대안학교 역시 교육에 대한 시대적 흐름과 역사적 현실 앞에 그 흐름을 거슬러 기독교적 대안으로 제시된 학교이므로 대안성을 내재하고 있다. 신앙공동체로서의 기독교대안학교는 현대문명사조에 대한 대안, 공교육 체제에 대한 대안, 미션스쿨에 대한 대안, 교회학교 교육에 대한 대안 등과 같은 4가지 대안성을 갖는다.

첫째, 현대문명사조에 대한 대안이란, 현대에 이르기까지 문명사조는 인간중심과 이성 중심으로 발전하여 하나님과 성경 대신에 인간의 이성이 모든 진위를 판단하는 기준이 되고 있음에 대한 대안이라고 할 수 있다. 또한 오늘날에는 포스트모더니즘의 영향으로 하나님의 절대성이 부정되고 주관적인 진리관을 갖게 되었다. 이러한 문명사조는 교육사상에도 영향을 미쳐 비인간화와 쾌락주의 그리고 이데올로기 숭배 등을 낳게 되었다. 그 같은 결과로 기독교의 모든 진리를 상대화시켰음은 물론이고 하나님 없는 교육으로 인해 인간은 절망과 비극을 초래하게 되었다. 그러나 무엇보다 현대교육은 지나친 개인주의를 신봉함으로 공동체 의식이 저하되었다는 문제를 안고 있다. 따라서 신앙공동체로서의 기독교대안학교는 신앙공동체를 중심으로 모든 교육활동을 실천해 감으로 이러한 현대문명사조로 인한 문제들의 대안이 된다.

둘째, 공교육체제에 대한 대안이란, 앞서 지적했듯이 오늘날 공교육체제는 학교붕괴, 교실붕괴, 교육붕괴라는 심각한 문제를 안고 있다는 점이다. 입시위주의 교육풍토와 지나친 경쟁의 장이 되어버린 공교육 체제는 더 이상 신뢰할만한 교육기관이 아니라 교사, 학생, 학부모 모두에게 고통을 안겨주는 현실이 되어 가고 있다. 이러한 원인으로 공교육은 가치중립을 요구하며 모든 영역에서 하나님을 철저히 배제시킨 당연한 결과라고 하겠다. 그러나 무엇보다도 현재의 공교육체제는 지나친 경쟁을 유발하는 구조이기 때문에 학생들에게 전인교육이나 공동체의식을 함양시켜 주지 못한다는데 있다. 따라서 신앙공동체로서의 기독교대안학교는 이러한 문제에 대한 대안으로서 서로 섬기고 나누는 협력의 공동체로 학교구조를 세워가야 한다.

셋째, 미션스쿨에 대한 대안이란, 1885년 아펜젤러에 의해 처음 이 땅에 세워진 미션스쿨은 일제 강점기와 6.25를 거치면서도 민족재건과 국가발전에 앞장서며 커다란 역량을 발휘하여 왔으나, 불행하게도 오늘날의 미션스쿨은 학생선발권을 국가에 빼앗기고 기독교의 설립정신은 점점 쇠퇴해져 가고 있다는 점이다. 오늘날 미션스쿨은 내적으로는 시대적 변화를 적절히 읽어내지 못하여 자구책을 마련하지 못하였으며, 외적으로는 종교자유의 권리를 보장하라는 거센 요구에 직면해 있다. 그나마 이루어지고 있던 예배시간과 성경과목 수업도 계속되는 까다로운 간섭과 규제를 받으면서 그 정체성이 흔들리고 있는 실정이다. 특히 반기독교적 정서의 확산으로 서울시교육청이 각급 미션스쿨에 내려 보낸 2006년도 장학지도 공문들은 미션스쿨의 종교 활동의 규제를 넘어 행·재정적인 조치와 신분상의 조치를 취하겠다고 밝히고 있다. 그러나 오늘날 미션스쿨이 안고 있는 가장 큰 문제는 신앙공동체론에서 강조하고 있는 신앙의 유산을 유지 보존하거나 그 전통을 이어갈 수 없다는데 있다. 따라서 신앙공동체로서의 기독교대안학교는 이러한 미션스쿨이 처한 현실적 한계들을 극복하고 신앙의 유산과 전통을 오늘의 신앙형성으로 이어갈 수 있는 좋은 대안이 된다.

넷째, 교회학교 교육에 대한 대안이란, 본래 근대국가가 교육을 장악하여 공교육 체제로 제도화하기 이전에는 주로 교회가 교육을 담당했었다. 또한 부모들이 자녀에 대한 교육의 일차적 책임을 다했었다. 그러나 점차 사회가 산업화 되어 가면서 주일학교가 생겨나고 주일학교가 신앙교육과 사회교육을 담당하게 되었다. 하지만 현대에 이르러 교회학교 교육은 교회 안의 교육에서 벗어나지 못하고 제한된 시간에 성경중심의 신앙교육만을 감당하고 있는 실정이다. 더군다나 교회학교의 출석 인원의 커다란 감소현상은 오늘날 교회학교 교육의 한계와 위기를 가져 주었다. 특히 점점 더 세속화되어 가는 세상에서 자녀에게 올바른 신앙교육을 시키기에는 교회학교가 많은 한계를 가지고 있다는 점이다. 그러나 가장 큰 교회학교의 교육문제는 학교-교수형 범례를 가지고 있는 교육체제에 있다. 이 체제에서의 신앙교육은 지식전달에 그치고 있으며 삶의 전 영역에서 기독교신앙을 가르칠 수 없게 되었다는 비판을 받고 있다. 따라서 신앙공동체로서의 기독교대안학교는 이러한 오늘날의 교회학교교육의 문제들을 극복하고 올바른 신앙은 교리적 가르침에 의해서 형성되는 것이 아니라 신앙공동체 내에서 상호관계를 통하여 사회화의 과정을 통해 형성되고 성숙되어 감을 강조한다.

(3) 학교성

학교는 자체적으로 전문적인 사람들에 의해 과학적인 방법으로 운영되어야하는 특수성을 가지고 있다. 따라서 기독교대안학교가 학교로 존재하려 한다면, 학교로서의 전문성을 갖추어야 한다. 가르침에 대한 전문성이 결여되어 있으면 학교로서 신뢰를 잃게 된다. 학교의 가장 중요한 기능 중의 하나는 지식과 경험을 전달하는 것이다. 이러한 지식과 경험의 전달은 체계적이고 과학적인 방법에 의하여 전문적인 지식과 체계적인 훈련을 받은 교사에 의해 전달되어야 한다. 기독교대안학교에서의 교육도 이처럼 고도의 전문성이 요구된다.

또한 학교를 설립하려면 교육법시행령의 규정에 따라 학교시설 설비요건을 충족해야 한다. 즉 학교용지, 체육장, 실습지, 교사(校舍) 및 원사(園舍) 등의 시설 설비 기준을 충족해야 한다. 기독교대안학교라고 해서 이 법령 기준에 예외를 인정받으려 하거나 혹은 더 낮은 기준을 요구해서는 안된다. 오히려 그 보다 더 높은 수준의 시설 설비를 갖출 필요가 있다.

신앙공동체로 기독교대안학교는 학교로서의 '학문적 탁월성'을 가질 필요가 있다. 현재 우리나라 학교는 평준화 정책에 의해 교육이 실시되고 있어서 학력 저하의 문제가 대두되고 있으며, 그에 따른 다양한 대책 가운데 수월성 교육을 대안으로 제시하고 있다. 그러나 역시 일반교육의 수월성교육은 학생의 실력을 길러 좋은 대학에 진학하는 것 이상의 교육적 효과를 기대하기 어려운 현실이다. 따라서 신앙공동체로서의 기독교대안학교는 학문적 탁월성을 하나님께로부터 받은 달란트를 잘 개발하고 실현시키는 데 초점을 맞추어야 한다. 신앙공동체로서의 기독교대안학교의 학문적 탁월성은 지적 탁월성 뿐 아니라 기독교적 세계관에 의해 통합된 교육과정으로 그리고 섬김과 나눔의 관계를 통해 운영될 때 분명하게 드러나게 된다. 특별히 가정-교회-학교의 삼각 받침대가 통합적으로 하나가 되어 참여하는 신앙공동체를 이루어갈 때 진정한 신앙공동체로서의 기독교대안학교가 될 것이다. 신앙공동체로서의 기독교대안학교는 학생들의 매일의 삶에 의미를 주는 이른바 '모든 매일의 흥미가 하나님과 관계되도록' (every daily interest must be related to God)하는 영적 센터가 되어야 한다.

이상에서 신앙공동체로서의 기독교대안학교의 기독교성, 대안성, 학교성에 관하여 살펴보았다. 정리하면 신앙공동체로서의 기독교대안학교는 신앙공동체를 중심으로 하는 학교로서 성경을 기초로 하나님중심의 교육을 모든 교과목과 교육활동에서 실시한다는 기독교성을 가지며 특별히 신앙은 신앙공동체 안에서 상호관계를 통한 사회화 과정을 통해서 형성되고 성숙되어 간다는 기독교성을 기초로 한다. 또한 교육이 시대와 밀착하여 일어나는 실천행위라면 그 시대에 맞는 교육이 필요한데, 그런 의미에서 기독교대안학교는 대안성을 가지며, 이 대안성은 기독교성의 본질적 요소들을 보존하면서 다른 한편으로는 시대적 변혁성을 갖는다고 할 수 있다. 이 시대와 역사 앞에 신앙공동체로서 기독교대안학교는 끊임없이 자기혁신을 통하여 대안성을 가져야한다는 면에서 볼 때, 이 시대는 과학주의와 포스트모더니즘의 영향으로 하나님의 절대성이 부인되고 인간중심, 이성중심의 사상으로 다양한 진리가 존재한다는 인식론이 확대되고 있으며, 미션스쿨은 기독교교육을 하기에 많은 한계를 지니고 있으며, 교회교육은 시간의 제한과 더불어 학생 수 감소라는 위기를 겪고 있다. 이러한 시대의 대안성으로 공동체를 중심으로 한 섬김과 나눔의 교육활동이 이루어지며, 기독교 유산과 전통이 학교공동체에 살아있는 신앙공동체로서의 기독교대안학교가 등장하였다. 현재 우리나라 기독교대안학교들은 기독교성과 대안성에 비해 학교성이 떨어지는 경향이 있다. 만약 기독교대안학교가 빈약한 시설, 탁월하지 못한 교육과정, 준비되지 못한 교사들, 체계적이지 못한 행정에 의해 운영된다면 이는 진정한 의미에서 대안학교라고 할 수 없으며 기독교적이라고 말할 수도 없다. 그러므로 기독교성과 대안성 그리고 학교성이 모두 강조되고 통합적으로 운영되는 학교가 진정 기독교대안학교가 될 것이다.

2. 신앙공동체로서의 기독교대안학교 원리

신앙공동체 중심의 교육이론은 기독교교육학의 핵심 주제 가운데 하나로서 평가되고 있는 바 기독교교육의 장을 가정과 교회에서 하나님나라와 세계공동체로의 지평을 확대하였다는 점에서 큰 공헌을 하였다. 이에 본 장에서는 사례 학교들의 분석 자료들을 참고하여 넬슨, 그룸, 밀러 등 세 학자의 신앙공동체 교육론을 바탕으로 한 신앙공동체로서의 기독교대안학교 원리에 대하여 교육목표, 교육내용, 교육방법의 세 영역으로 제시하고자 한다.

넬슨의 회중(교회) 중심의 교육, 그룸의 하나님나라를 지향하는 비평적 성찰의 교육, 밀러의 세계적 참여의 교육을 종합하여 기독교대안학교에 접근시킨다면, 기독교대안학교는 하나님나라를 지향하는 교회 같은 신앙공동체로서 세계공동체로의 참여와 실천이 이루어지는 기독교교육의 장이 된다고 말할 수 있다.[272]

신앙이 소통되는 현장은 신앙공동체가 된다는 넬슨의 지적과 어디든 하나님의 사랑과 용서가 있는 곳이면 신앙공동체가 된다는 밀러의 말처럼 기독교대안학교도 하나의 신앙공동체이다. 또한 신앙공동체이기 때문에 교회로서의 사명도 부여받고 있다. 물론 학교는 전문 교육기관이라는 점에서 교회와는 구분되지만 기독교대안학교는 또한 교회와 같은 신앙공동체라고 할 수 있다. 그러나 여기에 머물러서는 안 된다. 그룸은 기독교적인 신앙의 삶을 사는 것이 교육의 목적이라면 그 목적의 궁극적 목적은 '하나님나라'라고 주장한다. 즉, 예수 그리스도를 구세주로 받아들이도

---

272) H. W. Byrne, A Christian Approach to Education, 208-217.

록 초대된 사람들은 그 응답적인 삶을 하나님나라에서 책임있는 삶으로 살도록 요구받는다는 것이다. 브루멜른(Harro Van Brummelen)도 기독교학교는 하나님나라를 현재에 실현하는 학교라고 했으며, 스미스만(Ken Smitherman) 역시 기독교학교의 중요성에 대해 강조하며, 기독교학교는 하나님나라를 이루기 위한 가장 중요한 수단 중 하나라고 말했다.[273] 따라서 기독교대안학교는 신앙공동체로서 하나님나라를 궁극적 목적으로 삼는다. 나아가 밀러가 말하는 복음의 공적 가치가 존재하는 세계적 공동체에 참여하여 세상을 변형시키는 그리스도인으로 양육하는 곳이다.

기독교대안학교에서의 신앙공동체란 그리스도를 머리로 이사장, 교장, 교목, 교사, 행정요원, 학생, 학부모 등이 한 몸의 지체처럼 유기적인 관계를 맺으며 더불어 함께 공동체를 이루어가는 것을 말한다(고전 12장). 그리스도를 머리로 하나의 유기적 관계를 맺고 있는 신앙공동체 속에서 학생들은 우월적 지위를 획득하기 위한 경쟁적 구조를 갖기 보다는 개인의 자율성을 존중하면서도 상호 연결된 존재임을 인식하고 함께 공동체를 이루어가야 한다. 이러한 신앙공동체를 이루어가는 과정 속에서 학생들은 지식과 정보(information)를 습득할 뿐 아니라, 신앙이 형성(formation)되고, 개혁(reformation)되며, 변형(transformation)될 수 있어야 한다.

현재 기독교대안학교는 유행처럼 붐을 일으켰다가 정체 상태를 보이고 있는 실정이다. 지난 10여 년간 기독교대안학교는 숫자적으로 큰 증가를 이루었지만 한편으로는 문을 닫는 학교도 많았다. 앞서 우리나라의 기독교대안학교 현황에서도 밝힌 바 있듯이 학교설립의 이념과 목적이 기독인재 양성(전체 86개교 중 29개교로 34%)이나 그리스도의 제자 양육(26개교로 30%)과 같은 기독교적 신앙인의 삶을 사는데 두고 있는 경우가 많았으며, 궁극

---

273) 크리스천투데이, 2006년 5월 23일자. 참조

적 목적인 하나님나라를 지향하면서 그 교육내용까지를 포괄하고 있는 학교는 거의 찾아볼 수 없었다. 이와 같은 이유는 기독교대안학교가 기독교교육의 한 중요한 영역으로서 인식되고 있지 못하다는 증거이며, 나아가 신학적이고 기독교교육학적인 검토와 배경 없이 세워지고 또 운영되고 있다는 것을 보여준다. 그 같은 결과로 현재 기독교대안학교는 이 시대에 반드시 필요한 기독교교육의 장임을 인식하지 못한 채 정체성의 혼란, 목적과 방향성 상실, 중도 포기 등과 같은 혼란과 오류에 빠져 있는 것이다.

이와 같은 기독교대안학교의 문제들을 극복하고 기독교교육학적인 접근을 통한 바른 정체성을 확립하기 위하여 위에서 열거한 넬슨과 그룹 그리고 밀러가 주장하는 신앙공동체에 관한 담론에서 얻은 통찰과 이것에 근거하여 살펴본 사례학교들의 분석 자료를 바탕으로 하나님나라를 지향하는 신앙공동체로서의 기독교대안학교의 교육목표, 교육내용, 교육방법에 대하여 논하고자 한다. 이 연구는 기독교대안학교가 기독교학교로서의 정체성을 확립하는데 필요하며, 나아가 신앙공동체 중심의 학교로서의 일관성과 연속성을 유지하는데 기여하게 될 것으로 기대된다.

1) 교육목표

하나님나라를 지향하는 신앙공동체로서의 기독교대안학교에서는 과거와 현재와 미래가 통시적으로 공존하면서 신앙이 전달되고 성숙되어 가야한다. 따라서 학교의 교육목표에는 과거의 신앙 전통을 담은 기독교이야기와 가치들이 유지되고 보존되어야 하며, 현재를 살아가고 있는 사람들의 이야기들이 과거의 기독교이야기와의 관계에서 비평적 대화를 통한 성찰과 현실에 대한 통찰이 있어야 하고, 미래적 하나님나라의 소망을 품고 세계적 참여를 통해 변혁자로 양성한다는 비전이 담겨있어야 한다. 이에 교육목표를 보존자로서의 교육, 통찰자로서의 교육, 개혁자로서의 교육 등과 같은 3가지 원리를 사용하여 제시하고자 한다. 이 3가지 원리는 교육목표 뿐 아니라 교육내용이나 교육방법의 모델을 제시할 때도 사용될 것이다.

(1) 보존자(conservers)로서의 교육

기독교대안학교가 생명력 있고 활력 넘치는 신앙공동체가 되기 위해서는 우선 기독교이야기가 살아서 유지되고 보존되어야 한다. 기독교이야기는 성경과 기독교전통을 통해 전승되어온 이야기로서 성경이 하나님에 대한 기록의 결정적 원천이 된다. 이 기독교이야기를 통해 우리는 과거의 성도들이 하나님의 계시(부르심)에 어떻게 응답하며 살았는지를 발견하게 된다. 신앙의 사회화와 문화화를 통해 전승되어 온 기독교전통들도 중요한 기독교이야기가 된다. 예컨대 성례전, 예배의식, 기독교상징들 그리고 기독교의식 등은 보존되어 온 훌륭한 기독교이야기가 된다. 이러한 기독교 전통들은 기독교대안학교에서도 그 본래적 의미를 간직한 채 계속적으로 유지되고 보존되어야 한다.

김선요는 기독교대안교육은 성경원리에 기초한 교육이요 하나님 말씀의 원리로 되돌아가자는 교육이라고 간명하게 정의하고 있다.[274] 즉, 기독교학교란 기독교적 관점에서 학생들을 교육하는 곳이라고 말할 때, 여기서 기독교적 관점이라 함은 바로 성경적 가치로 교육한다는 것을 의미하며, 또한 여기서 성경적 가치란 역사 속에서 신앙공동체가 체험한 기독교이야기와 전통에 근거한 가치라는 말이다.

따라서 보존자(conservers)로서의 교육의 원리란 기독교대안학교는 학교

---

274) 김선요, "기독교대안교육 운동에 대한 소고",「한국기독교대안교육」(서울: 백석출판사, 2002), 61.

구성원들이 과거 신앙공동체의 기록인 성경과 신앙의 표현이었던 기독교 전통들 즉, 과거 신앙의 의미, 목적, 근거, 문화적 정착, 축적된 지혜들에 대한 이야기와 가치들을 잘 유지하고 보존하는 사람이 될 수 있도록 교육하는 원리이다. 이때 주의해야 할 것은 기독교이야기가 과거의 시대에 과거의 사람들이 경험했던 과거의 이야기로 존재하는 것이 아니라 그룹의 주장처럼 과거의 것들이 현재로서 현재 안에 존재하면서 현재의 사건들에 영향을 미치는 기독교신앙의 원천이 되어야 한다.

(2) 통찰자(discerners)로서의 교육

통찰자(discerners)라 함은 기독교대안학교에서는 우리가 살아가는 현실세계의 사건과 정신에 대해 통찰력을 가진 사람을 양육한다는 원리이다. 다시 말해 유지되고 보존되어온 기독교이야기를 통해 과거의 성도들에게 하나님은 어떤 방법으로 자신을 나타내셨고, 그 당시 성도들은 또한 어떻게 반응했는지를 살펴봄으로 오늘 우리가 처한 상황 속에서 하나님과 어떻게 연관을 맺어야할 것인가의 통찰을 얻는 것이다.

이것은 앎을 삶으로, 복음을 실천으로 옮기려는 통찰이다. 이 때 하나님의 뜻에 부합되는 올바른 통찰을 위해서는 비평적 성찰을 통한 변증법적 해석이 반드시 필요하다. 여기서 비평적 성찰이란 앞서 설명하였듯이 현재의 신앙적 삶을 통찰하기 위하여 비평적 이성을 갖추고, 현재 안에 있는 과거를 드러내기 위한 비평적 기억을 되살리고, 현재 속에 있는 미래를 도출하기 위하여 창조적 상상력을 동원하는 정신적 활동이며, 또한 변증법적 해석이란 우리의 삶의 이야기와 기독교이야기 간에 서로 어떤 영향을 끼치는가를 대화적 관계를 통해 비평적으로 성찰하는 것을 말한다. 즉, 기독교이야기의 거울로 현재의 우리의 삶의 이야기를 비평적으로 성찰하고, 또 반대로 현재의 우리의 삶의 이야기를 거울로 과거의 기독교이야기를 비평적으로 성찰하는 가운데 통찰력을 갖는다는 것이다.

이와 같은 비평적 성찰을 통한 통찰은 지적 승인으로서의 신앙, 정적인 신뢰로서의 신앙, 행함으로의 신앙 등 세 차원의 본질적인 기독교신앙을 갖게 한다. 이러한 신앙은 기독교대안학교에서의 사회화 과정을 통해서 형성된다. 학교공동체 안에서 상호작용에 의해 자신의 신앙이 인정되고, 사랑하는 마음이 일어나며, 학교공동체를 섬김으로 신앙이 표현된다. 학교공동체 안에서 이러한 신앙의 삶들이 깊어갈 때 신앙은 더욱 성숙해 갈 것이다. 그러나 여기서 이러한 모든 신앙형성과 신앙의 성숙은 그 출발점이 하나님의 현현에 대한 개인적 체험으로부터 시작된다는 점이다. 또한 학교공동체 안에서의 개인과 공동체의 신앙형성과 성숙은 진정한 교사인 성령의 역사로 인한 통찰에 의해 가능하다는 것을 인식해야만 한다.

또한 학교의 모든 교육과정은 이러한 신앙을 조력하도록 구성되어야 하는데, 그렇게 하기 위해서는 모든 교육과정이 성경에 기초한 기독교세계관에 의한 통찰에 근거하여 구성되어야 한다.

(3) 개혁자(reformers)로서의 교육

개혁자(reformers)라 함은 기독교대안학교가 보존되어 온 전통의 방법으로 세계를 개혁시킬 수 있는 사람이 되도록 교육해야 한다는 것이다. 여기서 개혁자라 함은 넬슨이 말하는 변형(transformation)을 창출하는 사람, 신앙의 성숙을 꾀하는 사람, 선교의 일을 감당하는 사람, 그룸이 말하는 행함으로의 신앙을 가진 사람, 기독교비전을 가지고 있는 사람, 그리고 밀러가 말하는 세계적 신앙공동체에 참여하여 복음의 공적가치를 추구하는 사람, 신앙공동체 이야기를 생활화하는 사람들을 통틀어 표현한 사람이라고 할 수 있다. 다시 말해 세계를 개혁시킬 수 있는 개혁자로서의 교육함이란 미래적 현재로서의 하나님나라 도래를 진지하게 추구하면서 그리스도인의 책무를 수행하는 가운데 자신 뿐 아니라 세상을 변형시켜가는 성숙한 신앙의 소유자가 되도록 교육한다는 의미이다. 또한 성경에서 신의 현현을 체험한 사람은 마지막 부분에 항상 선교의 과업을 부여받았음을 볼 수 있는데, 넬슨은 이러한 선교사역은 공동체를 세우고 개인의 신앙 성숙을 위해 꼭 필요하다고 말하고 있으며, 밀러는 선교에의 참여란 하나님나라를 현실화하시려는 하나님의 계획에 도구가 되는 것을 말한다고 했다. 따라서 그리스도인의 책무인 선교는 자기가 속한 신앙공동체 안에서 그리스도의 사랑으로 공동체를 섬기는 일로부터 시작되며, 나아가 세계적 신앙공동체에 참여하여 기독교의 공적가치를 세워가는 행위라고 할 수 있다. 즉, 세계적 참여의 첫 표지가 되는 하나님의 능력과 임재, 섭리, 은혜, 사랑, 기쁨 등을 인식하면서 오늘날의 다원주의, 도시화, 과학기술, 빈곤, 군국주의, 세계적인 상호의존과 같은 세계적 상황에 참여하여 생명, 생태, 평화, 인권, 자유, 정의, 관용, 약자보호, 반차별, 환경보존 등과 같은 기독교의 공적가치를 실현시켜 감으로 세계가 궁극적으로 하나님나라가 되도록 개혁해 가는 삶을 말한다

요약하면, 신앙의 전달과 성숙이 신앙공동체 안에서 구성원 간의 상호관계에 의해 이루어진다면 하나님나라를 지향하는 신앙공동체로서의 기독교대안학교는 다음과 같은 목표를 갖는다. 첫째, 보존자로서의 교육으로, 이것은 현재의 신앙 형성을 위한 중요한 자료가 되는 기독교이야기와 기독교전통들을 그 본래적 의미를 간직한 채 기독교대안학교에 유지하고 보존하는 사람으로 교육하는 것이다. 둘째, 통찰자로서의 교육으로, 이것은 자신과 공동체가 처한 현재의 상황들 속에서 어떻게 하는 것이 하나님의 뜻에 부합되는 삶인지를 통찰할 수 있는 사람으로 교육하는 것으로서, 이것은 과거, 현재, 미래의 이야기를 현재의 시간 안에서 비평적 성찰을 통한 변증법적 해석을 할 때 가능하다. 셋째, 개혁자로서의 교육으로, 이

것은 자신으로부터 세계공동체에 이르기까지의 모든 공동체가 궁극적으로 하나님나라를 이루도록 사랑실천, 선교사역 감당, 기독교적 공적가치 세우기 등과 같은 그리스도인의 책무를 잘 감당하는 사람으로 교육하는 것이다.

이것을 더 축약한다면 하나님나라의 시민 양성이 될 것이다. 훌륭한 하나님나라 시민 양성의 성패는 기독교학교가 학생들을 기독교적으로 교육시킬 준비가 얼마나 잘 되어 있는가에 달려있다. 존 볼트는 기독교학교에서 학생들을 기독교적으로 교육시키고 그들을 기독교적 삶에 준비시키는 것을 목적으로 하는 학교는 동일한 기준에서 그들을 훌륭한 하나님나라의 시민으로 훈련시킨다는 목적에서도 성공할 것이라고 했다.[275]

2) 교육내용

하나님나라를 지향하는 신앙공동체로서의 기독교대안학교의 교육 내용은 생명력 있는 신앙을 소유한 실력 있는 학생으로서 하나님나라를 지향하는 삶을 살아가도록 짜여져야 한다. 따라서 내용에는 지적 승인으로서의 신앙을 위한 내용, 정적 신뢰로서의 신앙을 위한 내용, 행함으로서의 신앙을 위한 내용들이 포함된다. 이러한 교육 내용의 영역에 따라 보존자로서의 교육을 위한 내용, 통찰자로서의 교육을 위한 내용, 개혁자로서의 교육을 위한 내용으로 제시하겠다.

(1) 보존자로서의 교육 - 지적 승인으로서의 신앙을 위한 내용

기독교대안학교의 구성원들은 기독교신앙에 대한 확고한 주관적인 확

---

[275] John Bolt, The Christian Story and the Christian School (Michigan: Christian School International, 1993), 183.

신(conviction)을 가져야 한다. 주관적 확신은 제시된 기독교신앙에 대한 지적 승인으로부터 시작된다. 이러한 기독교신앙에 대한 확고한 지적 승인은 정적 신뢰의 신앙과 행함으로의 신앙에 의미를 부여해 줄 뿐 아니라 그러한 신앙을 촉발하는 원동력이 되기에 매우 중요하다. 하나님나라가 무엇인지를 깨달아야 하나님나라의 일꾼이 되는 이치이다.

지적 학습의 핵심은 철학적 질문으로부터 발생한다. 나는 누구인가, 나는 어디로부터 와서 어디로 가는가와 같은 질문에 대한 신학적 응답을 구하는 것이다. 따라서 지적 학습을 위해 우선적으로 다루어야 할 내용은 성경이다. 성경을 통하여 학생들은 기독교신앙의 정체성을 형성하여 인생이 무엇인가를 깨닫게 되며 나아가 세상의 모든 학문과 사상과 문화를 해석하는 원천으로서 무장하게 된다. 성경은 과거 신앙공동체 구성원들과 하나님과의 관계에서의 이야기, 노래, 신조, 삶이기 때문에 이 성경을 통하여 학생들은 자신의 현재적 상황 속에서 하나님과 어떻게 관계를 맺어야 할 것인가에 대한 방법과 통찰을 얻게 된다.

기독교신앙은 기독교이야기와 기독교전통으로 전승되어 왔다. 즉, 신앙공동체의 신앙형성과정에서 기독교신앙으로 형태화되어 전승되어 온 신앙의 응답행위, 삶의 양식, 성례전, 말씀의 해석, 기독교 상징, 신앙고백 등과 같은 기독교이야기들로 전승되어 왔는데, 이 모든 기독교이야기와 전통들도 기독교대안학교의 교육 내용이 되어야 한다. 기독교신앙은 이러한 신앙의 연속성으로 전달되고 전승되는 것이다. 예수님의 가르침에도 히브리적 유산이나 유대 전통과 연속성을 지니고 있음을 알 수 있다. 물론 유대 전통이 지니는 한계를 본질적으로 확장하시고 완성하시려는 목적이 있었지만 신앙의 연속성을 지니고 있다. 예컨대, 하나님을 사랑하고 이웃을 사랑하라는 것에 대하여 유대전통에서는 '하나님을 사랑하고 (and) 이웃을 사랑하라' 는 것으로 이해되었다면 예수님은 '이웃을 사랑함으로(by) 하나님을 사랑하는 것'이라고 말씀 하셨다.

교육내용에는 또한 학생들의 삶의 이야기들도 포함되어야 한다. 개인적인 물리적, 지적, 정서적, 영적인 모든 문제들과 개인들의 현재의 행동을 구성하고 있는 사회문화적이고 정치적인 모든 상황들 예컨대 규범들, 법들, 이데올로기들, 구조들, 전통들을 말한다. 공립학교에서 배우는 일반 교과목들도 교육내용에 포함된다. 현재 공립학교에서는 국민공통 기본교육과정으로 국어, 도덕, 사회, 수학, 과학, 실과(기술 가정), 체육, 음악, 미술, 외국어(영어) 등의 교과를 배우고 있고, 각 시도교육청과 단위 학교의 특수한 상황과 요구에 따라 편성되는 재량활동에는 교과재량활동과 창의적재량활동이 진행되고 있으며, 실천적 영역으로는 자치활동, 적응활동, 계발활동, 봉사활동, 행사활동과 같은 특별활동을 실시하고 있다.[276] 또한 고등학교 선택중심 교육과정에서는 국민공통 교과 외에 농생명산업, 공업, 상업정보, 수산, 해운, 가사·실업, 과학, 체육, 예술, 외국어, 국제에 관한 전문교과를 선택할 수 있도록 편성되어 있다. 이 모든 내용들이 기독교대안학교에서 필요한 것은 아니며 취사선택이 가능할 것이다. 다만 기독교세계관의 관점에서 집필된 교과서가 존재하는가, 또한 그것을 기독교적으로 가르칠만한 훈련된 교사가 있는가하는 문제가 더 중요하다.

일반교과의 지식은 과거와 현재를 이해하는데 도움을 준다면, 성경은 과거, 현재, 미래를 이해하고 역사의 방향을 확고히 하는데 도움을 준다. 일반교과는 나름대로 각자 자기의 지적 체계와 구조를 가지고 있기 때문에 이 세상을 성경적으로 이해하는데 도움이 된다. 따라서 이성의 행위인 일반교과와 지성의 행위인 지적 승인으로서의 신앙의 내용이 성경의 원리 안에서 통합을 이루어야 한다.

---

276) 교육인적자원부 고시 제2007-79호,「중학교 교육과정 해설(Ⅰ)」(서울: 교육과학기술부, 2008), 196.

이러한 통합을 위한 노력으로 지적 승인으로서의 신앙이 온전하게 형성될 것이다. 이러한 확고한 지적 신앙은 정적 신뢰로서의 신앙과 행함으로의 신앙으로 나아가는 시발점이 된다.

(2) 통찰자로서의 교육 - 정적 신뢰로서의 신앙을 위한 내용

앞서 설명한 바대로 기독교신앙을 형성하기 위한 통찰은 비평적 성찰로서의 변증법적 해석의 과정에서 가능하다. 다시 말해서 기독교이야기의 거울로 현재의 우리의 삶의 이야기를 비평적으로 성찰하고, 또 반대로 현재의 우리의 삶의 이야기를 거울로 과거의 기독교이야기를 비평적으로 성찰하는 가운데 통찰력을 갖게 된다. 현재의 이야기가 과거의 이야기와 만나 미래를 향해 창조적 변형을 이루어 갈 때 정적 신뢰로서의 신앙은 형성된다. 그 대표적인 것들로 예배와 기도 그리고 성례전 등을 들 수 있다.

예배는 인간이 하나님과의 관계에 대해 기념하고 의식화한 예전이다. 그러나 예전은 신앙관계를 단순히 표현하는 것에 그치지 않고 그것을 더욱 심화시키고 촉진시킨다. 따라서 예배를 통해 하나님에 대한 신뢰적 차원의 충성, 사랑, 사모함이 드러나며, 구원받은 백성들로 하여금 경외, 존경, 찬양, 감사가 넘쳐나게 한다. 다시 말해 이러한 신뢰적 차원의 표현과 자세들이 일정한 형식으로 의식화되고 기념되는 것이 예배라는 사실이다. 이처럼 예배를 통해 우리의 현재이야기(헌금, 마음, 찬송, 예물)와 기독교이야기(성경봉독, 설교, 축도)가 대화적 관계로 만나 비평적 성찰에 의한 통찰이 이루어져 두려움과 놀라움과 존경과 예배로 표현되어 결국 신앙의 성숙과 변형을 가져온다. 뿐만 아니라 더 나아가 이웃과 세계로 향하도록 촉진하고 심화시킨다. 기독교대안학교에서 예배는 정적 신뢰로서의 신앙을 위하여 중요한 요소가 될 것이다.

기도는 하나님을 전적 신뢰하겠다는 신뢰의 표지이며 또한 하나님께 대

한 절대적 순종에 대한 표지로서 시간 안에 존재하는 순례자들에게는 매일의 삶 속에서 표현되고 또 구체화되어야만 한다. 성례전 역시 공동체 내에서 하나님과의 관계가 상징들로 기념되고 의식화된 것으로 신뢰적 신앙을 위해 중요한 요소가 된다. 왜냐하면 학생들은 상징을 통해 하나님에 대한 신앙을 해석하기 때문이다. 성례전의 준비와 참여를 통해 하나님의 은혜를 더 잘 느끼게 된다.

그러나 예전과 성례전 그리고 기도 등은 그 자체의 감동과 존경의 표시와 예배로 끝나서는 안 되며 나아가 하나님나라에 응답하여 이웃과 세계에 대한 돌봄과 관심을 갖는 신앙의 삶을 살도록 지속적인 영향력을 지녀야 한다.

(3) 개혁자로서의 교육 - 행함으로서의 신앙을 위한 내용

신앙공동체로서의 하나님나라를 지향하는 기독교대안학교는 행함으로서의 신앙을 위하여 활력 있는 아가페적인 삶을 체현하는 내용과 세계적 참여를 통한 선교의 사명을 감당하는 내용들이 포함되어야 한다.

한 개인이 신의 현현을 체험하면 세상에 대한 기독교인의 의무인 이웃을 사랑하는 것과 복음을 나누고 싶은 거룩한 내적충동이 성령에 의해 일어난다. 아가페의 삶과 선교의 삶은 지적 승인으로서의 신앙과 신뢰로서의 신앙을 더욱 깊이 이끌어 준다.

앞서 지적 승인으로서의 신앙을 위한 내용에서 성경이 중요함을 강조했다. 그러나 신앙은 성경을 단순히 암기하거나 교리적으로 가르친다고 전달되는 것이 아니라 공동체 속에서 상호관계에 의해 참여하고 봉사와 섬김의 실천을 통해 전달되고 성숙되어 간다. 넬슨은 회중은 신앙의 학교로서 회중이 행하는 모든 것은 신앙을 전달하는 수단이며, 동시에 탐구의 주제라고 한다.[277] 이 때 회중이 행하는 모든 것은 사랑으로 하는 행위이다.

사랑의 행위는 섬김과 봉사로 나타난다. 성경은 신앙과 행함이 동시적으로 함께 있어야 함을 증거한다. 따라서 모든 행위에서 사랑은 전제되어야 하며 섬김과 봉사로 표현되어야 한다.

공동체에서 이웃에 대한 사랑은 세계로 향하게 한다. 곧 세계공동체를 향한 선교의 사명으로 나아간다. 최종 목표는 하나님나라의 실현이다. 세계공동체가 전 영역에서 하나님나라를 구현할 수 있는 길은 지적 승인으로서의 신앙을 위한 교육내용만을 가지고는 불가능하다. 섬김과 봉사를 통한 성령의 능력으로 가능하다. 또한 세계공동체를 위해 기독교적 가치를 공적 가치와 연계하는 교육내용들이 필요하다. 하나님나라의 보편적 가치들인 생명존중, 평화, 인권, 자유, 평화, 정의, 관용과 같은 가치들이 기독교적 원리에 의해 조명될 수 있도록 교육내용이 편성되어야 할 것이다.

또한 다양한 삶의 현장도 교육 내용에 포함될 수 있다. 기독교대안학교 교육은 생명력이 있는 신앙공동체에 참여하고 이를 통해 사회화되어 모든 것에 그리스도를 닮으려는 교육적 노력이 필요하다. 신앙의 전달과 성숙이 사회화과정에서 형성되기 때문에 신앙공동체 교육은 삶의 현장교육이어야 하며, 기독교적 삶의 스타일 형성을 위한 개인-가정-교회-학교-사회-국가-세계를 서로 연결지을 수 있는 교육이어야 한다. 따라서 기독교대안학교는 학교만이 아니라 다양한 사회현장을 교육의 대상과 내용으로 삼아야 한다. 뿐만 아니라 다변화, 다문화를 구성하고 있는 다양한 현장들도 교육의 내용과 교육의 대상으로 삼아야 한다.

현재 시간과 역사 속에서 인간의 노력은 하나님나라의 최종적 도래를 위하여 어느 정도 기여할 수 있을까. 그룹은 그 최종적 도래의 나라를 위한 '소재를 준비하는 것' (to make ready the material)이라는 입장을 취한다.[278]

---

277) 엘리스 넬슨, 「신앙의 터전」, 183.

신앙공동체로서 기독교대안학교가 하나님나라를 지향한다는 것은 학생들이 하나님나라의 백성이 된다는 것을 의미하며, 또한 하나님나라의 백성이 되었다는 것은 백성됨에 대해 부과되는 요구들을 받아들인다는 것을 의미한다. 예수님은 먼저 그의 나라와 그 의를 구하라고 했다(마6:33). 따라서 기독교대안학교는 구성원들이 삶의 전 영역에서 예수님의 이러한 요구에 순종할 수 있는 방법과 길을 모색해야 한다.

3) 교육방법

신앙공동체는 자체가 교육의 장이요 내용이요 방법이 된다. 공동체에서의 예배를 통해 신앙이 전달되고, 공동체 구성원 간의 사귐과 교제를 통해 신앙이 활성화되며, 공동체에서의 성경 탐구는 신앙을 좀 더 의미 있는 것으로 만들고, 공동체의 구성원들은 새로운 상황(문제)에 직면할 때마다 신앙을 도덕적으로 활성화시킨다.[279] 또한 모든 공동체들은 구성원들에게 세계에 대한 기본적인 관점을 제공해 주며, 기본적인 감정적 방향을 설정해 주고, 표현할 기본적인 언어를 제공해 준다. 그리고 공통적인 가치들과 그 시대의 통속적인 철학을 나타내는 특정한 사고방식을 제공해 준다. 또한 신뢰와 불신, 관대함과 거부, 존중과 통제 사이에 있는 특정한 인간관계 방식을 제공해 준다.[280] 따라서 신앙공동체에서의 다양한 경험과 이해는 어떤 한 교사가 줄 수 있는 것을 능가한다.

이러한 신앙공동체 자체가 곧 교육방법이라는 전제로 탐구, 성찰과 해석, 참여의 방법을 제시하고자 한다. 탐구는 보존자로서의 교육을 위한 방

---

278) Thomas H. Groome, Chritian Religious Education : Sharing Our Story and Vision, 45
279) C. E. Nelson, Where Faith Begins, 102-120.
280) D. E. Miller「기독교교육개론」, 169-171.

법으로, 성찰과 해석은 통찰자로서의 교육을 위한 방법으로, 참여는 개혁자로서의 교육을 위한 방법으로 제시하였다.

(1) 보존자로서의 교육을 위한 방법 - 탐구와 상호작용

기독교대안학교가 성경을 비롯한 기독교이야기와 기독교전통의 유산을 유실되지 않은 채로 유지하고 보존하여 지적 승인으로서의 신앙에 도움을 얻기 위해서는 탐구의 방법이 필요하다. 과거의 이야기와 전승되어 온 전통들이 본래적 의미를 간직한 채 계속적으로 보존되기 위해서는 그 의미와 가치에 대해 깊이 있는 탐구가 필수적이다.

탐구방법은 정신(mind)을 통한 전달 방법[281]이라고 할 수 있는데, 정신에 의한 전달 방법은 하나님에 대한 신앙을 전달하는데 있어서 '정신'이 주된 통로가 된다는 전제를 가지고 있다. 정신이 주된 통로가 되는 이유는 정신은 언어를 만들고 경험을 해석하는 도구가 되며, 자아의식의 장소가 되기 때문이다. 정신적 탐구를 통한 신앙 전달은 신앙의 구조와 체계를 명확하게 하는 장점이 있다. 특별히 어릴 적에 정신적 탐구를 통해 얻은 신앙은 미래의 성숙을 위해 매우 중요한 영향을 미친다.

정신적 탐구는 만남을 통해 이루어진다. 그리스도 안에서 주어지는 하나님의 은혜에 대한 탐구가 단순히 앎을 위한 연구가 되어서는 안 된다. 앎이 통찰과 행동으로 발전하기 위해서 또한 앎이 신앙으로 발전하기 위해서는 앎을 통한 만남이 이루어져야 한다. 따라서 탐구란 현재의 사회적, 정치적, 문화적 배경을 가진 한 개인이 공동체 속에서 또 다른 배경을 가진 구성원들과의 만남의 과정이며, 또한 기독교이야기와 전통과의 만남이며, 현재 안에 역사하시는 하나님과의 만남이다. 현재 안에 과거와 미래

---

281) C. E. Nelson, Where Faith Begins, 25.

가 만나는 것이다. 탐구는 곧 만남의 과정인 것이다.

올바른 탐구를 위한 전제는 세상에 대한 하나님의 시각 즉, 기독교세계관을 갖는 것이다. 기독교세계관에 의한 신앙의 인식체계는 올바른 탐구를 위해 필수적 전제가 된다.

또한 기독교 유산을 유지하고 보존하여 전승하려면 상호작용의 관계가 정상적으로 이루어져야 한다. 본래 신앙공동체의 의미는 서로 함께 존재하면서 상호작용을 통하여 나눔과 친교의 생활을 하는 신앙적 조직체를 의미한다. 신앙공동체 안에는 하나님, 예수 그리스도, 성령, 과거와 현재와 미래의 이야기, 기독교 전통과 유산 등 다양한 실재들이 존재한다. 이러한 다양한 존재들이 상호작용을 통해 신앙의 사회화를 이루게 된다. 이와 같이 신앙의 사회화를 통해 전달되고 성숙되며 새롭게 변형되기도 한다. 또한 한 세대에서 다음 세대로 전승되기도 한다. 이것이 가능한 이유는 공동체 내에서 끊임없는 상호작용이 존재하기 때문이다. 따라서 상호작용은 기독교 유산을 보존하고 전승하는데 있어 중요한 방법이 되는 것이다.

그렇다면 상호작용의 관계는 어떠한 관계여야 하는가. 참된 공동체에 대하여 마틴 부버(Martin Buber)는 공동체의 인간관계에서 '나-그것'의 관계가 아닌 '나-너'의 관계야말로 가장 친밀한 인격적 관계라고 말하고 있다.[282] 이와 같은 인격적인 '나-너'의 관계에 의해서 '본질적 우리(essential we)'가 생겨나고, 이러한 본질적 우리가 개인에게 인격적인 '너'가 될 때만이 본질적 공동체가 탄생한다고 부버는 말하고 있다.

(2) 통찰자로서의 교육을 위한 방법 - 성찰과 해석

통찰자로서의 교육을 위한 방법으로는 비평적 성찰과 변증적 해석을 들

---

282) Martin Buber, 「나와 너」, 표재명 역(서울: 문예출판사, 1998), 192.

수 있다. 이 같은 방법은 그룹의 나눔의 프락시스(Shared Praxis)에 잘 나타나 있다. 나눔의 프락시스는 앎(복음)과 삶(실천)의 두 구조를 비평적으로 성찰하고 변증법적으로 해석한다. 따라서 학습자는 비평적 이성과 비평적 기억 그리고 창조적 상상을 통해 비평적 성찰을 해야 한다. 즉, 비평적 이성으로 자신의 현재 행동의 원인이 되고 있는 기독교이야기와 현대의 이데올로기적 요인들을 비평적으로 인식하고, 비평적 기억을 통해 개인적, 사회적 원인을 기억해 낼 때 이러한 과정을 통해 창조적 상상이 이루어지며, 창조적 상상으로 미래를 의도적으로 예정할 수 있게 된다.

비평적 성찰을 위해서는 변증법적 해석이 필요한데 변증적 해석이란, 비평적 성찰을 통해 인식된 현재 우리의 삶의 이야기를 기독교이야기와의 관계에서 대화의 과정을 통해 상호 비평적 성찰을 하는 해석의 과정을 말한다. 생명력 있는 신앙은 이러한 과정을 통해 얻어지는 것이다. 기독교대안학교의 학생들은 직면하는 현재의 모든 정황들을 비평적 성찰을 통한 변증적 해석을 통해 기독교적 가치와 신앙의 정체성을 구축해야만 하는 과제를 갖는다. 이러한 노력을 통해 기독교이야기가 새롭게 되살아나 과연 기독교이야기가 우리 이야기에 어떤 의미가 있는지를 통찰할 수 있게 된다.

지적탐구를 통해 기독교적 인식체계를 구축한 개인들은 신앙공동체의 상호작용을 통해 기독교세계관과 신앙의 자아정체감을 형성하게 된다. 이러한 신앙의 정체성을 확립한 자아는 이성과 신앙의 관계, 개인과 사회의 관계, 율법과 은혜의 관계, 지적신앙과 경험적 신앙의 관계와 같은 양극을 통합하는 역할을 수행한다. 자아가 신앙을 전달하는데 있어서 관찰하고 지각하고 판단하는 역할을 수행하는 것이다.

성찰의 또 하나의 방법으로는 '이야기 나누기'가 있다. 이야기 나누기란 과거 신앙공동체에 역사하셨던 하나님의 방식에 관한 이야기와 현재의 신앙공동체의 이야기 간에 이루어지는 상호작용을 말한다. 이처럼 상호작용이 가능한 이유는 과거의 공동체와 현재의 공동체 간에는 유사(analogy of community)가 존재하기 때문이다. 이와 같은 이야기 나누기를 통해 학습자는 자신이 처한 현재의 다양한 삶의 상황들에서 복음의 의미 즉 하나님의 뜻을 깨닫게 될 것이다.

(3) 개혁자로서의 교육을 위한 방법 - 참여

기독교신앙은 공동체를 통해 전달되며 성숙하고 변형된다. 따라서 학습자는 우선 신앙공동체에 적극적으로 참여해야 한다. 사실 적극적 참여는 성령에 의해 하나님의 현현을 체험한 사람들이 하나님의 사랑을 나누고 싶다는 거룩한 내적충동에 의해 공동체 속으로 나아간 것이라고 할 수 있다.

학습자는 과거 신앙의 유산인 기독교이야기와 전통을 오늘날 유지하고 보존하기 위한 지적 탐구에 적극 참여하고, 비평적 성찰을 통한 변증적 해석을 통해 자신의 현재 이야기에 대한 하나님의 뜻을 이해하고 신앙의 가치체계를 구축하기 위한 통찰에 적극 참여하며, 나아가 궁극적인 하나님의 뜻인 하나님나라의 완성을 위해 세계적 참여를 통한 그리스도인의 책무인 선교의 사명자로 부르시는 하나님의 부르심에 응답하여야 한다.

하나님은 각 시대마다 그 시대의 '상황'을 통해 필요한 사람을 부르시고 만나주시며 선교의 과업을 부여해 주신다. 따라서 신앙공동체를 통한 하나님나라를 지향하는 기독교대안학교의 구성원들은 적극적 참여를 통해 하나님나라를 세워가야 한다. 소명을 받은 자로서 시간과 정력을 다해 헌신함으로 하나님나라의 도래를 추구해 가야 한다.

참여의 방법에는 또한 '이야기 생활화'가 있다. '이야기 생활화'란 이야기 나누기를 통해 이야기를 들은 개인들이 이야기를 지니고 있는 공동체와의 관계 속에서 그 이야기를 받아들이고, 그 이야기에 응답하고, 그 이야기를 확대하는 삶을 말한다. 이러한 이야기 생활화는 하나님과의 더 깊은 만남을 가지려는 과정이다. 이러한 생활화는 공동체에서부터 세계적 참여로 확대된다.

신앙성숙의 목적은 하나님나라에 있다. 하나님나라는 세계적 공동체까지 영역을 확대해야 한다. 세계적 공동체가 아직은 신앙공동체보다는 죄인공동체에 가깝다하더라도 완성될 미래적 하나님나라의 가능성 속에 존재하기 때문에 기독교대안학교의 구성원들은 세계적 공동체에 참여하여 선교의 과업을 수행해야만 한다. 그러나 학교공동체를 넘어 세계적 공동체로 나아갈 때는 철저한 기독교세계관으로 무장하고, 기독교의 공적가치들인 사랑, 평화, 정의, 자유, 용서, 약자 보호 등과 같은 가치들을 전파하며, 섬김과 봉사로서 적극 참여하여 이러한 과정들을 통해 하나님나라가 확장될 수 있도록 노력해야 한다.

3. 신앙공동체로서의 기독교대안학교 특성

이 장에서는 사사학교, 멋쟁이학교, 임마누엘학교, 웨스트민스터학교의 교육적 특징들을 통해 신앙공동체로서의 기독교대안학교 특성을 모색하고자 한다. 신앙공동체로서의 기독교대안학교 특성 모색은 학교운영적 측면, 교육활동적 측면 그리고 학교 생활적 측면에서 살펴보도록 하겠다.

1) 학교운영적 측면

신앙공동체 중심의 기독교교육론에서는 교육의 목표가 신앙공동체를 중심으로 신앙이 전달되고 또한 신앙이 성숙되어 가는 것을 목표로 하고 있다. 이 같은 목표는 과정 속에서 일어나며, 그 과정 안에서는 공동체가 상호작용을 통한 상호관계가 이루어지며, 상호관계의 과정 속에서는 과거의 신앙이야기가 미래를 소망하는 현재의 삶의 이야기와 비평적 대화와 몫을 나누는 참여를 통해 비평적 성찰이 이루어진다. 또한 이러한 비평적 성찰을 통해 공동체의 구성원들은 신앙이 성숙하여 간다. 이 때 개인들은 자신의 현재적 삶의 이야기들을 공동체 속에서 공동체의 이야기와 만난다. 이 만남을 통해 신앙이 형성되고 그로 인해 자신과 공동체를 향한 하나님의 뜻을 인식하게 된다. 이러한 깨달음은 개인을 넘어 가정과 교회와 국가사회와 세계공동체를 향하여 확대되며, 그 세계공동체의 현존하는 문제들과 만나게 된다. 궁극적으로는 예수 그리스도의 가르침의 핵심인 하나님나라의 시민으로서 해야 할 의무를 깨닫게 된다. 곧 하나님나라의 가치인 사랑과 정의와 평화와 용서 등을 세계공동체 속에서 구현해야 할 사명을 갖게 되는 것이다.

그러나 무엇보다 신앙공동체 중심의 교육론에서 중요한 출발점은 개인적인 하나님의 체험이 있어야 한다는 것이다. 이러한 경험은 개인들이 하나님의 은혜 가운데 하나님의 이야기인 신앙의 전통과 유산들에 대한 비평적 성찰을 통한 통찰에 의해서 가능하게 된다. 따라서 신앙공동체 중심의 기독교교육론에서는 이와 같은 신앙의 유산들을 잘 보존하는 것과 그것들을 통찰할 수 있는 능력과 그것을 통한 하나님의 경험 등도 포함되어야 한다.

이와 같은 신앙공동체로서의 기독교대안학교가 추구해야 할 목표들이 학교운영적 측면에서 어떠한 영향을 미쳐야 하며, 또한 어떻게 관련되어야 하는지를 사례학교들의 특성에서 나타난 장단점들과 함께 논의함으로써 학교운영적 측면에서 바람직한 기독교대안학교를 정립하게 될 것이다.

우선 사사학교는 설립배경으로 설립자의 독특한 신앙적 체험을 통해 하나님께서 이루어 가신다는 신앙고백이 있었다. 바로 위기의 시대에 하나님의 사람들로 부름 받을 수 있는 이 시대의 사사들을 양성하고자 하는 목표를 가지고 있다. 사사학교는 연구 대상학교 중에서 가장 교육원리와 이념이 잘 정리되고 체계화되어 있었다. 특별히 성, 애, 덕, 지, 정, 미, 체의 일곱 가치를 중심으로 기독교세계관을 형성하여 미래 각 분야의 지도자로 키우는 것이 학교 목표였다. 이러한 교육의 목표는 하나님-세계-인간이라는 세 영역을 통합하는 현장에서 이루어 가는데 그것을 가능하게 하는 원리로서 12개의 사사교육원리를 제시하고 있다. 하나님과의 관계에서는 제1원리인 믿음으로 시작하는 교육, 제2원리인 하나님의 뜻을 알아가는 교육, 제3원리인 하나님께 영광 돌리는 교육 등의 원리가 포함되며, 세계와의 관계에서는 제4 원리인 세상을 아름답게 하는 교육, 제5원리인 세상을 경험하며 알아가는 교육, 제6원리인 세계를 섬기고 봉사하는 교육 등의 원리가 포함되어 있고, 인간과의 관계에서는 제7원리인 생명과 은사를 존중히 여기는 교육, 제8원리인 하나님 형상을 회복하는 통전적 인간으로서의 교육, 제9원리인 being과 becoming 중심의 교육, 제10원리인 관계 중심의 교육 등의 원리가 포함되어 있다. 이 큰 세 영역을 갖추어 가면서 사명과 고백의 인간으로 교육한다는 관점에서 제11원리인 하나님나라를 이루어 가는 교육, 제12원리인 1/3을 고백하는 교육 즉, 교육적 노력은 한계가 있고 하나님만이 인간을 인간답게 하신다는 고백의 원리가 포함되어 있다.

　이와 같은 사사학교의 특징을 통해 사사학교 교육이 지향하는 것은 하나님나라인 것을 확인할 수 있다. 신앙공동체의 최종 지향점이 하나님나라라고 할 때 사사학교의 교육 방향은 신앙공동체적이라고 할 수 있다. 또한 사사학교는 교사의 임용 조건 중에 함께 공동체 생활을 할 수 있는 기준이 제시되고 있을 만큼 모든 학생들과 교사들이 교장과 더불어 사사학교에서 공동체 생활을 하는 것을 중요하게 여기고 있다. 학교현장에서는 신앙의 유산을 가지고 있는 교장과 교사들이 학생들과 함께 대화와 참여를 통해서 만나고 있음을 확인할 수 있었다. 즉, 학생들은 아주 자연스럽게 교장과 교사들과 수시로 교정에서 만나 대화를 주고받는다. 그 대화에는 신앙이야기 뿐 아니라 삶의 모든 문제가 포함되어 있다. 학교가 신앙공동체를 통해 신앙이 전달되고 성숙되어 가는 현장인 것을 확인할 수 있었다. 신앙공동체가 곧 공동체 생활을 의미하는 것은 아닐지라도 분명 공동체 생활은 신앙에 대한 공동체적 접근을 용이하게 해주는 것은 분명하다. 다만 신앙공동체 안에서 하나님과 학생들 또는 하나님과 공동체의 관계를 신앙적으로 매개하고 때로는 하나의 공동체 구성원으로서 신앙을 생활화하는 교사들의 위치는 학생들을 교육함에 있어서 매우 중요한 요소인데 사사학교는 교사들의 교육에 있어서 독서지도자교육 이외에 사명인식을 위한 다른 교육기회가 부족하다는 것을 지적할 수 있다. 기독교대안학교는 교육의 목표나 교육원리 등이 신앙공동체 중심의 교육철학에 확고히 기초하고 있어야함은 물론 교사와 학생 그리고 모든 구성원들이 공동체의식을 가지고 모든 학교운영에 참여함으로 신앙이 전달되고 성숙되어 갈 수 있도록 해야 할 것이다.

사랑방교회가 공동체 속에서 운영하고 있는 멋쟁이학교 역시 모든 교사들과 학생들이 공동체 생활을 하면서 교육을 하고 있다. 사사학교가 가지고 있는 신앙공동체로서의 신앙 형성과 성숙의 과정들이 멋쟁이학교 현장에서도 비슷하게 나타나고 있다. 실제로 멋쟁이학교에 들어섰을 때 학생들의 표정에 활력과 생명력이 넘치는 모습을 보면서 이것이 신앙공동체의 삶을 통한 소통의 원활함에서 오는 것임을 깨닫게 되었다. 특별히 멋쟁이학교는 학생들의 부모들도 함께 공동체생활을 하기 때문에 신앙공동체의 모습을 온전히 보여주고 있다.

우선 멋쟁이학교의 설립배경은 설립자 정태일 목사의 공동체가 희망이라는 신학적이고 기독교교육적인 비전에 의해서 설립되었다. 기독교교육을 전공한 후 진정한 교회의 모습은 신앙공동체여야 함을 깨닫고 코이노니아(공동체)를 지향하는 교회와 학교를 세우게 된 것이다. 따라서 멋쟁이학교의 모든 교육이념과 목표는 본 연구자의 연구 방향과 동일하다. 따라서 멋쟁이학교의 교육목표는 지적교육을 배제하고 함께 어울려 사는 삶을 강조하며, 교육의 지향점은 가정-교회-학교가 하나로 통합되어 하나님나라를 실현해 가는 것이다. 하나님나라의 사랑을 실천하는 현장이 바로 멋쟁이학교인 것이다. 이러한 확고한 교육철학은 그동안 발표되고 강연해 온 정태일 목사의 여러 글에서 명확하게 드러나 있다. 이러한 목표를 달성하기 위해 교사의 임용은 중요한 요소인데 멋쟁이학교는 교사선발의 제일 요건으로 기독교교육을 전공한 사람을 제시한다. 기독교교육의 실천적 장이 하나님나라요 공동체라는 것이 훈련된 사람을 제일 먼저 고려하는 것이다. 이 점이 멋쟁이학교의 강점이라 하겠다. 그럼에도 멋쟁이학교에서 동일하게 드러나는 한계점은 설립자의 정신과 학교 설립이념을 공유하고 교육현장에서 구체화할 수 있는 역량을 가진 교사로 세우기 위한 계속적인 교육 프로그램이 부족하다는 것이다. 비록 전교인들을 대상으로 지금까지 수차례 진행되어 온 '하나님나라' 나 '신앙공동체' 와 관련된 주제들의 강연이 있어 왔다 해도 교사로서 교육과 관련된 훈련 계획은 가지고 있지 못하다. 이것은 정태일 목사도 가장 시급한 문제라는 것을 인식하고 있다. 또한 모든 구성원들이 공동체 삶을 살고 있기 때문에 그 공동체 안에서는 교육목표의 달성여부는 확인 가능한데[283] 비하여 세계공동체와의 소통은 어렵다는 한계를 가지고 있다. 이 같은 한계는 멋쟁이학교

---

[283] 멋쟁이학교의 홈페이지 게시판에 올라와 있는 여러 가지 학생들의 글에서 잘 드러나고 있다.

가 교회공동체 안에서 교회를 중심으로 운영되고 있기 때문이다. 따라서 신앙공동체로서의 기독교대안학교가 되기 위해서는 학교가 기숙형태로 공동생활을 한다고 해도 세상과 소통할 수 있는 여러 가지 대안과 방법을 모색하여야 할 것이다.

임마누엘학교와 웨스트민스터학교의 학교운영적 특징을 설명하면 다음과 같다. 우선 임마누엘학교의 교육이념은 임마누엘이라는 이름에 잘 나타나고 있다. '우리와 함께하시는 하나님'의 뜻을 가진 임마누엘은 누구든지 하나님을 경외하고 그분께 복종한다면 하나님은 항상 우리와 함께 하신다는 뜻이다. 따라서 임마누엘학교가 추구하는 인간상은 하나님을 의지하는 인간, 삼위일체 하나님을 경외하는 인간을 양성하는데 있다. 이러한 성경에 기초한 신앙교육의 이념을 담고 있는 교육이념은 학교의 설립배경이 경건한 기독교 학부모들의 요청에 의해 시작되었다는 것과 밀접한 관련이 있다. 이러한 교육목표는 학교의 모든 교육활동에 그대로 영향을 미쳐 모든 교육활동이 신앙을 형성하고 유지하는 삶을 강조하는 활동으로 구성되고 있다. 예를 들어, 기독교교과서를 사용하지 않고 모든 자료들을 성경의 관점에서 해석하고 신앙에 도움이 될 수 있도록 적용하는 수업을 한다든가, 또는 교육활동에 대한 교사들의 자체평가에 있어서는 교육활동이 학생의 태도나 신앙에 어떻게 기여하였는가하는 정도를 평가하고 있는 것에 잘 드러나고 있다.

한편, 웨스트민스터학교는 영국의 웨스트민스터 신앙고백을 배경으로 설립되었으며, 뉴질랜드의 전통적 유대/기독교의 신앙적 유산을 가지고 있는 가족들의 교육적 요구에 의해 1981년 세워졌다. 이 학교의 중요한 특징은 학교가 부모를 도와서 자녀들을 교육한다는 정체성을 가지고 있다는 것이다. 따라서 웨스트민스터학교의 교직원들은 학생들이 세상과 자신들의 위치에서 하나님의 청지기와 일군이 되어 어떤 일을 해야 하는

지를 알게 해주고, 창조된 세상의 모든 영역에서 예수 그리스도가 주되심을 찬양하도록 도전을 주며, 학생들로 하여금 하나님은 창조자요 구원자이시며 온 우주를 존재케 하시는 분이심을 이해하고 의심 없이 받아들이도록 격려하며, 성경말씀에 따라서 현재와 영원한 삶에 대한 소망 가운데 자신의 삶을 변화시켜가도록 동기를 부여하는 자들이다. 이러한 특징을 배경으로 교육목표는 하나님이 각자에게 주신 재능을 책임감 있게 사용할 준비를 시키는 것에 두고 있다. 이와 같은 교육과정을 통해 학생들의 잠재력을 이끌어 내는데 초점을 맞추고 있는 것이다.

위와 같은 임마누엘학교와 웨스트민스터학교의 교육적 특징에 대한 장단점을 토대로 신앙공동체로서의 기독교대안학교가 지향해야 할 학교운영적 특징을 설명하면 다음과 같다. 우선 이 두 학교처럼 기독교교육철학의 배경이 약한 학교는 학교운영위 같은 학부모들의 안정적인 지원이 있다 해도 학교장의 능력이나 신앙의 노선에 따라 학교의 신앙적 분위기가 좌우될 수 있는 단점이 있다. 실제로 교장들은 세상이 점점 세속화되어 가고, 학부모들의 요구도 다양해져 가는 오늘날 설립이념을 지키고 설립 당시의 신앙을 지켜나가기가 어려워지고 있다고 고백한다. 따라서 신앙공동체로서의 기독교대안학교는 철저한 기독교교육철학의 배경에서 출발할 필요가 있다. 그와 같은 이유는 바람직한 기독교대안학교는 신앙공동체로서의 교육목표와 교육과정을 학교를 운영해 가면서 만들어 갈 수는 없기 때문이며, 학교를 운영하는 과정에서도 이러한 기초는 매우 중요한 정체성의 근거가 되며 혼돈한 사회의 변화 속에서도 올바른 방향으로 인도해 주는 근거가 되기 때문이다.

또한 임마누엘학교와 웨스트민스터학교는 성경 중심, 그리스도 중심의 교육을 하고 있다고 말한다. 그러나 여기서 말하는 성경이라는 것도 신앙공동체 교육론에서 말하는 신앙의 유산으로서 기독교이야기인 성경의 개념과는 거리가 있다. 그렇다면 이들 학교의 교육은 기독교인으로서의 시민을 육성하는 것에 다름 아니며, 성경중심과 그리스도 중심도 궁극적으로는 역시 개인적 신앙에 초점을 맞추는 것이라고 할 수 있다. 따라서 이 두 학교의 교육은 공동체를 유지하고 보존하며 전승하려는 신앙공동체의 교육목표와는 거리가 있다고 할 수 있다. 또한 이 두 학교는 모두 교육영역을 학교를 넘어 지역사회로 확대하고 있음을 알 수 있다. 임마누엘학교는 교육을 통해 이웃과 세상을 섬기도록 교육을 하고 있으며, 웨스트민스터학교는 세계 속에서의 시민의식을 고취하도록 교육을 하고 있다. 그러나 이러한 교육적 노력이 곧 신앙공동체 교육론이라고 말 할 수는 없다. 따라서 신앙공동체로서의 기독교대안학교는 학교운영에 있어서 신앙을 가진 자가 신앙이 없는 자에게 신앙을 지식으로 가르치고자 하는 그러한 접근이 아니라, 이웃과 사회와 세계공동체에 참여함으로 공동체의 삶을 통해 상호작용함으로 신앙이 전달되고 성숙되어 간다는 신앙공동체 중심의 접근이 필요하다 하겠다.

위에서 밝힌 사사학교, 멋쟁이학교, 임마누엘학교, 웨스트민스터학교의 교육적 특성을 살펴보면서 학교가 신앙공동체로서의 기독교대안학교의 역할을 감당하기 위해서는 우선 확고한 신앙공동체 교육론에 기초한 기독교교육철학이 세워져야 하며, 이러한 기초를 배경으로 모든 교육활동과 교과목이 신앙공동체적으로 접근이 이루어지도록 해야 한다는 것이다. 즉, 학교가 하나의 신앙공동체가 되어 모든 학교의 운영이 상호관계를 통한 만남이 이루어지는 가운데 모든 구성원들이 신앙을 공유하면서 새로운 신앙이 전달되고 또한 성숙되어 가는 현장이 되도록 신앙공동체성이 확고한 기초를 이루고 있어야 한다.

또한 신앙공동체를 중심으로 하는 기독교대안학교는 학교교육이 신앙교육의 차원을 넘어 신앙공동체와 하나님나라를 지향하고 그러한 방향으로 집중되어야 한다. 다시 말해서 신앙공동체로서의 기독교대안학교는 하나님을 경외하는 신앙인을 육성하는 것을 넘어 사회와 세계와 하나님나라의 책임 있는 시민으로서 신앙공동체의 삶을 살며, 신앙공동체를 유지하고 보존하고 발전시키는 신앙인이 되도록 훈련하는 교육이어야 한다.

2) 교육활동적 측면

교육활동적 측면에서의 특징모색은 교육내용에 초점을 맞추어 논의하겠다. 신앙공동체로서의 기독교대안학교의 교육내용에는 지적신앙을 조력하는 공동체이야기, 신앙의 유산, 기독교전통, 성경, 기독교이야기, 우리 모두의 현재 삶의 이야기 등이 포함되어야 한다. 또한 정적신앙을 조력하는 기도, 성례전, 예배, 찬양, 감사 등이 포함되어야 하고, 행함으로서의 신앙을 조력하는 세계적 참여, 선교사명, 아가페의 삶, 섬김과 봉사, 다양한 신앙훈련 프로그램 등이 포함되어야 한다.

먼저 사사학교의 장점으로는 매주 1회 예배와 외부인사 초청강의를 듣는 믿음의 유산, 신앙적 내용들로 채워지는 영어스피치 대회, 논문을 1년 1편씩 작성, 사사학교가 개발한 독서를 통한 공부방법과 독서스쿨캠프, 국내외의 선교여행, 4개 국어를 말할 수 있도록 하는 교육, 전통무예 18기 수련, 1인 1악기 연주 등이 있다. 여기서 믿음의 유산이란 봄과 가을에 2회 실시되고 있는데, 외부의 신앙의 선배들을 초청하여 그들이 가지고 있는 풍부한 믿음의 유산들을 간증과 강의로 전해 듣는 시간이다. 이 때 외부인사의 강의를 듣고 난 후, 대표학생은 그 강사의 전공에 관련된 궁금한 사항들을 미리 준비했다가 질문하는 형식으로 진행하고 있다. 이 프로그램은 학교 밖과 소통할 수 있는 좋은 시간이라고 평가되며, 특히 믿음의 선배들을 통해 삶과 지혜를 배우고, 하나님의 비전을 발견하여 미래를 준비할 수 있는 시간이라고 평가할 수 있다. 학생들은 자신들의 삶의 이야기가 강의자가 체험한 기독교이야기와 만남으로 하나님의 비전을 발견하게 되는 것이다.

영어스피치 대회나 논문 작성도 자신들의 관심사를 학교의 이념이나 신앙과 관련하여 내용이 구성됨으로 신앙의 성숙을 경험하게 된다. 영어스피치 대회는 한 학기에 한 번씩 개최되고 있는데, 그 내용을 구성할 때에 학생들은 자신이 감명 깊게 읽었던 책의 내용을 사사학교의 신앙적 관점에서 구성하고 있다. 이처럼 자신의 관심 주제를 신앙적 측면에서 구성하고 있는 점은 학교의 신앙적 지도가 삶 속에서 적용되고 있음을 보여주는 사례라고 할 수 있다. 또한 모든 학생이 일 년에 일편씩의 논문을 작성해야 하는데, 이 과정의 목적은 글을 쓰는 훈련에 있다고 하지만 이 논문 작성을 위하여 학생들은 교내에서 언제든지 교장을 비롯한 선생님들과 스스럼없이 대화하면서 논문을 주제로 상담을 하면서 지도를 받고 있다. 본 연구자가 사사학교를 방문했을 때도 교장은 여러 차례 학생들과 논문의 주제와 내용에 대해 시각과 장소에 구애받지 않고 대화하면서 상담하는 것을 목격하였다. 이러한 교육과정을 통하여 사사학교는 신앙공동체로서의 유기적 관계가 자연스럽게 이루어지고 있음을 확인하였다.

또한 사사학교는 일 년에 50권 이상을 읽을 수 있도록 계획된 풍부한 독서 활동은 논리와 종합적 사고력을 키울 뿐 아니라, 궁극적으로는 하나님 나라의 지도자로 양성할 목적을 가지고 진행되고 있으며, 독서스쿨이나 독서학습캠프를 통해 더욱 독서교육의 효과를 꾀하고 있다. 이러한 독서 활동을 통해 학생들은 과거의 신앙인들의 이야기 즉, 과거의 신앙인들이 하나님과의 관계에서 어떻게 그 부르심에 응답적 삶을 살았는지를 발견하게 되고 나아가 자신의 미래에 대한 비전을 품게 된다.

사사학교의 교육활동의 원리는 조직적이고 체계적으로 구성되어 있다.

사사학교 교육과정은 성(聖), 애(愛), 덕(德), 지(知), 정(情), 미(美), 체(體)의 일곱 가치에 따라 편성되어 있음을 알 수 있다. 성(聖)을 위한 과정에는 예배, 성경개론, 믿음의 유산, 성경통독, 신앙수련회, 3분 묵상, 성경통독, 7단계 말씀 묵상, 워십 학습, 자기성찰 기도, 사사기도, 순종 학습 등으로 짜여 있어서 이 과정을 통해 영성을 개발하여 하나님을 알아가고 하나님과의 교제를 통해 거룩한 사람으로 성장하도록 하고 있다. 애(愛)영역 교과과정에는 조별탐방, 개별탐방, 방학탐방, 사랑 섬김, 자연과 섬김 등 다양한 봉사활동과 세상의 역사와 문화탐방 그리고 문화명령의 수행자로서의 인간과 자연을 소중히 여기는 활동들로 구성되어 있다. 덕(德) 영역에서는 사랑, 자비, 선, 절제, 용서, 관용, 인내, 온유 등의 가치들을 갖추도록 조력하는 사사이념 교육, 공동체생활, 빌더쉽 등의 활동을 통하여 마음을 넓히는 것의 중요성이 강조되고 있는데, 자기 살핌 학습과 생각 키우기 학습, 역사관 학습, 협동 학습, 생애 디자인 학습 등을 실시하고 있다. 전겸도 목사는 '마음에 태평양을 집어넣어라' 고 평소에 강조한다고 한다. 지(知) 영역에서는 논문쓰기, 언어코스, 가치관분석, 국어, 수학, 영어, 지리, 역사, 사회, 문법, 소아질문법, 한문 등의 학습을 통해 이성과 지성을 도야할 수 있도록 교육하고 있다. 따라서 일반학교의 교육과정보다 3배 이상의 글을 읽고 논문을 쓰고 라틴어와 중국어를 배우며, 중3 때는 3개 국어가 가능하도록 교육하고 있다. 정(情)은 감성이라고 말할 수 있는데, 유기적 창조물인 감성은 지성을 건드리고 또한 영성을 건드리기 때문에 우선 감성을 개발하도록 역점을 두고 있다. 그리하여 악기를 한 가지씩 배우는데 이것은 감성을 키우기 위함이라고 한다. 하나님의 창조세계를 듣고 이해하고 나눔으로 감성개발을 할 수 있다고 말하고 있다. 체(體)는 체력을 기르기 위하여 식사 학습, 마라톤 훈련법, 5종 체력 강화, 건강일지 학습, 18기 무예 연마 등을 강조한다. 앞에서 지적하고 있는 6가지 가치를 모두

담을 수 있는 것이 건강임을 강조하고 있다. 이처럼 사사학교는 학생들로 하여금 행복한 아이들로 키우기 위해 일곱 가지 가치를 기초로 모든 학교의 교육활동 영역에서 구체화하는 노력을 기울이고 있다.

이와 같은 사사학교의 교육과정은 똑똑한 성공자를 키우는 구조가 아니라 하나님을 경외하는 한 인간을 키우는 것을 목표로 삼고 있다. 그리고 이러한 성(聖), 애(愛), 덕(德), 지(知), 정(情), 미(美), 체(體)의 일곱 가치를 토대로 교육의 12원리를 제시하고 있는데, 교육의 12원리는 인간의 일곱 가치인 성성(聖), 애(愛), 덕(德), 지(知), 정(情), 미(美), 체(體)가 "하나님-세계-인간"의 관계 속에서 하나님(1-3원리), 세계(4-6원리), 인간(7-10원리), 사명과 고백(11-12원리)으로 연결되어 있다. 이처럼 교육원리가 체계적으로 잘 조직되어 있고 특히 관계적으로 원리를 풀어가고 있음을 볼 수 있다. 이러한 교육원리에서 알 수 있는 것은 교육이 신앙의 형성과 신앙의 성숙을 통한 하나님나라의 확장으로 진술되고 있음을 알 수 있고, 또한 개인 구원의 차원을 넘어 세계로 확대되고 있음을 알 수 있다. 이러한 점이 사사학교의 특징이자 강점이라고 평가할 수 있다.

사사학교의 교과과정에 포함된 교과목들이 보통 학교들의 교과목하고는 많은 차이가 있음을 알 수 있다. 지식 위주의 공부보다 체험하고 훈련하는 과정이 더 많음을 알 수 있다. 또한 그러한 다양한 교과목들을 점수화하여 평가할 수 있도록 하고 있으며 개인별 과정보다 공동체적인 과정이 다양하게 준비되어 있다. 예를 들어, 탐방학습의 경우 그 평가를 개인 과제에 10/100의 점수를 부여한다면 공동으로 프리젠테이션을 준비하는 과제에 20/100을, 그리고 책자를 만드는 과제에 30/100의 점수를 부여하고 있다.

또한 사사학교는 지적, 정적, 행함으로의 신앙을 조력하기 위하여 예배, 성경개론, 믿음의 유산, 말씀묵상, 성경통독, 신앙수련회 등의 과정을 두고 있으며, 이것을 점수화하여 평가하고 또한 반드시 Pass해야 하는 과정으로 강조하고 있다. 이러한 '기독교성'의 강조는 사사학교의 정체성에 중요한 역할을 감당하고 있다.

그럼에도 불구하고 사사학교의 모든 교육활동은 아직까지는 과정 중에 있다고 보아야 할 것이다. 따라서 그들의 교육의 성과를 단언하기는 아직 이르다. 아직까지 사사교육을 받고 사회에 진출했거나 대학에 입학한 학생이 없는 짧은 역사를 가지고 있기 때문이다. 교육의 효과는 한편으로는 실험을 통해서 증명되어야 하며, 또 다른 한편으로는 교육은 실험의 대상이 될 수 없다는 입장이다. 사사학교의 교육활동을 통하여 신앙공동체로서의 기독교대안학교의 특징을 논한다면, 모든 교육활동이 하나님의 이야기 즉, 신앙공동체와의 접목이 될 수 있도록 구성되고 진행되어야 한다는 것이며 또한 그러한 활동들에 대한 결과들이 탁월한 신앙공동체로서의 교육활동이 되고 있다는 것을 증명할 수 있어야 한다. 그러기 위해서는 모든 교육활동에 대한 효과적인 사용 매뉴얼도 개발되어야 할 것이다.

멋쟁이학교의 교육활동은 철저히 신앙공동체를 통해 창의적이고 개방적인 삶의 스타일을 형성할 수 있도록 구성되어 있다. 이러한 삶의 스타일은 하나님나라를 지향하고 있는데, 하나님나라의 삶이란 공동체적 삶이요 나눔의 삶임을 멋쟁이학교는 모든 교육활동을 통해 증명해 가고 있다. 공동체적 삶 그 자체로서의 교육과정이 강조되고 있는 것이다. 우선 교육활동의 뿌리가 되는 신앙훈련은 8:10분부터 8:50분까지 40분간 매일 쓰고 있는 성서일기를 통해 하고 있다. 성서일기는 귀납법적 접근으로 진행되는데, 본문 내용을 관찰하고 분석한 다음 적용할 사항과 느낀 점을 기록하고 서로 피드백으로 나누게 된다. 성서일기는 어른부터 아이들까지 사랑방공동체에 있는 모든 구성원들이 같은 주제와 같은 내용으로 진행한다. 신앙공동체 자체가 교육과정이 되기 때문에 전체적으로 실시되는 성서일기는 공동체의식을 더욱 함양해 준다. 특히 성서일기는 개인적으로 하는 큐티 형식을 넘어 같은 학년끼리 또는 전체 멋쟁이공동체 속에서 진행되기도 한다. 좀 더 자세하게 말하면 일기를 쓰는 방법은 월요일에는 전 학년이 함께 모여서 쓰고, 화요일은 같은 학년끼리 모여서, 수요일은 멋쟁이 예배로 대신하며, 목요일과 금요일은 같은 학년끼리 모여서 일기를 쓴다. 성서일기는 하나님의 이야기와 학생들의 현재 이야기가 만나는 통로가 된다. 그러므로 성경의 이야기는 그대로 생명력을 가지고 학생의 비전으로 다가온다. 따라서 성서일기는 그 자체가 기독교 전통이 되고 신앙의 유산이 된다고 할 수 있다. 이러한 성서일기는 1984년 사랑방교회가 시작된 이후 지금까지 계속되어 온 것으로 멋쟁이학교에서도 가장 중요하게 생각하고 추진하고 있는 신앙훈련이다.[284]

또한 멋쟁이학교는 많은 교육시간을 공동적으로 체험하고 실천하고 여행을 하는 삶에 투자하고 있다. 오후 시간을 아예 공동체 활동과 공동체험학습으로 교과과정이 편성되어 있다. 전교생이 동물들을 기르고 있으며, 텃밭을 가꿔 곡식을 키운다. 스스로 만든 통나무 집에서 수업이 진행되기도 한다. 이처럼 다양한 경험을 통해 공동체 의식을 함양함은 물론 획일적인 사고에서 벗어나 창의적이고 개방적인 삶의 스타일을 형성하게 된다. 수업의 방법과 평가 역시 공동체적 접근이 이루어지고 있다. 멋쟁이학교는 교육과정에 대한 평가에 있어서 일반 학교의 시험과 같은 형식으로 평가를 하지 않는다. 먼저 학생들은 스스로의 자신에 대한 평가를 한다. 3정(3× 3= 9가지)에 따라 자기반성을 하는 것이 평가인 것이다. 여기서 3정이란 멋쟁이학교가 추구하는 정신으로 精-精誠(정성) 精神(정신) 精進(정진), 整-整頓(정돈) 整理(정리) 整暇(정가), 正-正坐(정좌) 正直(정직) 正道(정도)의 9

---

284) 정태일,「코이노니아를 지향하는 교회」, 380.

가지를 말한다. 이 9가지 항목에 따라 자신의 삶이 긍정적인 삶이었다면 파란색으로, 자신의 행동이 부정적이었다면 빨간색으로 표시한다. 마지막으로 자기 평가란에 자신을 평가하여 서술한다. 이 때 공동체 속에서 드러난 자신의 행동에 대해 친구들이나 교사들이 함께 평가하는 것인데, 이것은 공동체의 평가를 첨가하여 학생의 교육활동을 평가하는 것이다. 이처럼 매 학기 말에 최종 평가를 하면 평가된 자료는 부모님께 전달된다. 그리고 이 평가를 기준으로 연말에 3명을 뽑아 시상을 한다. 이러한 점들이 멋쟁이학교의 가장 큰 신앙공동체로서의 장점이라고 할 수 있겠다.

이와 같은 멋쟁이학교 교육활동의 특징을 통하여 신앙공동체로 기독교 대안학교가 추구해야 할 특징을 논의한다면, 무엇보다 먼저 멋쟁이학교는 학교로서의 기능보다는 신앙교육에 더 역점을 두기 때문에 학교로서의 전문성을 담보하기 어렵다는 것을 인식할 필요가 있다. 만약 학교로서의 '학교성'을 담보할 수 없게 된다면 지적 욕구에 대한 학생들의 요구를 충족시키기 어렵게 될 것이다. 그렇게 되면 학생들이 학교의 교육 방침에 대해 충분히 만족한다 해도 자신의 지적 수준에 대한 만족도나 또는 학교의 시설과 설비에 대한 만족도, 교사에 대한 기대치는 비교적 낮게 나올 가능성이 있다. 이러한 사실은 신앙공동체로서의 기독교대안학교에서도 학교로서의 교육에 대한 투자와 교사들의 학과에 대한 전문성이 더욱 요청된다는 것을 보여주는 것이다. 또 한 가지 지적할 것은 교육활동을 공동체적으로 접근한다고 해서 모든 교육이 기독교적인 영향 아래 있다고 볼 수는 없다는 것이다. 여기에서의 관건은 교사들에 달려 있다. 따라서 교사들이 모든 교육활동에서 과연 신앙적 접근을 할 수 있는 준비가 되어 있는지, 또한 그 방법은 기독교적인지에 대한 성찰이 요구된다 하겠다.

임마누엘학교는 교육에는 중립이란 없음을 인정하며 무엇을 하든지 하나님 편에 있든지 아니면 그의 반대편에 있다는 것을 잘 인식하고 있다.

그러므로 임마누엘학교는 교육을 통해 하나님을 경배하는 교육을 받아 오염되지 않은 소금으로 세상에서 그 맛을 내는 하나님의 자녀가 되도록 교육하고 있다. 또한 임마누엘학교는 학생들이 이 세상에 '생존자'로 남기를 원하기 보다는 그들이 '지도자'가 되길 원한다. 이러한 일들을 이루기 위해 학부모의 도움을 적극적으로 요청하고 있다. 학교는 학부모들이 자녀를 학교에 "던져 넣고 달아나버리는(dump and run)" 식이라면 교육은 불가능하다고 믿고 있다. 따라서 원활한 학교운영과 신앙교육을 위하여 할 수 있는 모든 참여를 학부모에게 독려하고 있다. 자녀교육에 있어서 학교에서 일어나는 일들에 대하여, 가정에서의 숙제에 대하여, 그리고 학교운영의 전반에 대하여 참여할 수 있도록 학교는 학부모에게 개방되어 있다. 예를 들어, 가정에서 숙제하는 자녀를 어떻게 도와야 하는지에 대한 구체적인 지침서를 학교는 학부모에게 제공하고 있다. 또한 학교청소, 사역을 위한 모임, 기도모임, 학교운영위에 참여하여 학교와 함께할 수 있도록 배려하고 있다. 임마누엘학교의 가장 큰 장점은 학교가 기독교적인 가르침을 할 수 있는 환경이라는 점과 학부모가 학교와의 관계에서 협력자로 참여하는 함께하는 공동체가 된다는 점이다.

　임마누엘학교의 교육활동은 교육과정을 통하여 학생들의 재능과 능력을 발휘하여 모든 분야에서 하나님을 경외하고 헌신하며 예배하는 하나님의 사람으로 세상에 봉사하는 인간을 육성한다는 목표를 가지고 있다. 이러한 교육활동에서 가장 기본이 되는 예배는 매주 수요일에 전체 예배로 드리며, 성경과목은 모든 학년이 필수과목으로 지정되어 있다. 임마누엘학교는 경건한 부모들이 자녀에 대한 신앙교육의 요구로 시작된 학교로 예배와 성경이 신앙의 유산이 되고 있다. 이 신앙의 유산은 임마누엘학교가 학생들이 자신의 재능과 능력을 발휘하여 모든 분야에서 하나님을 경외하고 예배하는 하나님의 사람으로 세상에 봉사하는 인간을 육성한다는 목표를 이룩하는데 가장 중요한 교육내용으로 보존해오고 있다.

또한 다양한 재능을 발휘할 수 있도록 하는 체육활동으로는 스쿼시, 축구, 네트볼, 체조 등을 비롯해 높은 학년으로 올라갈수록 카약이나 암벽타기 또는 스키와 같은 운동을 실시하기도 한다. 이러한 교육활동을 편성할 때는 교사들, 학부모, 학생들의 의견을 반영하고 있다. 몫을 나누어 참여하는 과정이 된다. 이러한 과정을 통해 학생의 이야기와 부모의 이야기 그리고 학교의 신앙이야기가 만나 신앙성숙을 향해 나아가게 된다.

또한 임마누엘학교는 하나님 경외의 마음으로 세상에 봉사하는 인간을 양성한다는 교육의 궁극적 목적을 가지고 있는데, 그러한 목표가 교과목 수업을 통해 훈련되고 있다. 예를 들어, 임마누엘학교의 사회과 수업의 내용에는 그와 같은 사실이 잘 담겨 있다. 사회과목 수업은 학교 교실로부터 지역사회와 도시 그리고 자연의 세계에까지 확대하여 공동체란 무엇인지를 배우고 있음을 알 수 있다. 앎에 대한 인식을 삶의 현장을 통해 확인하고 그 공동체를 위해 자신이 해야 할 일에 대해 표현하도록 과제를 부여한다. 특히 기독교신앙에 근거한 공동체의 학습이 되기 위하여 지역사회에서 봉사하는 선교단체와 연결하여 학습을 진행하고 있는 것은 바람직한 방법이라고 생각한다. 특별히 모든 교과목에서 이러한 방향의 수업을 진행하기 위하여 각 교과목의 교사들은 동료교사와 함께 수업자료들을 만들고 지도안을 만든다.

그러나 이러한 과정에서 한계는 분명하게 드러난다. 그 같은 이유는 학습지도안은 각자가 일반교과서와 참고 자료들을 토대로 구성하는데 이때 학교는 교사들이 참고할만한 그리스도중심의 교육과정을 위한 어떤 지침들을 제공하지 않고 있기 때문이다. 이처럼 교사들의 역량에 맡기고 있는 실정에서는 신앙공동체로서의 학교가 목표로 하는 방향과 합일점을 갖지 못할 가능성이 많기 때문이다. 따라서 신앙공동체로서의 기독교대안학교는 모든 교과목 활동에 대한 원리와 지침서들을 마련하고 또 제공하도록 해야 할 것이다.

웨스트민스터학교의 교육과정의 특징은 우선 전체학교운영비 중에서 60%를 주정부의 보조를 받고 있는 통합형학교이기 때문에 정부의 교육과정을 충실히 따르는 것에 있다고 할 수 있다. 그러나 학교는 여기에 그치지 않고 다양한 프로그램을 통하여 체험하는 가운데 성경적 세계관에 근거한 비판적인 사고를 통하여 자신들의 영역에서 탁월성을 갖도록 용기를 북돋아 주고 있으며, 그리스도인으로서 세상에서 책임감 있는 청지기가 되도록 준비하는 것을 돕는데 주력하고 있다. 따라서 웨스트민스터학교의 모든 교육활동은 학생들을 위한 창의적 환경을 풍성하게 제공해주는 것으로 운영하고 있다. 그러므로 교육활동에 골프, 스쿼시, 배드민턴, 하키, 터치 럭비, 체조, 요트경기, 수영프로그램 등과 같은 다양한 운동들이 제공되고 있으며, 미술과 음악교과과정에는 시각미술, 드라마, 춤, 뮤지컬 등이 제공되고 있다. 이 곳 시각미술 전공 선생님은 학생들이 예술의 모든 면에서 창의성을 개발시키는데 헌신하고 있다. 학생들은 또한 관현악단에서 학교교육 수준에 맞는 연주를 할 기회가 있으며, 관현악단이 운영되고 있다. 또한 4-8학년 학생들은 학교 합창단원이 되어 정기적으로 기독교 선교 활동에 참여하고 있다. 여기서 말하고 있는 선교활동이란 월드비전 콘서트에 참가하는 것과 시내의 미션행사에 참여하는 것을 말하는데, 이것은 웨스트민스터학교가 지역사회에 기독교적 영향을 끼치면서 상호관계를 맺고 있음을 보여주는 것이다. 이와 같은 일들은 웨스트민스터학교운영의 목적 중 하나인 마을 공동체(north shore)에게 웨스트민스터 신앙고백에 기초한 기독교교육에 대하여 알리고 마을 공동체로 하여금 모든 면에서 예수님을 닮아가게 하기 위함이라는 목적을 잘 실천하고 있는 것이라고 할 수 있다.

또한 웨스트민스터학교의 교장인 윌슨(Kent Wilson)은 목사로서 자신이 제작한 '성령의 9가지 열매'라는 간단한 큐티자료를 모든 교사들에게 나누어 주고 자신의 수업이 그 성령의 열매와 관련되고 적용될 수 있도록 지도하고 있다. 이것은 학교가 하나의 공동체로서 전체가 하나의 목표를 지향할 수 있도록 작용한다. 각 교실에는 이러한 교육의 결과가 담겨 있는 그림들 즉, 성령의 열매와 관련하여 각자의 느낀 점들과 실천사항들이 그림이나 글로 가득 걸려 있는 것을 볼 수 있다. 그러나 이 같은 시도들은 아직 완성된 상태는 아니었으며 계속 교재를 만들어 가는 과정에 있어서 좀 더 체계적이고 전문적인 연구와 준비가 요청되고 있다.

이와 같은 웨스트민스터학교의 교육적 특성을 참고하여 신앙공동체로서의 기독교대안학교가 갖추어야 할 교육활동에 대한 특성을 논한다면, 윌슨 교장이 시도하고 있는 성경탐구와 같은 경우는 그 제작 과정에서 학교 구성원 모두가 함께 뜻을 공유하면서 함께 탐구하고 성찰하며 해석해 갈 수 있도록 더 많은 참여의 기회를 부여해야 한다는 것이다. 그렇게 될 때, 성경탐구는 학교로 하여금 신앙공동체를 이루어 가는 공통의 기억과 공통의 정신으로 작용하게 될 것이다. 또한 마을 공동체(north shore)에 대한 선교적 접근에 있어서도 일방적인 선교적 방법에서 한걸음 더 나아가 기독교전통과 유산을 함께 공유하는 공동체 즉, 학교와 지역사회를 묶는 하나의 커뮤니티를 형성함으로 기독교신앙을 공유할 수 있는 방향으로 전환하는 것이 바람직할 것이다. 이러한 구조가 될 때, 웨스트민스터학교가 교육목표로 삼고 있는 창의적 능력을 지닌 하나님의 청지기 육성이라는 목표도 한걸음 더 나아가 사회와 세계적 공동체에 참여하여 세상을 기독교적 가치로 변형시켜 가는 신앙인 육성이라는 목표로 확대될 것이다.

지금까지 논의한 신앙공동체로서의 기독교대안학교가 갖추어야 할 교육활동적 특성에 대하여 정리한다면, 학교의 모든 교육활동에는 다양한 기독교전통과 유산을 잘 유지하고 보존하는 것은 물론, 이러한 전통과 유산이 구성원 각자의 삶과의 관계에서 비평적 성찰을 통한 변증법적 해석이 이루어져 각자의 삶의 스타일로 형성되어 가는 나눔의 프락시스가 포함되어야 한다. 또한 이러한 과정에서 형성된 신앙과 신앙의 성숙들이 가정과 교회와 학교를 넘어 세계적 공동체에 변형적 존재로 참여하여 궁극적으로 하나님나라를 이루어 갈 수 있는 환경을 만들어가도록 구성되어야 할 것이다.

3) 학교 생활적 측면

신앙공동체로서의 기독교대안학교가 갖추어야 할 학교 생활적 측면의 특징 모색을 위해서는 신앙공동체 교육론의 교육방법론을 적용하여 논의하고자 한다. 앞에서 신앙공동체 교육론에서의 교육방법으로 탐구와 상호작용, 성찰과 해석, 참여 등의 방법을 제시하였다. 여기서 탐구방법이란 정신을 통한 전달 방법을 말하는데, 정신에 의한 전달 방법은 하나님에 대한 신앙을 전달하는데 있어서 '정신'이 주된 통로가 된다는 전제를 가지고 있다. 그리고 상호작용으로서의 방법이란 신앙공동체 안에서 하나님과 이웃 그리고 과거의 기독교이야기와 현재의 나의 이야기가 상호작용을 통하여 신앙이 형성되는 방법을 말한다. 비평적 성찰의 방법이란 현재의 자신의 이야기가 과거 기독교이야기와 대화와 만남을 통해 상호작용함으로 현재의 문제들과 기독교이야기가 상호 비평적으로 성찰되는 과정을 말한다. 이때 양자간에는 나눔의 프락시스가 이루어지는데 이는 곧 대화와 참여를 통해 현재 상황들을 해석하게 되는 것을 말한다. 이러한 변증적 해석과정은 대화를 통한 참여로 가능하게 된다. 또한 이러한 과정을 통해 형성된 신앙은 세계공동체에 참여함으로 궁극적으로 하나님나라를 실현하게 된다.

이와 같은 교육방법에 기초하여 기독교대안학교의 학교 생활적 측면의 특성을 사례학교들의 특징을 통해 논하면 다음과 같다. 우선 사사학교의 학교생활에 대한 지도는 사품위(사사품위위원회)의 규정에 따르고 있다. 사품위 규정은 사사학교 학생들이 사사로서의 품위와 신앙을 가질 수 있도록 지도함을 목적으로 하고 있으며, 언제든지 학생의 인격이 존중되고 교육성, 타당성, 엄격성이 적용되어야 한다는 원칙을 가지고 있다. 혹시 징계가 필요한 경우에는 반드시 학생과 학부모의 이해와 진술을 바탕으로 하고 있으며, 징계만료 전이라도 개선의 가망이 있으면 처벌을 경감하거나 면제하도록 하고 있다. 사사학교의 생활지도의 특징은 공동체를 통하여 해결하려고 한다는 것과 기독교 정신에 의한 지도가 이루어지고 있다는 점이다. 즉, 징계가 필요한 경우 학교장과 위원회에서 심사숙고한 후 학생과 학부모와 함께 문제를 해결하고 있으며, 또한 징계가 확정되면 징계 내용을 보호자에게 통보하고 함께 기도로 지도해 줄 것을 요청하고 있는 것이다.

다행스럽게 아직까지 교내에서 큰 문제가 발생하지는 않았다고 한다. 이것이 가능한 이유는 학교에 대한 학생들의 자부심이 크고 학부모 또한 학교에 대한 관심이 크기 때문이며, 특히 학생들은 교장, 교사들이 함께 공동체 생활을 하면서 수시로 만남과 상담이 이루어지고 있기 때문이라고 사료된다. 또한 학교 내에서 휴대폰을 사용하거나 개인 컴퓨터를 사용하는 것을 금하고 있으며, 두발에 대한 규정은 없다. 사사학교가 아직은 발생 가능한 여러 문제들과 상황에 대비하여 그에 따른 구체적 규정들을 마련해 놓고 있지 못하지만 앞으로 발생 상황에 따라 또는 발생을 대비하여 구체적인 징계조항들도 문서화할 필요가 있을 것이다.

현재 사사학교는 올해 첫 졸업생을 배출하게 된다. 이들은 지난 6년간을 함께하며 사사교육을 배운 학생들이다. 하지만 한국적 특수상황에서 졸업을 앞둔 학생들은 고민이 클 수밖에 없다. 학교 측에서도 이 문제로 많은 고심을 하고 있지만 하나님의 사사로 육성하고자 한 초심을 잃지 않고 적극적으로 대처하고 있다고 한다. 즉, 기독교대학을 비롯한 여타 대학들을 방문하여 사사학교 졸업생들이 일정한 테스트를 거쳐 수시로 입학이 가능한 협약을 맺기 위해 노력하는 중이라고 한다. 그만큼 사사학교는 자신들의 교육시스템에 대한 자부심과 자신감을 가지고 있는 것이다. 이와 같은 문제는 사사학교만의 문제가 아닌 한국의 모든 미인가 대안학교의 문제로서 커다란 문제가 아닐 수 없다. 그러나 다행인 것은 대안학교 출신들의 대학 등용문이 점차 넓혀져 가고 있다는 사실이다. 하지만 신앙공동체로서의 기독교대안학교는 학생들이 이러한 대학 진학 뿐 아니라 사회에 진출하여 세계적 공동체에 참여하여 살아가는 때까지 계속적으로 신앙공동체 지향의 삶을 통해 변형적 존재로 살아가도록 지도해야 할 것이다.

멋쟁이학교에는 생활지도에 관한 규정집은 없으며 기독교적 자유인을 목표로 하고 있기 때문에 복장이나 신발, 머리 등의 규정을 갖고 있지 않다. 또한 저녁식사 후의 시간은 비교적 자유롭다. 예를 들어, 독서실에서 학습을 한다든가 컴퓨터실에서 컴퓨터를 하며, TV시청도 자유롭게 할 수 있다. 휴대폰 소지나 사용에 대한 금지 규정도 없다. 반드시 언제까지 취침을 해야 한다고 강제하지는 않지만 새벽 1시까지는 취침하도록 지도한다. 이와 같은 개인의 자유를 멋쟁이학교는 교육적으로 매우 중요한 것으로 여기고 있다. 즉, 학생이라고 규제 일변도의 공동생활을 강제하는 것은 성경적이지 않으며, 멋쟁이학교가 코이노니아를 지향한다고 하는 것은 바로 그리스도 안에 자유가 있다는 것을 의미하는 것이라고 한다. 멋쟁이학교는 학생들로 하여금 자신의 시간을 잘 활용하는 자유를 가르치고 있는 것이다.

이러한 멋쟁이학교의 생활지도에 대한 결과는 여러 요소에서 발견되고 있다. 예를 들어, 휴대폰 사용을 금지하지 않지만 사용하는 학생이 별로 없으며, 컴퓨터 사용에 대한 규제가 없지만 컴퓨터 게임을 하는 학생을 별로 본적이 없다고 한다. 일찍이 밀러는 신앙에 대한 신앙공동체적 접근의 가장 큰 문제점으로 공동체성에 대한 강조가 지나친 나머지 상대적으로 신앙의 개별성을 소홀히 다룬다는 것을 지적한바 있다.[285] 이러한 관점에서 볼 때, 멋쟁이학교에서는 공동체생활과 개인의 개별적 삶이 적절하게 조화를 이루고 있다는 것을 알 수 있다. 학교 내에서의 생활지도는 모든 구성원들이 공동생활을 하고 있기 때문에 삶을 통해 자연스럽게 이루어지고 있는 것이다. 그럼에도 간혹 생활지도가 필요한 경우가 발생하면 가정으로 돌려보내 부모를 통해 해결하도록 하고 있다. 여하간의 체벌은 없으나 숙제를 안 해 온 경우 운동장을 5바퀴 도는 정도의 훈육은 있다고 한다. 멋쟁이학교의 학교 생활적 측면의 특성은 역시 공동체 생활을 통한 자연스러운 지도가 이루어지고 있다는 점이다. 하지만 문제는 생활지도에 대한 성경적 지침들이 필요하며, 또한 그러한 지침들을 마련해야 한다는 것이다. 왜냐하면 생활지도는 중요한 교육활동의 한 영역이며, 생활지도는 또한 성경적 원리에 기초해야 하기 때문이다.

임마누엘학교는 학생의 생활지도에 대한 비교적 엄격한 규정들을 가지고 있다. 복장과 머리 그리고 신발에 이르기까지 구체적 규정들을 열거하고 있으며 그러한 규정들을 엄격하게 적용하고 있다. 매니큐어(manicure)나 화장 그리고 머리 염색이나 보석류 장식 등을 금지하고 있다. 또한 리

---

285) D. E. Miller. "기독교교육에 대한 발달적 연구 방법",「오늘의기독교교육연구」(서울: 한국장로교출판사, 1997). 143.

본(ribbon)이나 머리핀은 검정이나 군청색으로 착용해야 하며, 머리모양은 얼굴을 가리지 않도록 단정하게 해야 한다. 그리고 구두는 검정색으로 양말은 흰색과 군청색을 착용해야 하는 등 아주 자세하게 규정하고 있다. 이와 같은 엄격한 규제는 웨스트민스터학교도 동일하다. 이처럼 엄격하게 규제하는 목적은 학교 내에서의 학생 보호에 있다고 한다. 하지만 이와 같은 엄격한 규정들은 일사불란하게 통제하기는 쉽지만 학생들의 창의력과 소신 그리고 자유를 빼앗길 가능성이 많다. 따라서 신앙공동체로서의 기독교대안학교는 이러한 엄격한 규정이 신앙훈련을 위함인지 아니면 교육적 소신인지를 명확하게 설명할 수 있어야 하며, 또한 성경적이고 기독교교육적인 지도 방법은 무엇인가에 대한 진지한 성찰이 필요하다고 사료된다.

임마누엘학교는 가정과의 소통의 통로로서 학교신문과 숙제를 적극 활용하고 있다. 학교신문은 매주 목요일에 가정으로 전달되는데, 학교는 이 신문을 통해 기도를 요청하고 선교기금모금에 동참을 호소하며, 자녀에 대한 교육 방법을 소개하고 있다. 학교신문은 학생들이 반드시 읽고 기억해야할 의무임을 강조하고 있다. 숙제는 학생들의 학과목에 대한 지도에 있어 가정과 소통하는 통로가 된다. 이처럼 학교신문과 숙제는 교육의 파트너로 학교와 가정이 공동체로 연결되어 있음을 보여주고 있다.

웨스트민스터학교 역시 생활지도가 매우 엄격한 편이다. 그러나 기독교적인 방법으로 지도하려고 노력하고 있다. 다시 말해서 학생들로 하여금 성경적세계관에 의해 실천하도록 지도하고 있다. 예를 들어, 교칙을 위반했거나 남을 못살게 한 경우, 혹은 남을 위협하거나 별명 부르기 등과 같은 문제를 일으키는 학생은 잠언6장 16절에서 말하는 나쁜 행동들로 규정하고 3단계를 거쳐 치료를 한다. 즉, 1단계는 학급담임이나 담당선생님께 반성문을 제출한다. 그래도 똑 같은 것을 4번 위반하면 2단계인 부장선생님께 가서 반성문을 쓴다. 이 단계에서 2회 또 다시 위반하면 좀 더 권위적인 3단계인 교장에게 간다. 교장은 그동안 쓴 반성문을 토대로 학부모에게 연락하며 학생에게 레드카드를 주고 집으로 보내 부모의 사인을 받아 오도록 한다. 그러나 계속된 지도에도 변화가 없으면 등교정지를 통해 가정학습을 명한다. 이 같은 방법은 부모가 중심이 되어 자녀를 지도하도록 배려하고 있는 것이며, 잠언의 말씀과 성경의 내용들 즉 기독교 유산과 전통에 근거한 신앙공동체적 접근을 하는 것으로 생활지도에 대한 바람직한 방법이라고 생각된다.

  이와 같은 생활지도에 대한 신앙공동체적 접근은 생활지도가 관리와 통제의 수단이 아닌 교육의 기회요 신앙성숙의 기회로 삼는 특징을 가지고 있다. 예를 들어, 웨스트민스터학교는 교복미착용, 지각, 숙제 미완성 등과 같은 작은 사건(일)들은 마태복음 18장에 따라서 상담, 기도, 회개, 사죄 등의 지도를 하고 있다. 만약 이 때 회개나 사죄의 모습이 보이지 않으면 벌로 방과 후에 학교에 남겨두기를 시행하기도 한다. 또한 좀더 심각한 사건들은 "범죄한 자들을 모든 사람 앞에서 꾸짖어 나머지 사람들로 두려워하게 하라"(딤전 5:20)는 말씀에 따라서 지도하고 있다. 이것은 그 해당 학생에게 '너의 행동은 옳지 않다' 라는 것을 상기시켜 주고 경고하는데 목적이 있는 것으로, 당황하게 하거나 혹은 굴욕감을 준다거나 혹은 꾸짖음을 하는 것과는 다른 차원이라고 한다. 이와 같은 방법은 기독교 전통을 현재의 생활지도에 그대로 적용하는 것으로서 매우 바람직한 신앙공동체의 모습이라고 할 수 있다.

  학교에서 부과하는 숙제는 웨스트민스터학교가 가정과 학과목에 대한 소통의 통로로 아주 자세하게 가이드라인을 제시하고 있다. 우선 하루의 숙제하는 시간을 제시하고 있는데, 신입생은 10분, 2-3학년은 10-15분, 4-5

학년은 20-30분, 6-8학년은 45분간 숙제를 하라고 제시하고 있다. 물론 학교에서 숙제의 총량을 그 정도 시간에 맞게 내주는 것은 당연하다. 학생이 가정에서 숙제를 할 때 가정에서도 지켜야할 사항들이 있다. 예를 들어, 숙제하는 시간을 제시된 시간보다 더하거나 덜하지 않도록 해야 하며, 숙제하는 시간에는 자녀가 충분히 생각하도록 여유를 가지며, 저학년인 경우 숙제의 속도가 느리더라도 인내할 수 있어야 한다는 등의 가이드라인을 제시하고 있다. 특별한 것은 이러한 숙제지도가 학교에서 제시하는 성경의 말씀(잠언)을 근거로 방향을 제시하고 있다는 점이다. 이러한 점 역시 잠언의 말씀과 같은 기독교전통이 학교와 가정에서 생명력을 갖도록 만들어 주는 요소라고 할 수 있다.

이상에서 살펴본 사례학교들의 생활지도를 근거하여 신앙공동체로서의 기독교대안학교가 갖추어야할 학교 생활적 측면의 특성들에 대하여 논의하고자 한다. 위에서 살펴본 바와 같이 사례학교 4곳은 모두 생활지도에 있어 신앙적 접근을 하고 있는 것으로 파악된다. 발생한 문제를 다루어야 하는 경우, 모든 학교들은 단계를 통해 최종적으로는 가정과의 연계하에 문제를 해결하고 있으며, 또한 당장의 처벌보다는 반성할 수 있는 기회를 주고 있다는 공통점이 발견된다. 이것은 인간의 문제를 다루시는 하나님의 인내의 방법과 상통하는 것으로 성경적이라고 평가할 수 있다. 그러나 문제는 이러한 해결의 과정 속에서 학생이 방치되거나 문제아로 낙인찍히지 않도록 배려하는 것이며, 교육활동에 제외되지 않고 공동체의 구성원으로서 함께 참여할 수 있도록 배려해야 한다는 점이다. 왜냐하면 그리스도를 머리로 한 몸을 이루고 있는 지체들은 누가 아픔의 문제가 있더라도 그것은 그 개인의 문제가 아닌 모든 공동체가 함께 아파해야 하는 문제가 되기 때문이다(고전12:26).

또한 모든 교육활동에 신앙공동체적 교육방법이 적용되어야 하듯이 학생의 생활지도에 있어서도 신앙공동체적 교육방법이 적용되어야 한다. 신앙공동체적 교육방법은 앞에서 탐구와 상호작용, 성찰과 해석, 참여 등의 방법이 있다는 것을 제시하였다. 즉, 신앙공동체로서의 기독교대안학교는 문제를 다룸에 있어서 문제를 가지고 있는 학생을 훈육하고 징벌하기 전에 우선 다양한 만남을 제공해 주어야 한다. 예를 들어, 웨스트민스터학교처럼 3단계의 만남을 제공함은 물론 나아가 과거의 기독교이야기들(구약에 나타난 사건이 해결되는 과정의 이야기)과 현재 학생의 문제들이 대화적 관계로 만날 수 있도록 기회와 환경을 제공해 주어야 한다. 이러한 만남을 통해 기독교이야기와 믿음의 선배들의 이야기에 대한 탐구가 이루어지고 그 가운데 자신의 문제에 대해 비평적으로 성찰함은 물론 나아가 이제는 어떻게 행동할 것인가에 대한 해석과 함께 변형되어 갈 수 있도록 생활지도가 이루어져야 한다. 이 때, 학교 설립자의 자서전을 읽게 하여 그 설립정신과 만나게 하거나 혹은 성경을 암송하거나 읽게 함으로 성경의 이야기와 만나도록 지도하는 것도 좋은 방법이 될 것이다.

많은 훈육에 대한 가르침들이 들어있는 잠언 말씀과 같은 신앙의 전통들이 생활지도에 기초가 되어야 할 것이다. 신앙공동체로서의 기독교대안학교에서는 학생들의 생활지도의 지침이 되는 이 같은 기독교 유산과 전통들이 풍부하게 보존되고 유지되어야 한다. 잠언과 같은 기독교 유산들이 학교 현장에서 생활지도에 관련되고 기초가 되도록 깊이 있는 연구가 필요하다. 즉, 잠언 등의 말씀을 기초로 한 생활지도의 지침들이 만들어져야 한다. 생활지도는 문제를 가지고 있는 학생을 교정하는데 만 목적이 있는 것은 아니다. 인성지도, 복장규정, 진학과 진로지도 등의 모든 생활지도에 있어서 탐구와 상호작용, 성찰과 해석 그리고 참여 등의 방법이 적용되어야 한다. 이러한 방법을 통해 생활지도는 발생한 문제의 교정을 넘어 성숙한 신앙을 갖게 하는 계기가 될 수 있어야 하며, 신앙공동체로서의 유기적 관계를 더욱 공고히 할 수 있어야 한다. 또한 이러한 과정을 통하여 하나님의 뜻을 발견하게 되고 미래적 하나님나라의 가치와 만나며, 신앙의 자아정체성을 형성하여 학교를 넘어 세계적 공동체로 나아가 그리스도인의 책무인 선교의 사명을 감당할 수 있는 계기로 연결될 수 있도록 지도가 이루어져야 한다.

지금까지 3장에서는 2장에서 제시한 사례학교들의 분석 자료를 기초로 신앙공동체로서의 기독교대안학교의 발전 방안을 모색하였다. 신앙공동체로서 기독교대안학교는 기독교성과 대안성 그리고 학교성을 조화롭게 통합하면서 신앙공동체를 지향하는 교육의 목적을 갖추어야 한다. 또한 기독교대안학교에서는 학생들을 보존자, 통찰자, 개혁자로 세우는 교육목표를 가져야 하며, 교육내용으로는 지적 승인으로서의 신앙을 위한 내용, 정적 신뢰로서의 신앙을 위한 내용, 행함으로서의 신앙을 위한 내용 등 신앙을 전달하고 성숙시키는 다양한 내용들로 구성되어야 함을 역설하였다. 마지막으로 신앙공동체로서의 기독교대안학교에서는 탐구와 상호작용, 성찰과 해석 그리고 이야기 나누기와 이야기 생활화와 같은 참여의 교육방법 등이 모든 교육활동에 적용되어야 함을 역설하였다.

examination

나가며

나가며

1. 지금까지의 글에 대한 정리

지금까지 신앙공동체 이론을 중심으로 기독교대안학교에 대하여 살펴보았다. 본 글을 간략하게 요약하면 다음과 같다.

들어가는 글에서는 연구자가 본 글을 쓰게 된 동기와 목적을 통하여 오늘의 시대에 기독교대안학교는 반드시 필요한 기독교교육의 장임을 드러내었다.

1장에서는 우선 기독교대안학교의 용어에 대하여 '기독교성'과 '대안성' 그리고 '학교성'을 가진 학교로서 정의하였다. 여기서 기독교성은 기독교대안학교의 정체성에 관한 것으로서 성경적 세계관에 근거한 가치들에 기초하며, 대안성으로는 기독교대안학교는 복음의 절대성을 부인하는 현대문명사조에 대한 대안, 세속화된 공교육에 대한 대안, 기독교학교이면서 기독교적이지 못하고 오히려 기독교가 거부되는 현재의 미션스쿨에 대한 대안, 그리고 신앙적 교육시간이 절대적으로 부족한 교회학교의 한계에 대한 대안성을 가져야 한다. 또한 학교성은 기독교대안학교가 모든 교육활동에 있어서 수준 높은 전문성을 가져야 한다. 이러한 세 가지 특성을 가지고 있는 학교가 기독교대안학교이다. 이러한 기독교대안학교는

1990년대 후반부터 출현한 학교를 말하며, 그러한 학교들의 현재의 현황에 대해 살펴보았다.

다음으로는 기독교대안학교에 대한 신앙공동체적 접근을 위하여 신앙공동체에 대한 기독교교육 이론을 살펴보았다. 그리고 신앙공동체 이론을 구체적으로 이해하기 위하여 엘리스 넬슨, 토마스 그룸 그리고 도날드 밀러의 이론을 살펴보았다. 이들은 공통적으로 신앙은 교리교육을 통해 전수되는 것이 아니라 신앙공동체 안에서 문화화과정을 통해 사회화됨으로 형성되고 또한 성숙되어 간다고 했다. 또한 신앙이란 정체되어 있는 상태가 아니라 역동적인 상태 곧 연속성과 변화성을 가지고 있는 것으로서, 신앙공동체 안에서 과거의 기독교이야기와 현재의 우리들의 삶의 이야기들이 끊임없이 만나고 대화하고 참여함으로서 신앙이 형성되고 전달되며 나아가 신앙의 성숙을 이루어 미래공동체로 변형되어 가는 것이라고 한다. 기독교대안학교는 바로 이러한 신앙공동체에 근거한 학교가 되어야 함을 밝혀 두었다.

2장에서는 국내외 기독교학교들의 현황을 분석히였다. 우리나라의 사사학교와 멋쟁이학교 그리고 뉴질랜드의 임마누엘학교와 웨스트민스터학교를 탐방하여 연구한 사례들을 학교운영 면, 교육활동 면, 학교생활 면으로 영역을 나누어 살펴보았고, 이들 학교들이 가지고 있는 특징들을 신앙공동체 이론에 근거하여 분석하였다.

3장에서는 2장의 분석 자료를 토대로 기독교대안학교 발전 방안을 모색하였다. 기독교대안학교는 신앙공동체로서의 학교가 되어야 하는데 그러한 학교가 되기 위해서 기독교대안학교는 신앙공동체로서의 기독교성, 대안성, 학교성의 성격을 가지며, 신앙공동체로서의 목적을 갖는다. 또한 신앙공동체 교육론에서 강조하는 교육목표, 교육내용, 교육방법 등을 기독교대안학교에서는 학교원리로서 갖는다. 이러한 원리에 근거하여 국내외 기독교대안학교의 사례들을 분석하고 그 자료들을 통하여 오늘날 기독교대안학교가 지향해야 할 특성들을 그 발전 방안으로 모색하였다.

나가는 글에서는 본 글에 대해 요약하였고, 맺는말에서는 본 글의 핵심 사항들에 대해 3가지로 정리하였다. 마지막으로는 본 글을 통해 얻은 결론들이 더욱 발전하여 가도록 몇 가지 과제를 남겨 두었다.

2. 맺는 말

오늘날의 교육환경은 끊임없는 경쟁구도 속에서 개인주의를 숭상하는 문화에 젖어 있다. 또한 교육의 문제는 교육전문가들 만의 것이 아닌 전 국민의 관심거리가가 되고 있다. 특별히 다음 세대의 교육을 책임져야 할 이 시대의 그리스도인들은 하나님의 거룩한 백성으로 다음세대를 가르치는 것이 점점 더 어려워 가고 있음을 절감하고 있다. 더구나 오늘날 세속화된 하나님이 없는 공교육 체제에 대한 불신과, 복음의 절대성을 부인하는 현대문명 사조들 그리고 미션스쿨과 교회학교 교육의 한계에 직면하여 참된 신앙교육을 위한 새로운 대안교육을 열망하고 있다. 이러한 시대적 요청과 필요에 의하여 시작된 것이 기독교대안학교이다.

그러나 현재 1990년 대 후반부터 생겨나기 시작한 수많은 기독교대안학교들은 위와 같은 기대에 부응하지 못하고 오히려 정체성의 혼미와 불투명한 미래 앞에 제대로 된 운영을 하고 있지 못한 실정이다. 이에 연구자는 국내외 기독교대안학교 네 곳을 탐방하여 그 사례들을 연구하고 실태를 분석하여 그 특성에 대한 장단점을 통해 기독교대안학교가 지향해야 할 바람직한 발전 방안을 모색하였다. 바람직한 기독교대안학교는 신앙공동체 이론을 배경으로 한다. 신앙공동체 중심의 교육론을 피력한 넬슨과 그룹 그리고 밀러는 신앙이란 지적인 가르침에 의해 형성되는 것이 아니며, 신앙공동체 안에서 상호작용을 통한 종교의 사회화과정을 통하여 형성되고 전달되며, 또한 성숙과 변형을 이루어간다고 말한다. 또한 신앙공동체 안에서 탐구와 상호작용, 성찰과 해석 그리고 대화와 참여와 같은 방법으로 상호작용할 때 신앙은 형성된다고 말한다.

이와 같은 신앙공동체 이론을 기초하여 분석한 기독교대안학교의 사례들에서는 많은 문제들이 발견되었다. 비교적 신앙공동체 교육론에 기초하여 잘 운영되고 있는 멋쟁이학교를 제외한 나머지 학교들의 사례분석에 의하여 드러난 문제점으로는 우선 신앙공동체 이론의 철학적 배경이 약하다는 것이 가장 큰 문제로 파악되었다. 또한 사례학교들은 하나같이 공동체라는 말을 사용하고 있거나 혹은 공동체를 지향하고 있다고 진술은 하지만 그것이 과연 신앙공동체 교육론에서 이야기하는 공동체인가하는 의구심을 갖게 하였다. 뿐 만 아니라 모든 교육활동에 있어서 신앙공동체 이론이 배경이 되고 있지 못하다는 결론을 얻게 되었다. 이 같은 결론에 이를 수밖에 없는 이유로는 사례학교의 설립이념이 확고한 신앙공동체 이론에 기초하고 있지 못하다는 것과 또한 교육을 책임져야할 교사들의 문제 즉, 교사들이 신앙공동체 이론과 실천의 방법에 대해 준비되어 있지 못하다는데 원인이 있음을 발견하였다.

따라서 기독교대안학교가 위와 같은 현상들을 극복하고 자라나는 세대들을 하나님의 거룩한 백성들로 양육하기 위해서는 다음과 같아야 한다는 결론에 이르게 되었다.

첫째, 기독교대안학교는 신앙공동체 중심으로 접근해야 한다. 기독교대안학교를 신앙공동체적으로 접근한다는 것은 기독교교육의 관점에서 모색한다는 것을 의미한다. 하지만 본 연구를 통해 확인한 결과 대부분 우리나라의 기독교대안학교들은 성경교육이나 교회학교교육 차원에서 접근하고 있다. 그러나 기독교대안학교는 기독교교육의 하나의 중요한 장으로서 기독교교육적으로 접근되어야만 한다. 만약 기독교대안학교가 기독교교육적인 성찰이 없이 단순히 공교육의 불만이나 교회에서 이루어지고 있는 신앙교육의 불만족에서 출발한다면 얼마 가지 못해 정체성의 혼란과 세속적인 교육적 가치에 오염될 위험성이 크다. 따라서 기독교대안학교는 공동체 안에서 상호작용을 통하여 신앙이 형성되고 성숙된다는 신앙공동체성을 중심으로 접근해야 한다.

둘째, 기독교대안학교가 신앙공동체로서의 학교가 되기 위해서는 우선 신앙공동체 이론에 근거한 철저한 분석과 평가 그리고 그에 대한 대안을 항상 마련해야 한다. 현재 운영되고 있는 기독교대안학교에 대한 교육사례들을 학교운영 면, 교육활동 면, 학교생활 면으로 자세하게 조사하고, 그것을 신앙공동체 교육론에 근거하여 분석하고 평가할 수 있어야 한다. 이러한 분석과 평가는 기독교대안학교가 신앙공동체 중심의 학교가 되기 위한 중요한 자료가 될 것이다. 그리고 앞으로 기독교대안학교를 설립할 계획이 있는 사람들은 이와 같은 신앙공동체를 지향하는 기독교대안학교에 대해 진지한 논의를 선행해야 할 것이다.

셋째, 기독교대안학교가 모든 교육활동의 과정에서 신앙공동체성을 지닌 교육내용과 교육방법들로 편성되고 운영될 수 있도록 끊임없이 점검하고 개혁해 가야 한다. 운영과정에서 기독교대안학교가 '기독교성'과 '대안성' 그리고 '학교성'의 성격들이 통합을 이루며 조화를 이루어 가고 있는지, 신앙공동체 중심의 기독교대안학교로서의 교육의 목적과 교육의 내용, 그리고 교육방법들이 적절하게 실천되어 가고 있는지, 그리하여 모든 교육활동이 신앙공동체와 관련하여 진행됨으로 그 안에서 신앙이 전달되고 성숙해지며 나아가 세계공동체를 향해 변형적 존재로 참여하게 되는 결과를 도출해 가고 있는지를 계속적으로 점검하고 또 개혁해 가야 한다.

이상에서 설명한 신앙공동체를 지향하는 기독교대안학교는 이 시대가 겪고 있는 교육위기의 문제를 극복하고 자라나는 세대들에게 성숙한 그리스도인으로서 하나님나라를 지향하여 가는 삶을 살아가게 하며, 나아가 삶의 모든 영역에서 하나님나라를 실현해 갈 수 있도록 조력하게 될 것이다.

3. 우리의 과제

지금까지의 연구를 토대로 바람직한 신앙공동체로서의 기독교대안학교가 될 수 있도록 다음과 같이 제언하고자 한다.

첫째, 기독교대안학교에 대한 신앙공동체적 접근을 위해 공동체 의식을 강화해야 하며, 이를 위해 학부모들이 적극적으로 학교의 교육활동에 참여하도록 유도해야 한다. 우선 모든 학교가 공동체로서의 기독교대안학교가 될 수는 없을지라도 기독교학교는 공동체의식이 강조되어야 한다. 일반 교육현장에서 일어나고 있는 경쟁의식과 무분별한 상벌주의는 피해야 한다. 기독교대안학교는 서로 섬기며 나누는 나눔의 공동체가 되어야 한다. 또한 모든 학교운영과 교육활동 그리고 생활지도가 공동체이론을 중심으로 설계되어야하며 진행되어야 한다. 예컨대 교실구조와 책상배열까지도 공동체를 지향할 수 있어야 하며, 평가에 있어서도 개인적인 평가보다는 공동체적 접근이 더 많이 이루어져야 한다. 또한 기독교대안교육과 관련된 단체와 학교 그리고 개인들은 동역의식을 가지고 네트워크를 이루어 유익한 정보들을 공유하여야 한다. 기독교대안학교의 과업은 공동체적인 과업이기에 학교에 대한 개별적 접근은 자칫 동력을 잃거나 방향성을 잃을 가능성이 많다. 따라서 함께 협력하여 교육과정과 교육방법을 개발하고, 교사교육 프로그램과 교육평가 자료 등을 개발해 가야 한다.

호주는 '부모 통제 학교'(parents controlled school)가 많이 세워져 운영되고 있다. 자녀교육에 대한 일차적 책임을 감당하려는 신앙의 부모들이 연합하여 학교를 시작한 것이다. 우리 가운데서도 학부모들의 신앙적 요청에 의해 기독교대안학교들이 세워지는 운동이 일어나야 한다. 이제는 우리의 학부모들도 자녀들의 신앙교육에 기꺼이 재정적 부담을 감수해야만 한다. 또한 학교의 교육활동에 적극 참여하여 공동체 일원으로서의 책임을 감당해야 한다. 학교가 학부모를 교육의 파트너로 새롭게 인식하지 않으면 온전한 교육은 이루어질 수 없다. 신앙공동체로서의 기독교대안학교는 가정-교회-학교가 하나의 공동체로서 통합될 때 가장 이상적인 형태가 될 것이다.

둘째, 현재의 교사들을 기독교사로 훈련시켜야 한다. 기독교대안학교에서 교사의 역할은 대단히 중요하다. 따라서 교사들을 기독교세계관으로 무장한 교사로서의 바른 정체성을 확립하도록 계속 교육해야 한다. 특히 신앙공동체성에 대한 신학과 기독교교육적인 이해에 대해 적절한 지도를 해야만 한다. 가장 이상적인 것은 호주의 에들린이 소장으로 있는 국제기독교교육연구소처럼 교사들을 중?단기적으로 교육할 수 있는 숙박시설이 구비된 센터를 건립하는 것이다. 가능하다면 이러한 센터에서는 일반학교의 교사들이 받는 연수교육처럼 현직에 있는 기독교교사들도 정부의 지원 하에 위탁연수를 받을 수 있도록 제도화하는 것이 좋다. 나아가 외국의 유사기관들 즉, 호주의 국제기독교교육연구소와 같은 기관들과 결연하여 그들이 가지고 있는 교사들에 대한 교육과정을 국내에서 단기과정으로 개설할 수 있도록 협력체계를 꾀하는 것도 좋은 방법이 될 것이다. 뿐 만 아니라 국내의 기독교사들에게 해외연수 기회를 제공하여 직접 가서 연수를 받는 교류 프로그램을 진행해도 좋을 것이다.

셋째, 교회가 이 일에 시급하게 나서야 한다. 현재 교회학교 교육의 한계와 교회학교 인원의 감소에 대한 대책이 시급한 상황이다. 이 대책의 확실한 대안은 교회가 중심이 되어 기독교대안학교를 시작하는 것이다. 만약 현실적으로 당장 시행이 어렵다면 3단계(1단계 - 토요 일일 교회기독교학교 운영, 2단계 - 토, 일 교회기독교학교 운영, 3단계 - 전일제 교회기독교학교 운영)의 교회기독교학교를 제안했던 한국기독교교육진흥원의 방법을 사용해도 좋을 것이다. 이것은 지원자가 많지 않아도 시작할 수 있다는 장점이 있다. 교회는 기독교대안학교에 관심을 가지고 잘 준비하여 자녀에 대한 부모의 교육적 책임을 잘 감당할 수 있도록 도와야 할 책임이 있다. 혹자는 교회는 나름의 특별한 사명이 있기 때문에 교회가 기독교학교를 운영하는 것은 바람직하지 않다고 주장하지만 그러나 교회가 학교는 설립하되 학교의 운영은 준비된 교육전문가에게 맡기면 될 것이다. 이렇게 교회가 시작을 한다면 교회-가정-학교를 연결하는 공동체적 접근이 더욱 용이하게 될 것이다. 교회는 인적, 물적 자원이 그래도 풍부한 편이기에 기독교대안학교를 시작할 수 있는 가장 좋은 여건을 가지고 있다.

개인주의와 입시위주의 교육으로 왜곡되어 있는 현재의 일반학교 교육 현실을 회복시킬 수 있는 가장 좋은 대안은 바로 신앙공동체로서의 기독교대안학교이다. 이와 같은 기독교대안학교는 일반학교교육에도 선한 영향력을 줄 수 있을 것이다. 그렇게 하기 위해서 기독교대안학교는 교육에 있어서 공동체성을 강조하는 것은 물론, 시험과 성적 또는 진로지도와 같은 일반적인 관심사에도 정상적인 위치와 방법이 무엇인지 기독교적인 대안을 가지고 있어야 한다.

한편 기독교대안학교가 아무리 훌륭하다 해도 세상과 단절되고 소통에 문제가 있다면 그것은 결코 바람직하지 않다. 따라서 기독교대안학교는 세상과 소통하면서 왜곡되어 있는 현재의 일반학교 교육현실을 바로 잡아가는 길잡이 역할을 해야 한다. 신앙공동체를 지향하는 기독교대안학교가 바로 그 대안이 될 수 있을 것이다.

끝으로 후속 연구자를 위하여 제언을 한다면 사사학교와 멋쟁이학교 그리고 뉴질랜드의 학교들에 대하여 직접 오랜 기간을 참여하여 그 문화적 특성들을 신앙공동체라는 주제와 관련하여 연구하는 문화기술적 연구를 제언하겠다. 이 연구를 위하여 학급이나 학교에서 일어나는 문제에 초점을 맞추는 현장연구와 참여하여 관찰만 하는 참여관찰법을 함께 사용하면 좋을 것이다. 또한 적용연구를 제언하겠다. 적용연구란 신앙공동체 이론에 근거하여 학습지도안 형식으로 제작된 다양한 교육방법들을 사전에 준비하여 그것을 사례 학교의 현장에 적용하고 그 결과들을 체계적으로 정리하는 것을 말한다. 이때 얻어진 연구의 결과들은 다시 실험을 통하여 수정되면서 하나의 교육방법으로 체계화될 수 있을 것이다. 그러나 이러한 연구들은 필히 학교-가정-교회를 연결하여 동시에 이루어질 때 진정한 신앙공동체로서의 기독교대안학교에 적합한 방법들이 될 것이다.

부록

참 고 문 헌

1. 단행본
강대중.「대안학교는 학교가 아니다」서울: 박영출판사, 2002.
교육인적자원부.「대안교육백서 1997-2007」서울: 교육인적자원부, 2007.
교육인적자원부.「고등학교교육과정(II)」서울시: 대한교과서주식회사, 2007.
교육과학기술부.「중학교교육과정해설(V)」광주광역시: 한솔사, 2008.
교육과학기술부.「중학교 교육과정 해설(Ⅰ)」서울: 교육과학기술부, 2008.
기독교대안교육협의회편.「기독교학교와 홈스쿨링」서울: 기독교대안교육협의회, 2003.
기독교대안교육협의회편.「교육의 기독교적 대안」서울: 기독교대안교육협의회, 2004.
기독교대안교육협의회편.「기독교적 가르침, 그것은 무엇인가?」서울: 기독교대안교육협의회, 2005.
기독교학교연구회.「우리가 꿈꾸는 기독교학교」.서울: 예영커뮤니케이션, 1999.
기독교학교교육연구소.희망을 심는 교육 기독교대안학교 가이드」서울: 예영커뮤니케이션, 2007.
김도일,「교육인가 공동체인가?」서울: 한국장로교출판사, 1998.
김선요. "기독교대안교육 운동에 대한 소고",「한국기독교대안교육」백석저널2호. 서울: 백석출판사, 2002.
김승곤,「기독교교육철학」안양: 성결대학출판부, 1999.
김희동.「작은 학교가 아름답다」서울: 보리, 1997.
김희자. "기독교학교의 본질과 목적".「기독교학교, 왜 필요한가」서울: 새한기획출판부, 1998.
박상진.「기독교학교교육론」.서울: 예영커뮤니케이션, 2006.
박용규. "대부흥운동이 기독교학교 설립에 끼친 영향".「평양대부흥운동과 기독교학교」서울: 예영커뮤니케이션, 2007.

박은조.「하나님이 기뻐하시는 학교」서울: 예영커뮤니케이션, 1999.

박철웅. "교회기독교학교확산운동의 원리와 확산전략".「교회기독교학교 확산운동을위한 포럼」. 포럼 강의안, 2006.

박화경.「하나님나라와 기독교교육」서울: 한국장로교출판사, 2006.

사랑방공동체.「공동체 삶을 꿈꾸는 땅에 있는 하늘나라」포천: 사랑방, 2000.

손원영.「기독교교육의 재개념화」서울: 대한기독교서회, 2002.

.「기독교문화교육과 주일교회학교」서울: 대한기독교서회, 2005.

송순재.「유럽의 아름다운 학교와 교육개혁운동」서울: 내일을여는책, 2000.

송순재. "역사적 문제로서 기독교대안교육",「기독교 노인교육의 과제와 전망」서울: 한국기독교교육학회, 2003.

심성보.「한국 교육의 새로운 모색」서울: 내일을 여는 책, 1998.

은준관.「기독교교육현장론」서울: 한들출판사, 2007.

이기문.「새로운 학교 풍경」서울: 아침이슬, 2001.

이봉구. "기독교학교 교육사".「한국기독교교육사」서울: 대한기독교교육협회, 1973.

이승구, "기독교학교의 정신".「하나님이 기뻐하시는 학교」서울: 예영커뮤니케이션, 1999.

이정선.「왜 열린교육이어야 하는가?」서울: 교육과학사, 1997.

이종태.「대안교육과 대안학교」서울: 민들레, 2002.

이현남.「열린교육의 이해」서울: 양서원, 1996.

임희국, "한국교회 초기 기독교학교 설립".「평양대부흥운동과 기독교학교」서울: 예영커뮤니케이션, 2007.

전광식.「기독교대안교육과 대안학교, 그 원리와 실제」성남: 독수리교육공동체, 2006.

정영희.「개화기 종교계의 교육운동 연구」서울: 혜안, 1999

정유성.「사람살려 교육살려」서울: 한울, 2002.

정유성.「대안교육이란 무엇인가」서울: 내일을 여는 책, 1997.

정태일.「코이노니아를 지향하는 교회」경기: 사랑방, 2006.

장회익 외.「생태적 삶을 추구하는 영성」서울: 내일을 여는 책, 2000.

조용환.「대안학교의 가능성과 한계에 관한 문화기술적 연구」서울: 교육과학사, 1999.

조한혜정.「학교를 찾는 아이 아이를 찾는 사회: 21세기 학교 만들기」서울: 또 하나의 문화, 2000.

한국기독교학교연합회.「한국 기독교학교연합회 50년사」서울: 한국장로교출판사, 2004.

한규원.「한국 기독교학교의 민족교육 연구: 개화기를 중심으로」서울: 국학자료원, 2003.

한미라.「개신교 교회교육」서울: 대한기독교서회, 2005.

홍순명.「더불어 사는 평민을 기르는 풀무학교 이야기」서울: 내일을 여는 책, 1999.

Apelian, B., "Christian Education Movement and Home Schooling in the U.S.", 서울여자대학교 인간개발학부 청소년학 전공 주최 제1회 기독교 대안교육과 홈스쿨 운동 세미나 자료집, 2000.

Berkhof Louis, Cornelius Van Til 공저.「개혁주의 교육학: 크리스천 교사들을 위한 강연」이경섭 역, 서울: 기독교문서선교회, 1994.

Bolt, John. *The Christian Story and the Christian School*, Michigan: Christian School International, 1993.

Brummelen, Harro Van.「교실에서 하나님과 동행하십니까?」기학연교육연구모임 역, 서울: IVP, 1996.

Butts, H. W. & Provenzo, E. F., *History of Education and Culture in America*. New Jersey: Prenticehall, 1989

Byrne, H.W., *A Christian Approach to Education*, Michigan: Mott Media, 1981.

Chonsky, N.,「실패한 교육과 거짓말」강주헌 역. 서울: 아침이슬, 2001.

Deal, T & Nolan, R., *Alternative Schools, Chicago*. IL: Nelson-Hall, 1978.

Dyk, John Van.「가르침은 예술이다」김성수 역, 서울: IVP, 2003.

Dyk, John Van. *The Craft of Christian Teaching*, 2005.

Eavey, C. B.,「기독교교육원리」박영호 역. 서울: 기독교문서선교회, 1984.

Edlin, Richard J., *"Why Christian schools"*, Edited by Jill Lreland, Richard J. Edlin & Ken Dickens, *Pointing the Way: Directions for Christian Education in a New Millennium*, NSW: Openbook Publishers, 2004.

Edlin, Richard J., *The Cause of Christian Education*, Alabama:Vision Press, 1994.

Fakkema, M.,「기독교교육철학」황성철 역. 서울: 한국기독교교육연구원, 1982.

Feire, Paulo. *Pedagogy of the Oppressed*, New York: The Seabury Press, 1970.

Gatto, John Taylor.「바보 만들기」김기협 역, 서울: 민들레, 2005.

Greene, Albert E.,,「기독교세계관으로 가르치기」현은자 외 역, 서울: CPU. 2000.

Groome, Thomas H., *Chritian Religious Education* : Sharing Our Story and Vision, San Francisco, Harper & Row Publishers, 1980.

Groome, Thomas H.,「기독교적 종교교육」이기문 역. 서울: 대한예수교장로회 총회 교육부, 1983.

Groome, Thomas H., *Sharing Faith : A Comprehensive Approach to Religious Education and Pastoral Ministry : The Way of Shared Praxis*, NewYork : Haper Collius Publisher, 1991.

Gaebelein, Frank E., *The Pattern of God's Truth*, Chicago: Moody Press, 1968.

Gribble, David.「영국 다팅턴 홀 학교」하태욱 역. 서울: 내일을 여는 책, 2003.

Illich, Ivan. *Deschooling Society*, New York: Harper & Row, 1971.

Jansma, Theodore J., "What is Christian Education?", *Christian Teacher* (Vol.16.No 1), 1977.

McDowell, Susan A. and Brian D. Ray. *The Home Education Movement in Context, Practice, and Theory* (Peabody Journal of Education, Vol. 75, No. 1 & 2, 2000). Mahwah, New Jersey and London:

Lawrence Erlbaum Associates, 2000.

Miller, Donald E., *Story and Context: An Introduction to Christian Education*, Nashville : Abingdon Press, 1987.

Miller, Donald E., *How Faith Matures*, Westminster: John Knox Press, 1989.

Miller, Donald E.,「기독교교육개론」고용수, 장종철 역. 서울: 대한예수교장로회총회 출판부, 1991.

Miller, Donald E., "Christian Education in a Secular Society" *The Presbyterian Outlook*, 176:16, April 25, 1994.

Miller, Donald E., "기독교교육에 대한 발달적 연구 방법".「오늘의기독교교육연구」서울: 한국장로교출판사, 1997.

Miller, John P., *Education and the Soul. Toward a Spiritual Curriculum*, Albany:State University of New York Press, 2000.

Moore, Mary E., *Education for Contunuity and Change: A New Model for Christian Religious Education*, Nashville: Abingdon Press, 1983.

Neill, A. S., *The New Summerhill*, London: Penguin Books, 1992.

Nelson, C. E., *Where Faith Begins*, Richmond: John Knox Press, 1971.

Nelson, C. E., *How Faith Matures*, Westminster: John Knox Press, 1989.

Nelson, C. E., "Formation and Transformation", 한국교회 100주년 기념 교육대회 강연집.「성숙한 교회와 교육선교」서울: 대한예수교장로회총회교육부, 1984.

Nelson, C. E., "Christian Education in a Secular Society" *The Presbyterian Outlook*, 176:16, April 25, 1994.

Nelson, C. E.,「회중들 : 형성하고 변형케 하는 회중의 능력」서울: 한국장로교출판사, 1996.

Nelson, C. E.,「신앙교육의 터전」박원호 역. 서울: 한국장로교출판사, 1998.

Noebel, David A., *The Battle for Truth*, Oregon: Harvest House, 2001.

Palmer, Parker.「기독교교육 인식론」박원호 역, 서울: 도서출판 광나루, 1991.

Pazmino, Robert W., *Foundational Issues in Christian Education*,

Grand Rapids, MI: Baker Books, 1977.

Pearl Michael, Pearl Debi. *To Train up A Child*, Church at Cane Creek, 1994.

. 「온전한 훈련, 기쁨으로 크는 자녀」최에스더, 구현경 공역, 서울: 홈앤스쿨, 2005.

Peshkin, Alan. *God's Choice : The Total World of a Fundamentalist Christian School*, Chicago: University Of Chicago Press; Reprint edition, 1988.

Pinar, William (ed.). *Curriculum Theorizing: The Reconceptualists*, Berkeley, CA: McCutchan Publishing Co., 1975.

Postman, Neil. *The End of Education: Redefining the Value of School*, New York: Vintage Books, 1995.

Randle, D., *Teaching Green*, London: Green Print, 1989.

Russell, Letty M.,「기독교교육의 새 전망」정웅섭 역. 서울: 대한기독교서회, 1972.

Reimer, E., *School is Dead*, New York: Harper & Row, 1971.

Sherrill, Lewis J., *The Gift of Power*, New York: The Macmillan co., 1963.

Sherrill, Lewis J.,「만남의 기독교교육」김재은 · 장기옥 역. 서울: 대한기독교출판사, 1986.

Stronks, Julia K./Stronks, Gloria Goris, *Christian Teachers in Public School*, Grand Rapids, MI: Baker Books, 1999.

Weeks, Noel, *The Christian School*, Bucks: Spartan Press, 1988.

Westerhoff Ⅲ, J. H.,「교회의 신앙교육」, 정웅섭 역. 서울: 대한기독교교육협회, 1983.

Westerhoff Ⅲ, J. H.,「살아있는 신앙공동체」김일환 역. 서울: 보이스사, 1992.

Watts, Brian. *What Do You Learn in School?*, Via Maiella: Destiny Image Europe, 2005.

Wyckoff, D. Campbell.「기독교교육과정의 이론과 실제」김국환 역, 서울: 성광문화사, 1998.

2. 정기간행물

강사민. "영국 교육의 현황과 동향".「서울교육」제163호 (2001. 6).

강희천. "최근의 신학과 기독교교육학의 연구과제".「기독교교육정보」제3집 (2001.10).

강희천. "다원주의 사회에서의 도덕 교육".「사회이론」통권21호 (2002 봄·여름).

강희천. "뉴-미디어 시대의 기독교육".「기독교교육정보」제1집 (2000. 9).

고병헌. "공동체운동과 대안적 성인교육".「Andragogy Today」제2권 제1호 (1999. 2).

고병헌. "그룬트비와 풀무학교".「처음처럼」통권 제36호 (2003. 3).

고병헌. "대안교육의 성격과 유형".「서울교육」제172호 (2003 가을).

고병헌. "교육, 이대로는 안 된다".「두레사상」8호 (2003. 겨울).

고병헌. "지향하는 가치 '대안적' 이어야 진정한 대안학교로 자리매김: 무너진 학교교육 대안은 없나?".「내외저널」통권114호 (2001. 12).

고병헌. "사회변혁과 학교의 의미".「성공회대학논총」제14호 (2000. 4).

고병헌. "한국 대안교육운동의 성격에 관한 연구".「성공회대학논총」제12호 (1998. 2).

고병헌. "세계의 변혁과 교육적 대응: 새로운 삶의 철학과 대안교육".「성공회대학논총」제12호 (1998. 2).

고병헌. "대안교육운동의 현황과 성격".「교육경남」제127호 (1996. 12).

고용수. "기독교학교의 정체성 재정립".「기독교학교교육」제5집 (2004).

고용수. "이것이 기독교학교이다".「기독교학교교육」제1집 (1988).

고용수. "기독교학교의 종교교육".「기독교교육」통권389호 (2001. 9).

고용수. "도덕성 회복을 위한 교회교육".「장신논단」제18집 (2002).

고용수. "한국 기독교교육의 현황과 방향".「기독교교육 논총」제8집 (2002. 5).

고용수. "한국 기독교교육의 위기와 과제".「기독교교육」통권392호 (2001. 12).

곽병선. "대안적 학교교육이란?".「교육개발」제94호 (1995. 3).

교육인적자원부. "대안교육확대, 내실화 추진계획(안)".「전국 중고등학생 대상: '90-'02년 교육통계연보」서울: 교육인적자원부, 2003.

김국환. "청소년 자아정체감 형성에 관한 연구".「성결신학연구」제5집 (2000. 12).

김국환. "종교적 판단발달을 위한 협동학습".「논문집」제30권 (2001. 12).

김국환. "신앙발달 이론의 한 유형으로서 종교적 판단 발달 이론".「한국기독교신학논총」21집 (2001. 10).

김국환. "신앙 발달론적 관점에서 종교적 개념 발달의 유형에 관한 연구".「한국개혁 신학회 논문집」제10권 (2001. 11).

김국환. "기독교교육과 신앙발달 =Christian education and faith development".「신학,자연과학편」제32집 (2003).

김국환. "신앙발달을 위한 종교적 판단 발달 : 복음과 사회적 책임을 위한 기독교교육학적 접근".「성경과 신학」제33권 (2003. 4).

김국환. "넬슨의 공동체 신앙발달 리더십 연구",「성결신학연구」성결신학연구소논문집 제10집 (2004)

김바울. "하나님이 기뻐하시는 학교 : 로고스 기독학교".「교육목회」제20호 (2004. 3).

김바울. "기독교 대안학교 ; 외국의 대안학교".「교육교회」(2004).

김바울. "기독교 대안학교와 홈스쿨의 협력을 위한 기반탐색".「통합연구」통권42호 2004. 2).

김바울. "현대 교육의 교수-학습 원리에 대한 성경적 비판과 해석".「사회과학논총」제11집 (2004. 2).

김바울. "현대 교육과정 개발에 대한 성경적 비판과 해석".「사회과학논총」제9집 (2003. 1).

김바울. "현대 교육철학의 이론:성경적 비판과 조명".「사회과학논총」제8집(2002. 1).

김바울. "기독교 대안 교육 운동에 대한 소고".「백석저널」제2호 (2002. 10).

김바울. "현대 교육의 의미에 대한 성경적 해석".「사회과학논총」제7집

(2001. 1).

김바울. "기독교학교에 대한 성경적 조망 : 특집 논문 ; 기독교 대안학교와 홈스쿨의 협력을 위한 기반탐색".「통합연구학회」통합연구 (2004).

김바울. "기독교 대안학교: 기독교 대안학교 교육의 현황과 비전".「장신대 교육교회」(2004).

김선요. "기독교대안교육 운동에 대한 소고"「한국기독교대안교육」, 백석저널2호. 서울: 백석출판사, 2002.

김성열. "대안학교가 공교육제도를 대체할 수 있는가?".「국회보」제414호 (2001. 4).

김영화. "미국 공립 대안교육의 실제".「홍익대교육연구논집」제18집 (2001. 12).

김용관. "한국에서의 종교교육 자유의 현실 분석 - 서울시교육청의 '종교관련장학지도계획' 을 중심으로".「한국에서의 종교교육 자유의 현실과 과제」(기독교학교 교육연구소 주최 심포지움, 2006).

김자영. "생명을 기르는 교육을 위하여 I : 생명적 가치를 추구하는 대안학교 모형 탐색 세미나".「신앙과 교육」통권183호 (2003. 4).

김희동. "대안학교 교사는 무엇으로 사는가".「민들레」통권15호 (2001. 5-6).

김희자. "기독교학교의 교수-학습 모델 개발".「총신대학교논문집」제15호 (1996. 12).

김희자. "사회적 패러다임(Paradigm)의 변동에 따른 청소년교육의 목표".「신학지남」제242호 (1995. 3).

김희자. "학교 바로세우기".「서울교육」제157호 (1999. 12).

노수진. "기독교정신으로 세운 '대안학교'".「기독교세계」제853호 (2001. 3).

단혜향. "한 사람을 위한 기독교교육: 독수리기독중학교".「교육목회」제21호(2004. 6).

박상진. "지성과 영성을 통합하는 기독교학교교육".「장신논단」제22집 (2004).

박상진. "포스트모던 기독교교육의 가능성 모색: 머리의 교육에서 마음의 교육으로". 「장신논단」제18집 (2002).

박상진, "한국교육의 현실과 기독교학교교육 운동". 「제1회 기독교사 컨퍼런스」(기독교학교교육연구소 컨퍼런스 자료집, 2006)

박영주. "기독교교육의 관점에서 고찰한 대안학교 교육에 관한 연구". 「종교철학 논문선집」제58호 (2002).

손원영. "주일 교회 학교의 대안 학교화 가능성 탐색". 「백석저널」제2호 (2002. 10).

송순재. "공교육과 대안학교운동". 「신학과 사상」통권 제33호 (1996. 3).

송순재. "가톨릭 대안 학교 교육을 위한 사례 연구: 독일 마르히탈 계획학교". 「백석저널」제2호 (2002. 10).

송순재. "기독교적 삶의 형성을 위한 '통전성' 문제: 간(間)종교교육학적 대화의 시각에서". 「한국기독교신학논총」제22집 (2001. 10).

송순재. "대안적 기독교교육의 문제제기와 단서: 전원학사, 몬테소리 교육, 라이프찌히 학교, 발도로프학교의 네 가지 사례를 중심으로". 「기독교교육 논총」제6집 (2000. 6).

송순재. "새로운 영성 개념을 통한 교육의 방향전환". 「신학과 세계」통권 제44호 (2002. 봄호).

송순재. "신앙공동체와 공동세계를 위한 교회의 교육적 책임". 「신학사상」제106호 (1999. 9).

송순재. "학교를 위한 삶인가, 삶을 위한 교육인가: 대안학교 둘러보기". 「복음과교육 통권4호 (1999).

신기영. "기독교 대안학교 사례". 「교육교회」통권328호 (2004. 9).

신기영. "기독신앙과 지식의 통합". 「통합연구」통권38호 (2002. 2).

신기영. "지성과 영성을 통합하는 기독교학교교육에 관한 논찬". 「기독교학교교육」제 5집 (2004).

신기영. "초기 한국의 민족형성과 기독교: 한국 기독교의 민족주의". 「선교와 신학」제13집 (2004).

안승문. "헬레네 랑에학교와 톨스토이학교: 외국의 대안학교 사례/독일·러시아". 「새교육」제552호 (2000. 10).

양희규. "대안교육에 대한 몇 가지 생각들". 「민들레」통권33호 (2004.

5 · 6).

양희규. "새로운 학교, 어떻게 만들 것인가?". 「민들레」통권16호 (2001. 7-8).

양희규. "행복과 교육: 간디학교의 교육 철학과 교육과정". 「교육진흥」통권55호(2002).

양희규. "행복한 학교로 거듭나야 한다". 「샘터」(2001. 3).

양희규. "행복한 삶을 위한 교육". 「녹색평론」통권58호 (2001. 5/6).

오인탁. "기독교교육적 관점에서 본 사립학교법". 「기독교 학문연구회 춘계학술대회 강연집」, 2006.

오춘희. "기독교적 교수-학습이론". 「기독교학교교육」제5집 (2004).

오춘희. "대안학교 제도화에 대한 기독교대안학교의 입장에 대한 논평". 「공교육에 대한 기독교대안학교의 정체성」(기독교대안학교연맹 심포지엄1 자료집) (2005).

은준관. "기독교학교교육의 패러다임 전환". 「기독교학교교육」제5집 (2004).

은준관. "한국교회가 서있는 자리와 그 미래 : 21세기 선교와 신학적 교회론". 「교회와 세계」제161호 (19997. 6).

이선숙. "우리나라 대안학교의 현황과 과제". 「교육학논집」제22권 제1호 (2001. 8).

이선숙. "우리나라 대안학교의 이념과 역사". 「교육학논집」제21권 제1호 (2000. 8).

이수광. "공교육에 대한 기독교적 대안, 어떻게 볼 것인가"에 대한 논평. 「공교육에 대한 기독교대안학교의 정체성」(기독교대안학교연맹 심포지엄1 자료집) (2005)

이수광. "교육개혁의 전략과 현실적 정책목표". 「교육연구」제12집 (2001. 12).

이수광. "다문화 교육에 대한 기독교적 접근: 기독교적 다문화 교육의 가능성과 시도". 「국제신학」제5권 (2003. 12).

이수광. "학생 삶의 특징과 학생인권 개선 조건". 「새교육」제545권 (2000. 3).

이승구. "기독교세계관에 대한 요구들과 기독교세계관의 요구".「신앙과 학문」통권 2호 (2003. 12).
이춘화. "대안학교 교육만족도 분석".「공주대교육연구」제18집 (2004).
조성국. "한국교회 초기 기독교학교의 건학이념".「기독교학교교육신서 2」서울: 예영커뮤니케이션, (2007).
임태규. "기독교대안학교 측에서 바라본 교회기독교학교의 전망",「한국교회 기독교학교 운동의 새로운 패러다임; 교회기독교학교」(한국기독교교육진흥원 교회기독교학교 확산운동을 위한 포럼 자료집, 2006).
정진곤. "대안학교에서의 자유의 의미와 비판적 분석- 섬머힐 학교를 중심으로".「교육철학」교육철학회 (1999).
홍인숙. "독일 대안학교에 관한 연구".「한국독어독문학교육학회」독어교육 (2005).

3. 학교간행물 자료

사사입체통전적 성경해석연구원,「평면 속에 있는 말씀을 입체적으로 끌어내자」사사입체통전적 성경해석시리즈1, 2008.
사사학교,「2008-2009 사사학교요람」, 2008.
사사학교 홍보물, '사사레터- 8호 (제008호), 2008. 5월호
두란노서원. "정태일 목사와의 대담".「목회와 신학」2003년 4월호.
사랑방교회.「여름공동체생활」포천: 사랑방교회, 2004.
멋쟁이학교. "2008년 학사일정". 미간행물, 2008.
멋쟁이학교. "교과과정 및 내용". 미간행물, 2008.
멋쟁이학교. "멋쟁이 6년차 교육과정". 미간행물, 2008.
멋쟁이학교. "하루일과표". 미간행물, 2008.
사랑방교회.「성서일기, 사무엘상하 · 사도행전」포천: 사랑방, 2008.
사랑방교회. "참교육, 작은학교 사랑방공동체학교". 미간행물, 2008.
사랑방교회. "멋쟁이 6년차 교육과정". 미간행물, 2008.
임마누엘기독교학교.「2006년 학교안내서」2006.

임마누엘기독교학교. "2008년 사회과 교과과정". 미간행물, 2008.
임마누엘기독교학교. "교사평가와 사정 과정". 미간행물, 2008.
임마누엘기독교학교.「2006년 7-13학년 학생안내서」2006.
웨스트민스터기독교학교.「2006년 학교안내서」2006.
웨스트민스터기독교학교.「2006년 입학안내책자」2006.
웨스트민스터기독교학교.「2008년 학교 안내서」2008.
웨스트민스터기독교학교, "학생 교육비". 미간행물, 2008.

4. 학위논문

신현숙. "신앙공동체 이론에 근거한 간세대교육 프로그램 연구". 장로회신학대학교대학원 석사학위논문, 2006.

양윤영. "하나님나라를 지향하는 통전적 기독교대안학교 교육에 관한 연구". 장로회신학대학교대학원 석사학위논문, 2007.

유현주. "신앙공동체 중심의 교육연구". 장로회신학대학교대학원 석사학위논문, 1990.

이선숙. "우리나라 대안학교의 성격과 발전방안에 관한 연구". 대구가톨릭대대학원 박사학위논문, 2001.

이수경. "통시적 하나님나라를 지향하는 기독교학교교육에 관한 연구". 장로회신학대학교대학원 석사학위논문, 2008.

이윤석. "신앙공동체 이론을 중심으로 한 기독교교육의 성례연구". 연세대학교대학원석사학위논문, 2003

정영찬. "한국의 기독교대안학교 교육에 대한 개혁주의적 고찰". 고신대학교대학원 박사학위논문, 2007.

한희자. "기독교 대안학교 운영에 관한 연구". 장로회신학대학교대학원 석사학위논문, 2002.

5. 참고 사이트

멋쟁이학교(http://www.sarangbang.org)
사사학교(http:// www.sasaleader.org/)
웨스트민스터학교(http://www.westminster.school.nz)
임마누엘학교(http://www.immanuel.school.nz)
기독교대안학교연맹(http://www.casak.org)
기독교대안교육협의회(http://www.caeak.com)
기독교학교교육연구소(http://www.cserc.or.kr)
기독교학교 자료센터(http://www.godschool.co.kr)
뉴질랜드 Association for Christian Schools(http://www.christianschools.org.nz)
미국 Association of Christian Schools International(http://www.acsi.org)
호주 National Institute for Christian Education(http://www.nice.edu.au)

〈교육환경조사서 국문〉

교 육 환 경 조 사 서

안녕하세요.

저는 성결대학교 대학원 박사과정에서 기독교교육학을 공부하고 있는 사람으로서 바람직한 기독교대안학교에 관한 연구를 위하여 귀교를 방문하게 되었습니다. 귀교를 방문하기 전 좀 더 깊은 연구를 위하여 교육환경조사서를 보내드립니다.

응답해 주시는 본 조사서는 학문적인 목적 이외에 다른 목적으로는 사용하지 않을 것을 약속드립니다.

본 조사에 응해주셔서 진심으로 감사를 드립니다

성결대학교 대학원

박사과정 곽 광 드림

A. 학교운영적 측면

〈1〉학교설립이념

1. 귀교의 교육철학		설립이념은 무엇입니까?	
		교육목표는 무엇입니까?	
		학교교훈은 무엇입니까?	
2. 귀교의 학교명은 학교설립이념과 어떤 연관이 있습니까?			
3. 귀교가 교육을 통해 추구하고자하는 인간관은 무엇입니까?			
4. 귀교의 배경이 되는 기독교정신의 뿌리는 무엇입니까? 〈해당되는 곳에 응답해 주십시요〉	인물	구약 중 누구?	
		신약 중 누구?	
		기독교역사 중?	
		위 인물의 어떤 면이 귀교의 정신적 배경이 됩니까?	
	신앙	설립자 신앙	
		교단의 신앙	
		기독교전통 계승	
		기타	
		위 신앙의 어떤 면이 귀교의 정신적 배경이 됩니까?	
5. 학교운영에서 가장 주안점을 두고 있는 것은 무엇입니까?			

353

<2> 교사임용과 복지

1. 교사임용		교사임용 시 기준 또는 자격 요건은 무엇입니까?					
		교사 선발 시 가장 주안점을 두는 것은 무엇입니까?					
2. 교사 복지	보통 일반 교사의 급여	1년차 선생님의 연봉은 어느 정도 입니까?					
		5년차 선생님의 연봉은 어느 정도 입니까?					
		일반 공립학교 교사와 비교하면 어느 정도 입니까?					
	수업 시수	수업시수보통교사의 1인 주당 수업시수는 몇 시간입니까?					
	교원 평가	현재 교원평가가 시행되고 있다면 어떻게 이루어지고 있습니까?					
	근무 만족도	교사들의 근무 만족도는 어느 정도입니까?	매우만족 ①	만족 ②	보통 ③	만족 안함 ④	매우불만족 ⑤
		귀교의 교사들이 만족해하는 부분 모두에 √ 표시를 해주세요	①학교 신앙적분위기 ②기독교적으로 가르칠 수 있다는 점 ③동료교사와의 관계 ④통근거리 ⑤수업시수 ⑥여가 공간 ⑦기독교사로서 신앙적 접근을 도와주는 멘토의 유무 ⑧보수(급여) ⑨교육활동비 받음 ⑩교육활동 공간 ⑪다양하고 특별한 프로그램들 ⑫교육과정 ⑬자연환경 ⑭진로 및 진학지도에 대한 결과 ⑮인성지도 및 생활지도에 대한 기독교적 접근				
			기타 만족 부분 :				
		귀교의 교사들이 만족해하지 못하는 부분 모두에 √표시를 해주세요	①학교 신앙적분위기 ②기독교적으로 가르칠 수 있다는 점 ③동료교사와의 관계 ④통근거리 ⑤수업시수 ⑥여가 공간 ⑦기독교사로서 신앙적 접근을 도와주는 멘토의 유무 ⑧보수(급여) ⑨교육활동비 지급 無 ⑩교육활동 공간 ⑪다양하고 특별한 프로그램들 ⑫교육과정 ⑬자연환경 ⑭진로 및 진학지도에 대한 결과 ⑮인성지도 및 생활지도에 대한 기독교적 접근				
			기타 불만족 부분 :				
	학교 운영비	학교운영비는 어떻게 마련합니까?	정부보조	상급교육 기관보조	재단 전입금	후원금	학생 납입금 / 기타
			%	%	%	%	% / %
3. 교사연수		교사들이 기독교적인 가르침을 잘 수행하도록 돕는 프로그램에는 무엇이 있습니까?	1년에 몇 번 : 기간 : 진행방법 : 특징(주제는 무엇인가 등 등) :				

〈3〉학생선발			
1. 학생선발	학생선발 시 기준이나 요건은 무엇입니까?		
	특별히 제일 강조하는 것이 있다면 무엇입니까?		
2. 학생의 학교 납입금	입학금은 얼마 정도입니까?		
	입학 시 예치금은 어느 정도입니까?		
	수업료(등록금)는 매월 얼마 정도 됩니까?		
	기숙사비는 월 평균 어느 정도입니까?		
	식비는 월 평균 얼마 정도입니까?		
	특별활동비는 1년에 얼마 정도 됩니까?		
	그 밖의 것에는 무엇이 있으며, 얼마 정도 들어갑니까?		
3. 학교홍보	귀교는 지역 주민, 학부모, 학생들이 입학하고 싶은 매력적인 학교입니까?	매력적이라면 그 이유는 어디에 있다고 보십니까?	
		아직 매력적이지 못하다면 그 이유는 무엇입니까?	
	학생 모집을 위한 귀교의 홍보 전략에는 어떤 것이 있습니까?		

B. 교육활동

〈1〉 학사일정

1. 교사임용	연간 수업일수는 얼마나 됩니까?			
	연간 방학일수는 총 얼마나 됩니까?			
	학생들의 주당 수업시간은 총 얼마나 됩니까?	중학교		시간
		고등학교		시간
2. 정규수업 외 특별활동(방과후활동)에는 어떤 것들이 있습니까?				
3. 귀교만의 특색사업이나 자랑거리가 무엇입니까?				

〈2〉 교육과정

1. 교육과정 편성시 국가(또는 상급교육기관)의 권고사항이 있습니까 아니면 독립적입니까?	권고사항이 있다면 그것은 무엇입니까?						
	독립적이라면 어떤 방법으로 교육과정을 편성하십니까?						
2. 교육과정 편성시 영향력을 행사하는 곳 모두에 √표시를 해주세요	국가(교육과학부)	상급교육기관	재단	교사들	학부모	학생들	기타
	①	②	③	④	⑤	⑥	⑦
	교육과정 편성 시 위에서 가장 큰 영향력을 행사하는 곳은 어디입니까?						
3. 귀교의 교육과정 중 특색이 있다면 말씀해 주십시오							

〈3〉 교과서선택

1. 현재 사용하고 있는 교과서는 무엇입니까? (해당되는 모든 곳에 √표시)	국가기관이나 교육기관에서 만든 일반교과서		①		
	기독교교육기관에서 만든 기독교교과서		②		
	자체적으로 만든교과서		③		
	외국에서 만들어진 교과서(원서)		④		
	기타		⑤		
2. 교과서 선택권은 누구에게 있습니까?	학교운영위	교장	교과목 담당교사	학생	학부모	기타
	①	②	③	④	⑤	⑥
3. 교과서나 교재 선택에 있어서 어려움이 있다면 무엇이며, 그 어려움을 어떻게 해결하십니까?						

C. 학교생활

〈1〉생활지도

1. 복장이나 두발에 대한 규정 (규제)	만약 규정이 엄하다면 그 이유나 근거는 무엇입니까?	
	만약 규정이 없다면 그 이유는 무엇입니까?	
2. 생활지도	학생들의 교내 생활에서 특별한 금지조항이 있습니까?	예)이성교제 금지, 휴대폰사용 금지 등
	학생들의 교내 생활에서 특별한 권장사항이 있습니까?	
3. 학교교칙	교칙 위반 시 처벌의 방법 중 귀교의 특별한 점이 있다면 무엇입니까?	예)기독교적 방법으로 만들어진 상벌규정이나 체벌규정 등

〈2〉진로 및 진학지도

1. 졸업 후 진로	사회진출학생 : 상급학교진학 학생의 비율은 어떻게 됩니까?	
	사회에 진출한 졸업생들은 귀교의 교육목표대로 훌륭하게 살아가고 있습니까?	
2. 사회진출	여기에 대한 어떤 데이터가 있습니까?	
	졸업생들은 모교에 대한 자부심이 큰 편입니까?	
3. 모교에 대한 자부심	여기에 대한 어떤 데이터가 있습니까?	

〈3〉학부모참여

1. 학부모의 신앙	학부모의 기독교인: 비기독교인 비율은 어떻게 됩니까?						
2. 학부모 참여	학부모의 학교 참여는 어느 정도 입니까?	적극적이고 많은 참여 ①	비교적 많은 참여 ②	보통 ③	비교적 적은 참여 ④	거의 참여 안함 ⑤	
	학부모 참여 부문	등록금 책정 ①	교육과정 편성 ②	학생생활 지도 ③	학교 운영위 ④	교재 선택 ⑤	기타 ⑥
3. 학부모와의 연계된 프로그램	어떤 교육 프로그램들이 있습니까?						

그 밖의 질문

	매우 그렇다	대체로 그렇다	보통	아직은 그렇지 않다	전혀 그렇지 않다
1. 귀교의 모든 요소(교사임용, 학생선발, 학사일정, 교육과정, 교과서선택, 생활지도, 진로 및 진학지도, 학부모참여 등)들은 기독교교육적으로 운영되고 있습니까?	①	②	③	④	⑤
2. 귀교를 기독교적으로 운영함에 있어서 가장 어려운 점이 있다면 무엇입니까?					
3. 귀교를 기독교적으로 운영함에 있어서 가장 시급히 개선해야할 점이 있다면 무엇입니까?					
4. 최근 기독교학교(기독교대안학교)에 대한 관심이 증가하고 있습니다. 기독교학교를 설립하고자 할 때 가장 중요하게 생각해야할 것은 무엇이라고 생각하십니까?					

이상 설문에 응해주셔서 진심으로 감사합니다.

〈교육환경조사서 영문〉

Re: Questionnaire prior to visiting a school

Dear Whom it may concerned,

Thank you for your acceptance giving an opportunity for me to visit your school and to get some information of your school. I would like to introduce by myself. This is Kwang Kwak from Sungmoon Junior Highschool in South Korea. I am in charge of not only teaching students but also holding school service. In order to make better circumstance of running christian school in Korea, I take this chance.

I would like ask some pre-visiting questionnaire in order that the visiting is efficiently prepared and favorably progressed. The written investigation will not be used for other purposes only for the theses of phylosopy of doctor. The answers will be grateful, and the answer the questions as possible as you can please.

Kwang Kwak

A. Regarding to running school

⟨1⟩ Foundation Idea

1. Philosophy of Education		What is the idea of school foundation?	
		What is the purpose of the school education?	
		What is the school precepts?	
2. What is the relationship between the name of school and the foundation idea of your school?			
3. What is the ideal human through the course of the school education?			
4. What is the motto of the christian spirit which is the background of your school? ⟨please describe wherever it comes under⟩	characters	Who is it from the old Testament?	
		Who is it from the New Testament?	
		Who is it from the christian history?	
		What aspects of the characters above are the background of school?	
	faith	The founders' faith	
		The faithful of religious denomination	
		traditional christian ideology	ex) Pietism, Puritan, Evangelism, etc
		etc	
		What aspects of the faith above are the background of the school spirit?	
5. What is the most important thing at running the school?			

⟨2⟩ Selection of teachers and teacher's welfare

1. Teacher appointment	\multicolumn{2}{l|}{What is the hiring specifications of the teacher? Do you have any level of the teachers' qualification?}						
	\multicolumn{2}{l|}{What is regarded as the most important thing when you appoint the teacher?}						

2. Welfare for teachers	teacher's wage	How much is the wage for the teachers at a starting year?						
		How much is the wage for the teachers at the fifth year?						
		How much different wage do the teachers get comparing to the teachers in public?						
	Lesson hours	How many lesson hours does a teacher have a week?						
	Evaluation for the teacher	Do you evaluate how teachers do their job well? If yes, do you have itemized list of evaluating them?						
	Teacher's satisfaction of the working	How much are the teachers satisfied with the working?	very much satisfied ①	a little satisfied ②	sati-sfied ③	not satisf-ied ④	very unsatisfi-ed ⑤	
		Please mark ✓ on the number your teachers are satisfied	①environment of the christian ②teaching in the christian way ③the relationship with other teachers ④commuting distance ⑤the number of lesson hours ⑥relaxable space for the teachers ⑦mentor helping teachers to be the better christian teachers ⑧wage ⑨environment including school buildings and facilities ⑪various club activities ⑫ christian curriculum ⑬the results of counselling to go on to the next stage of the education or a course ⑭able to counsel in a christian way for the student's life and personality						
		Others:						
		Please mark ✓ on the number your teachers are unsatisfied	①environment of the christian ②teaching in the christian way ③the relationship with other teachers ④commuting distance ⑤the number of lesson hours ⑥relaxable space for the teachers ⑦mentor helping teachers to be the better christian teachers ⑧wage ⑨environment including school buildings and facilities ⑪club activities ⑫christian curriculum ⑬the results of counselling to go on to the next stage of the education or a course ⑭able to counsel in a christian way for the student's life and personality						
		Others:						
	Operational expenses for the school	Where is the operational expenses for the school from?	subsidy from the government	superior educational offices	foun-dation	dona-tion	school tuition fee	others
			%	%	%	%	%	%
3. Teacher's training	\multicolumn{2}{l|}{Do you have study group or training programme to help teachers christian teaching? What is it?}						

⟨3⟩ Slection of students

1. The selection of students	Do you have a established standard to select students? What is it?		
	Especially, what is the most important thing to select the students?		
2. School fee	How much is the entrance fee?		
	Should the students deposit when they enter the school?		
	How much is the tuition fee per year?		
	Generally, how much does it cost for student's school lunch?		
	In general, how much do the students spend money for the extra activities at school?		
	Beside the above expenses, do the students spend money for something? What are they? How much are they?		
3. School publicity	How much do the community prefer to send their children to your Christian school rather than the others?	If you think your school is popular to the community what is it for?	
		If you think your school is not popular yet, what is not for?	
	What is your publicity activities to advertise for student's enrollment?		

B. Education matters

〈1〉School schedule

1. Days of lessons	How many lesson days do the students have a year?			
	How many days of vacation do the students have?			
	How many lesson hours do the students have a week?	Junior high school		hours
		Senior high school		hours
2. Do you have extra lessons or club activities after school? What are they?				
3. Do you have the distincted characteristic or pride and joy for the school?				

〈2〉Curriculum

1. Does the government (or superior education offices) offer some types of curriculum, or do you independently organize a course of study?	If you should follow some types of curriculum, what are they?						
	If you are independent, what way do you organize it?						
2. Please mark wherever you consider when you organize the curriculum ✓	government (the Ministry of Education)	superior education offices	foundation	teachers	parents	students	others
	①	②	③	④	⑤	⑥	⑦
	When you organize the curriculum, which one is the most influential?						
3. What is the distincted character of the curriculum which only your school have?							

⟨3⟩ Selection of textbook

1. Currently which textbook do you use?√	textbooks published by the government or education related organization					
	christian textbooks from Organization of Christian education					
	textbooks published by your school					
	textbooks published by overseas					
	etc					
2. Who is in charge of the textbook selection?	steering committee	principal	the subject teacher	student	parents	others
	①	②	③	④	⑤	⑥
3. If you have difficulties to select the text book, what are they? Then how do you solve the problems?						

C. School life

⟨1⟩ School life guidance

1. regulations of clothes and hair	Do you have the regulations? Is it strict? What is the reason?	
	If you do not have the regulations what are the reasons?	
2. school life guidance	Do you have special prohibited rules to the students at school?	ex) about the relationship with the opposite sex, or the usage of cell phone at school.
	What are the required ways of school life?	
3. School rules	If the students break the school rule, how do your school treat them? Does your school have characteristic treatment?	ex) reward and punishment rules or corporal purnishement rules in the christian way.

⟨2⟩ Guidance of Course and entering upon studies

1. Course after graduation	What is the graduate rate of the students who is studying further at a tertiary education institutes to the students who is going to work after graduation?	
2. Entry in public affairs	Do the graduates who enter in publics live like the educational aim of the school?	
	Do you have any data related to the question above?	
3. Pride of the school	Do the graduates take pride in graduating the christian school?	
	Do you have any supporting data for this?	

⟨3⟩ Parents' participation

1. Parents' faith	How much percent of the parents is christian?						
2. Parents' participation	How hard do the parents participate to the school? √	actively a lot ①	a lot ②	normal ③	a little ④	seldom ⑤	
	Part of parents' participation √	fixing a tuition fee ①	curriculum organizing ②	school life guidance ③	school steering committee ④	selection of textbook ⑤	others ⑥
3. Programs related to the parents	What are the programs?						

Others

1. Are all the things of the school running (teacher appointment, selection of students, school schedule, curriculum, selection of textbook, school life guidance, students' course and entering to a higher school, parents' participation etc.) run in a christian education way? √	very much	much	resonal	a little	never
	①	②	③	④	⑤
2. 2. What is the most difficult thing to run school in the christian education way?					
3. What should they consider most importantly when they establish the christian school?					

I appreciate your kind information.

표목차

〈표1〉 에들린(Richard J. Edlin)의 기독교학교의 핵심가치와 신앙 · 31~32
〈표2〉 4가지 서양의 세계관 모델들 · 37
〈표3〉 연도별 기독교대안학교 설립 현황 · 70
〈표4〉 지역별 기독교대안학교 분포 현황 · 72~73
〈표5〉 급별 기독교대안학교 현황 · 75
〈표6〉 법적 인가 여부에 따른 기독교대안학교 현황 · 77
〈표7〉 설립 주체에 따른 기독교대안학교 현황 · 81
〈표8〉 설립주체가 교회인 기독교대안학교의 교단별 현황 · 83
〈표9〉 교육목적에 따른 기독교대안학교 현황 · 84~85
〈표10〉 사사빌더의 24강좌 교육내용 · 165
〈표11〉 2008년 학사 일정표 · 170~172
〈표12〉 성(聖)영역 교과과정표 · 176
〈표13〉 애(愛)영역 교과과정표 · 177
〈표14〉 덕(德)영역 교과과정표 · 178
〈표15〉 지(智, 知)영역 교과과정표 - 국어과 · 179
〈표16〉 지(智, 知)영역 교과과정표 - 수학과 · 180
〈표17〉 지(智, 知)영역 교과과정표 - 영어과 · 181
〈표18〉 지(智, 知)영역 교과과정표 - 사회과 · 182
〈표19〉 정 · 미 · 체(情 · 美 · 體)영역 교과과정표 · 183
〈표20〉 2008년 학사 일정표 · 200~201
〈표21〉 멋쟁이학교 2007년 교육과정 · 208
〈표22〉 멋쟁이학교 하루일과표 · 210
〈표23〉 오후활동 학기별 주당 배당시간 · 211
〈표24〉 2002-2006년 열린수업(체험학습) 분석(학기별/내용별) · 212
〈표25〉 2002-2006년 여행 분석(학기별/내용별) · 213
〈표26〉 2008년 학생 납입금 내역(뉴질랜드 달러) · 226~227
〈표27〉 9-13학년 교과과정 개관 · 228~229
〈표28〉 2008년 교사평가와 사정 과정 · 233~235